智 慧 林 业 培 训 丛 书

智 慧 林 业 培 训 丛 书

INFORMATIZATION
STANDARDS AND COOPERATION

信 息 标 准 合 作

李世东 ▣ 主编

中国林业出版社

图书在版编目(CIP)数据

信息标准合作/李世东等著. —北京：中国林业出版社，2017. 6
（智慧林业培训丛书）
ISBN 978-7-5038-9076-5

Ⅰ. ①信…　Ⅱ. ①李…　Ⅲ. ①林业－信息化－研究－中国
Ⅳ. ①F326. 2-39

中国版本图书馆 CIP 数据核字（2017）第 144537 号

中国林业出版社·生态保护出版中心
策划编辑： 刘家玲
责任编辑： 刘家玲　牛玉莲

出版发行	中国林业出版社(100009　北京市西城区德内大街刘海胡同 7 号)
	E-mail：wildlife_ cfph@ 163. com　电话：(010)83143519
印　　刷	北京中科印刷有限公司
版　　次	2017 年 7 月第 1 版
印　　次	2017 年 7 月第 1 次印刷
开　　本	700mm × 1000mm　1/16
印　　张	18. 5
字　　数	340 千字
印　　数	1 ~ 3300 册
定　　价	60. 00 元

前 言

　　当前，全球已进入信息时代，信息化的触角几乎延伸到方方面面，正深刻改变着我们的工作、学习和生活。提高领导干部的信息化水平，不仅是干部素质教育问题，更是一个牵动全局、影响深远的战略问题。

　　为深入贯彻落实《"十三五"林业信息化培训方案》要求，形成系统化、常态化的培训机制，强化人才培养和实践锻炼，切实加强领导干部对信息化的认知水平和应用能力，加快建设一支素质过硬的林业信息化人才队伍，满足林业发展和信息化建设的需要，全国林业信息化领导小组办公室结合林业信息化建设和发展实际，本着立足当前、着眼长远、瞄准前沿、务求实用的原则，组织编写了智慧林业培训丛书。

　　本套丛书包括《智慧林业概论》、《政府网站建设》、《网络安全运维》、《信息项目建设》、《信息标准合作》、《信息基础知识》共6部，以林业信息化业务工作为载体，针对信息化管理和专业岗位需要，以应知应会、实战技能为重点，涵盖了林业信息化顶层设计、网站建设、安全运维、项目建设、技术标准与培训合作、信息化基础知识等多方面内容。丛书内容通俗易懂、信息量大、专业性强，侧重林业信息化管理中的新技术运用和建设中的系统解决方案，具有很强的指导性和实践性。

丛书具有以下三个特点：一是针对岗位需求。根据岗位技能需要确定必备的专业知识，并按照不同类别、不同角度设计培训教材内容和侧重点。二是结合实际工作。立足于行业和地方实际，内容难易适度，具有很强的实用性和操作性，易懂易记。三是形式结构灵活。既重视林业信息化培训的科学性，又适应干部学习的特点，图文并茂，案例经典。

丛书汇集了近年来全国林业信息化建设积累的丰富实践经验和先进实用技术，既可用于林业信息化管理人员、专业技术人员的培训教材，也可作为各级领导干部和综合管理干部学习信息化知识、提升综合素质的重要参考，还可作为高等院校广大师生的教学参考书。

由于时间有限、经验不足，丛书欠缺和疏漏之处，恳请广大读者批评指正！

编委会
2017 年 3 月

目　录

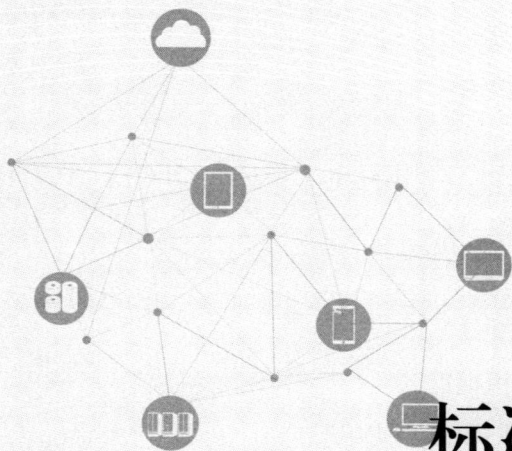

第一章
标准与标准化

第一节　概述

一、标准

（一）标准的定义

我国 1983 年颁布的国家标准 GB 3935.1—1983 中对"标准"的定义为："标准是对重复性事物和概念所做的统一规定。它以科学、技术和实践经验的综合成果为基础，经有关方面协商一致，由主管机构批准，以特定形式发布，作为共同遵守的准则和依据。"同年国际标准化组织（ISO）对"标准"的定义为："由有关各方根据科学技术成就与先进经验，共同合作起草，一致或基本上同意的技术规范或其他公开文件，其目的在于促进最佳的公众利益，并由标准化团体批准"。2002 年国家标准 GB/T 20000.1—2002《标准化工作指南　第 1 部分：标准化和相关活动的通用词汇》中对标准的重新定义是："标准是为了在一定范围内获得最佳秩序，经协商一致制定并由公认机构批准，共同使用的和重复使用的一种规范性文件。"该定义同时注明："标准宜以科学、技术和经验的综合成果为基础，以促进最佳的共同效益为目的。"这个定义与1996年国际标准化组织(ISO)和国际电工委员会(IEC)《ISO/IEC导则2：1996》中对标准的定义一致。

（二）定义要点

1. 标准的性质是"规范性文件"。

2. 标准的发布由"公认机构批准"。

3. 标准的状态是"共同使用和重复使用"。

4. 标准制定的目的是"获得最佳秩序""促进最佳的共同效益"。

5. 标准制定的依据是"科学、技术和经验的综合成果"。

6. 标准制定的规则是"经协商一致"。

二、标准化

（一）标准化的定义

2002年国家标准GB/T 20000.1—2002《标准化工作指南 第1部分：标准化和相关活动的通用词汇》中对标准化的定义为："标准化是为了在一定范围内获得最佳秩序，对现实问题或潜在问题制定共同使用和重复使用的条款的活动。"该定义同时注明："1. 上述活动主要包括编制、发布和实施标准的过程；2. 标准化的主要作用在于为了其预期的目的改进产品、过程或服务的适用性，防止贸易壁垒，并促进技术合作。"同样，这个定义与1996年国际标准化组织(ISO)和国际电工委员会(IEC)《ISO/IEC 导则2：1996》中的定义一致。

（二）定义要点

1. 标准化的性质是一种活动，包括编制、发布及实施标准的过程。这项活动过程是一个不断循环、螺旋式上升的运动过程。每完成一个循环，标准水平就提高一步。

2. 标准化的对象是"现实问题或潜在问题"。"现实问题或潜在问题"可以理解为产品、过程或服务的质量。

3. 标准化的目的是"为在一定的范围内获得最佳秩序"。这是制定标准和标准化的共同目的。除了"获得最佳秩序"以外，标准化还可以使产品、过程、服务具有适用性。包括品种控制、适用性、兼容性、互换性、健康、安全、环境保护、产品防护、相互理解、经济效能、贸易等。

4. 标准化的作用是"改进产品、过程或服务的适用性，防止贸易壁垒，并促进技术合作"。

标准化与标准相比多一个"化"字，标准是规范性"文件"，标准化是制定标准、实施标准的一系列"活动"，如标准的制定，依据标准所进行的培训、检验检测、认证、监督抽查等。也就是说，标准化是有目的的制定、发布、实施标准的活动。

第二节　标准化发展历程

一、国际标准化发展历程

国际标准化的发展经过了工业化时期标准化的起步、第二次世界大战后标准化的迅速发展、新世纪标准国际化的快速迈进三个阶段。

（一）工业化时期标准化的起步阶段

近代工业标准化开始于 18 世纪末，英国的纺织工业革命标志着工业化时代的开始。大机器工业生产方式促使标准化发展成为有明确目标和有系统组织的社会性活动。1798 年，美国的艾利·惠特尼发明了工序生产方法，设计了专用机床和工装用以保证加工零件的精度，首创了生产分工专业化、产品零件标准化的生产方式，惠特尼因此被誉为"标准化之父"。1841 年，英国人 J. B. 惠特沃思设计了统一制式螺纹"惠氏螺纹"，因其优越性很快被英国和欧洲采用。其后，美国、英国和加拿大协商将惠氏螺纹和美国螺纹合并成统一的英制螺纹。接着，英国人提出统一螺钉和螺母的型号，为进一步实现互换性创造了有利条件。1902 年，英国纽瓦尔公司出版了纽瓦尔标准"极限表"，此为最早的公差制。1906 年英国颁布了国家公差标准。此后，螺纹、各种零件和材料等也先后实现了标准化。1911 年，美国泰勒发表了《科学管理原理》，把标准化的方法应用于制定"标准作业方法"和"标准时间"，开创了科学管理的新时代，通过管理途径进一步提高了生产率。1914—1920 年间，美国福特汽车公司打破了按机群方式组织车间的传统做法，创造了汽车制造的连续生产流水线，采用标准化基础上的流水作业法，把生产过程中的时间和空间组织统一起来，促进了大规模流水生产的发展，极大地提高了生产效率。

随着各种行业分工的发展，机器大工业化的进程深入，各种学术团体、行业协会等组织纷纷成立。1901 年诞生了世界上第一个国家标准化机构——英国工程标准委员会。之后，陆续有 25 个国家成立了国家标准化组织。1865 年，法国、德国等 20 个国家在巴黎发起成立了"国际电报联盟"。1932 年，70 多个国家的代表在马德里决议将其改名为"国际电信联盟（ITU）"，1947 年联合国同意 ITU 成为其专门机构，总部设在日内瓦。1906 年成立了 IEC，截至 2009 年底，IEC 共有成员国 65 个。这个时期的标准化发展是与当时的外部环境密切相连的。工业革命的发展、竞争的加剧，使各产业部门都在迫切寻求提高生产率的途径，标准的制定无疑在一定程度上成为提高生产效率，促进劳动生产力水平提高的法宝，为工厂缓解了无序竞争带来的压力；此外，工业化的初期，市场狭小，当时的工业标准只是对当地用户和有关工厂生产能力的反映，使用范围有限。后期运输业的发展，导致了市场和交换范围的扩大。由于不同地区生产的同一用途的材料和零件互不统一，买主必须修整以后才能使用，于是迫切需求在更大范围内开展标准化。社会化大分工的迅猛发展是这个时期标准化迅速启蒙的重要推动力。

（二）第二次世界大战后标准化迅速发展阶段

第二次世界大战期间，由于军需品的互换性很差，规格不统一，致使盟军的供给异常紧张，许多备件要从美国运往欧洲战场，造成了极大的损失。为此，军需部门再度强调标准化。第二次世界大战期间，美国声学协会制定了军用标准制定程序。制定了一批军工新标准，修订了老标准，促进了军事工业的发展。

1946年，英国、中国、美国、法国等25个国家的国家标准化机构在伦敦发起成立了ISO。1961年，欧洲标准化委员会（CEN）在法国巴黎成立。1976年，欧洲电工标准化委员会（CENELEC）在比利时布鲁塞尔成立。这个时期各个国家基本都是处于战后恢复重建的过程中，经济恢复发展是首要目标。各国都已经认识到了标准对于经济发展的重要影响，因此纷纷加大对标准化的投入力度，标准在这一时期迅速发展。

（三）21世纪标准国际化的快速迈进阶段

标准的国际化起步并不是在21世纪才开始的，应该说国际经济贸易交流的开始也就意味着标准的国际化开始。进入21世纪之后，标准的国际化得到了迅速发展。主要源于两方面原因：正在迅速兴起的世界范围的新技术革命和以WTO为标志的经济全球化。一方面，信息技术的迅速发展除了拓宽标准制定的领域（生物工程、智能机器人、新材料等新兴领域）之外，也加大了各国标准之间的联系，并且缩短了标准制定的时间，推动了标准化的发展；另一方面，各国贸易交往频繁，经济一体化发展的趋势不可避免，国际贸易的扩大、跨国公司的发展、地区经济的一体化，都直接地影响着世界各国的标准化。伴随着信息技术革命以及经济全球化的发展，各国都在积极地参与国际标准化活动，采用国际标准成为普遍的现象。这种标准的国际性，不仅是国际间经济贸易交往的必然要求，也是减少或消除贸易壁垒、促进国际经济发展的必要条件。WTO/TBT协定于1994年在"乌拉圭回合"中签署。在"乌拉圭回合"谈判中，WTO/TBT协定已经成为WTO最重要的协定之一。

这一时期的标准化特点是系统性、国际性以及目标和手段的现代化，标准化的发展离不开信息技术的发展，离不开全球经济贸易的交流，并且在一定程度上标准化反过来促进了信息技术与经济贸易的发展。经济的发展，信息科学技术的发展，是这个阶段标准化发展的主要推动力。

二、我国标准化发展历程

我国标准化工作始于新中国成立以后。1949 年，中央技术管理局成立，内设标准化规格处。在 1955 年制定的国民经济第一个五年计划中，提出了设立国家管理技术标准的机构和逐步制定国家统一技术标准的任务。1957 年，在国家技术委员会内设标准局，对全国的标准化工作实行统一领导，同年加入国际电工委员会（IEC）。1958 年，国家技术委员会颁布第一号国家标准 GB 1《标准幅面与格式、首页、续页与封面的要求》；1962 年，国务院发布我国第一个标准化管理法规《工农业产品和工程建设技术标准管理办法》；1963 年，召开第一次全国标准化工作会议，制定了《1963—1972 年标准化发展规划》。至 1966 年，我国已颁布国家标准 1000 多项。1978 年，国家标准总局成立，同年加入国际标准化组织（ISO）。1988 年，全国人大通过了《中华人民共和国标准化法》（以下简称《标准化法》），我国标准化工作开始进入法制管理阶段。国家技术监督局负责全国标准化管理工作以后，1998 年改名为国家质量技术监督局，直属国务院领导，统一管理全国标准化、计量和质量工作。2001 年国家质量技术监督局与国家出入境检验检疫局合并组建国家质量监督检验检疫总局，同年成立中国国家标准化管理委员会。

由于标准已经从最初的具有保证产品通用、互换和配套的功能发展成为资本、劳动力、土地、技术和信息这些生产要素的基本组织依据和管理依据，使得标准化工作成为提高生产效率和资源利用率、实现经济效益最大化和提高产品竞争力的重要途径，对国家经济产生重大深远的影响。同时，标准也是契约合同、法律法规和产品检测等合格评定的技术依据，标准化工作能够通过影响对外出口贸易，为国家的经济发展做出贡献。但由于标准对经济发展的贡献是间接的，无法用简单的投入产出来统计它对国内生产总值（GDP）等经济指标的贡献率，因而人们往往忽视了标准对经济发展和社会进步的作用。

第三节　标准化相关机构

一、国际标准化机构

（一）国际标准化组织（ISO）

国际标准化组织（International Standardization Organization，ISO）是一个全球性的非政府组织，是国际标准化领域中一个十分重要的组织。

国际标准化活动最早始于电子领域，于 1906 年成立了世界上最早的国际标准化机构——国际电工委员会（IEC）。其他技术领域的工作由成立于 1926 年的国家标准化协会的国际联盟（ISA）承担，重点在机械工程方面。ISA 的工作由于第二次世界大战在 1942 年终止。1946年，来自 25 个国家的代表在伦敦召开会议，决定成立一个新的国际组织，为促进国际间的合作和工业标准的统一。1947 年 2 月 23 日 ISO 正式成立，总部设在瑞士日内瓦，1951 年发布了第一个标准——《工业长度测量用标准参考温度》。

ISO 的任务是促进全球范围内的标准化及其有关活动，以利于国际间产品与服务的交流，以及在知识、科学、技术和经济活动中发展国际间的相互合作。它显示了强大的生命力，吸引了越来越多的国家参与其活动。

ISO 的组织机构包括全体成员大会、主要官员、成员团体、通信成员、捐助成员、政策发展委员会、理事会、ISO 中央秘书处、特别咨询组、技术管理局、标准物质委员会、技术咨询组、技术委员会等（图 1-1）。

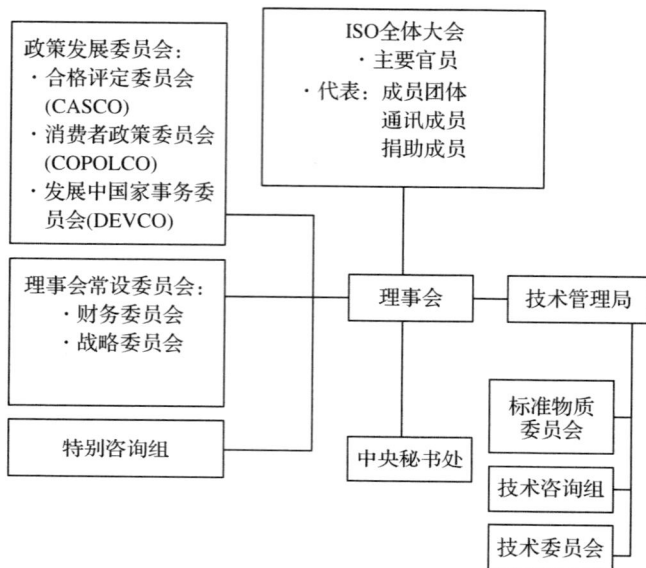

图 1-1　ISO 组织机构图

全体成员大会是 ISO 的最高权力机构，每三年召开一次。理事会为其常务领导机构，理事会下设执行委员会、计划委员会和六个专门委员会，ISO 的日常行政事务由中央秘书处担任。ISO 是一个非政府性国际机构，是联合国经济及社会理事会甲级咨询组织及贸易和发展理事会综合级（最高级）咨询机构，其工作范围是促进各成员国国家标准的协调，制定国际标准，安排有关成员团体和其技术委员会进行情报交流，以及与其他国际组织协作。

ISO 技术工作由 2700 多个技术委员会（TC）、分技术委员会（SC）和工作组（WG）承担。在这些委员会中，世界范围内的工业界代表、研究机构、政府权威、消费团体和国际组织都作为对等合作者共同讨论全球的标准化问题。管理一个技术委员会的主要责任由一个 ISO 成员团体(如 AFNOR、ANSI、BSI 等)担任,该成员团体负责日常秘书工作。与 ISO 有联系的国际组织、政府或非政府组织都可参与工作。

国际标准化组织现有成员包括 90 个国家的标准化机构。该组织设有 163 个技术委员会和 640 个分委员会,负责组织协调 ISO 的日常工作,并核实、发布国际标准。该组织还设有信息网(ISONET),负责与成员国交流、交换国家和国际标准、技术规程规定和其他标准化文件资料等。中国加入了该组织,并由国内有关单位组建了中国的相应组织。

国际标准由技术委员会(TC)和分技术委员会(SC)经过六个阶段形成。第一阶段:申请阶段;第二阶段:预备阶段;第三阶段:委员会阶段;第四阶段:审查阶段;第五阶段:批准阶段;第六阶段:发布阶段。若在开始阶段得到的文件比较成熟,则可省略其中的一些阶段。

(二)国际电工委员会(IEC)

国际电工委员会(Internation Electrotechnical Commission,IEC)成立于 1906 年,是世界上成立最早的国际性电工标准化机构,负责有关电气工程和电子工程领域中的国际标准化工作。国际电工委员会的总部最初位于伦敦,1948 年搬到位于日内瓦的现总部处。

1887—1900 年召开的六次国际电工会议上,与会专家一致认为有必要建立一个永久性的国际电工标准化机构,以解决用电安全和电工产品标准化问题。1904 年,在美国圣路易召开的国际电工会议上通过了关于建立永久性机构的决议。1906 年,13 个国家的代表集会伦敦,起草了 IEC 章程和议事规则,正式成立了国际电工委员会。

1947 年,国际电工委员会作为一个电工部门并入国际标准化组织(ISO),1976 年又从 ISO 中分离出来。其宗旨是促进电工、电子和相关技术领域有关电工标准化等所有问题上的国际合作。该委员会的目标是:有效满足全球市场的需求;保证在全球范围内优先并最大限度地使用其标准和合格评定计划；评定并提高其标准所涉及的产品质量和服务质量；为共同使用复杂系统创造条件；提高工业化进程的有效性；提高人类健康和安全；保护环境。

IEC 的宗旨是促进电气、电子工程领域中标准化及有关问题的国际合作，增进国际间的相互了解。为实现这一目的，IEC 出版包括国际标准在内的各种出版物，并希望各成员在本国条件允许的情况下，在本国的标准化工作中使用这些标准。目前，IEC 的工作领域已由单纯研究电气设备、电机的名词术语和功率等问题扩展到电子、电力、微电子及其应用、通讯、视听、机器人、信息技术、新型医疗器械和核仪表等电工技术的各个方面。IEC 标准的权威性是世界公认的。IEC 每年要在世界各地召开 100 多次国际标准会议，世界各国的近 10 万名专家在参与 IEC 的标准制定、修订工作。IEC 现有技术委员会（TC）89个，分技术委员会（SC）107 个。

我国 1957 年参加 IEC，1988 年起改为以国家技术监督局的名义参加 IEC 的工作，现在是以中国国家标准化管理委员会的名义参加 IEC 的工作。中国是 IEC 的 95 个技术委员会和 80 个分技术委员会的成员。目前，我国是 IEC 理事局、执委会和合格评定局的成员。1990 年和 2002 年，我国在北京分别承办了 IEC 第 54 届和第 66 届年会。2011 年 10 月 28 日，在澳大利亚召开的第 75 届国际电工委员会（IEC）理事大会上，正式通过了中国成为 IEC 常任理事国的决议。目前，IEC 常任理事国为中国、法国、德国、日本、英国、美国。

IEC 的理事会目前有 53 个成员国，称为 IEC 国家委员会，每个国家只能有一个机构作为其成员。每个成员国都是理事会成员，理事会会议一年一次，称为 IEC 年会，轮流在各个成员国召开。执行委员会处理理事会交办的事项。执委会为了提高工作效率，分为 A、B、D 三个组，分别在不同领域同时处理标准制订工作中的协调问题。

IEC 与 ISO 最大的区别是工作模式的不同。ISO 的工作模式是分散型的，技术工作主要由各国承担的技术委员会秘书处管理，ISO 中央秘书处负责协商，只有到了国际标准草案（DIS）阶段 ISO 才予以介入。而 IEC 采取集中管理模式，即所有的文件从一开始就由 IEC 中央办公室负责管理。

IEC 与 ISO 的共同之处：它们使用共同的技术工作导则，遵循共同的工作程序。在信息技术方面，ISO 与 IEC 成立了联合技术委员会（JTC1）负责制定信息技术领域中的国际标准，秘书处由美国标准学会（ANSI）担任，它是 ISO、IEC 最大的技术委员会，其工作量几乎是 ISO、IEC 的 1/3，发布的国际标准也是 1/3，且更新很快。该委员会经 ISO、IEC 理事会授权使用特殊的标准制定程序，因此标准制定周期短，出标准快，但标准的寿命也短。该委员会下设 20 多个分委员会，其制定的最有名的 OSI（开放系统互联）标准，成为各计算机网络之间进行接口的权威技术，为信息技术的发展奠定了基础。IEC 与 ISO 使用共同的情报中心，为各国及国际组织提供标准化信息服务，相互之间的关系越来越密切。

（三）国际电信联盟（ITU）

国际电信联盟（International Telecommunication Union，ITU）是主管信息通信技术事务的联合国机构，负责分配和管理全球无线电频谱与卫星轨道资源，制定全球电信标准，向发展中国家提供电信援助，促进全球电信发展。作为世界范围内联系各国政府和私营部门的纽带，国际电信联盟通过其麾下的无线电通信、标准化和发展电信展览活动，而且是信息社会世界高峰会议的主办机构。

1865 年 5 月 17 日，法国、德国、俄国、意大利、奥地利等 20 个欧洲国家的代表在巴黎签订了《国际电报公约》，国际电报联盟（International Telegraph Union，ITU）宣告成立。随着电话与无线电的应用与发展，ITU 的职权不断扩大。1906 年，德国、英国、法国、美国、日本等 27 个国家的代表在柏林签订了《国际无线电报公约》。1932 年，

70 多个国家的代表在西班牙马德里召开会议，将《国际电报公约》与《国际无线电报公约》合并，制定《国际电信公约》，并决定自 1934 年 1 月 1 日起正式改称为"国际电信联盟（International Telecommunication U-nion，ITU）。经联合国同意，1947 年 10 月 15 日，国际电信联盟成为联合国的一个专门机构，其总部由瑞士伯尔尼迁至日内瓦。其成员包括 193 个成员国和 700 多个部门成员及部门准成员和学术成员。2014 年 10 月 23 日，赵厚麟当选国际电信联盟新一任秘书长，成为国际电信联盟 150 年历史上首位中国籍秘书长，于 2015 年 1 月 1 日正式上任，任期四年。

ITU 是联合国的 15 个专门机构之一，但在法律上不是联合国附属机构，它的决议和活动不需联合国批准，但每年要向联合国提出工作报告。

ITU 的组织结构主要分为电信标准化部门（ITU－T）、无线电通信部门（ITU－R）和电信发展部门（ITU－D）。ITU 每年召开一次理事会，每四年召开一次全权代表大会、世界电信标准大会和世界电信发展大会，每两年召开一次世界无线电通信大会。

ITU 的宗旨为保持和发展国际合作，促进各种电信业务的研发和合理使用；促使电信设施的更新和最有效的利用，提高电信服务的效率，增加利用率和尽可能达到大众化、普遍化；协调各国工作，达到共同目的。这些工作可分为电信标准化、无线电通信规范和电信发展三个部分，每个部分的常设职能部门是"局"，其中包括电信标准局（TSB）、无线通信局（RB）和电信发展局（BDT）。

国际电信联盟的使命是使电信和信息网络得以增长和持续发展，并促进普遍接入，以便世界各国人民都能参与全球信息经济和社会并从中受益。国际电信联盟面临的一项主要工作是通过建设信息通信基础设施，大力促进能力建设和加强网络安全以提高人们使用网络空间的信心，弥合数字鸿沟。实现网络安全和网络和平是信息时代人们最为关注的问题，国际电信联盟正在通过其具有里程碑意义的全球网络安全议程采取切实可行的措施。国际电信联盟还针对防灾和减灾努力加强应急通信。尽管发展中国家和发达国家均会受到自然灾害的威胁，但是较贫穷的国家由于其薄弱的经济能力和资源的匮乏往往受到更沉重的打击。国际电信联盟开展的所有工作均围绕着一个目标，即让所有人均能够以可承受的价格方便地获取信息和通信服务，从而为全人类的经济和社会发展做出重大贡献。

国际电信联盟既吸收各国政府作为成员国加入，也吸收运营商、设备制造商、融资机构、研发机构和国际及区域电信组织等私营机构作为部门成员加盟。随着电信在全面推动全球经济活动中的作用与日俱增，加入国际电信联盟使政府和私营机构能够在这个拥有140多年世界电信网络建设经验的机构中发挥积极作用。通过加入这一世界上规模最大、最受尊重和最有影响的全球电信机构，政府和行业都能确保其意见得到表达，并有力和有效地推进发展我们周围的世界再次旧貌换新颜。

国际电信联盟因标准制定工作而享有盛名，标准制定是其最早开始从事的工作。身处全球发展最为迅猛的行业，电信标准化部门坚持走不断发展的道路，简化工作方法，采用更为灵活的协作方式，满足日趋复杂的市场需求。来自世界各地的行业、公共部门和研发实体的专家定期会面，共同制定错综复杂的技术规范，以确保各类通信系统可与构成当今繁复的ICT网络实现无缝的互操作。

合作使行业内的主要竞争对手握手言和，着眼于就新技术达成全球共识，ITU－T的标准是作为各项经济活动命脉的当代信息和通信网络的根基。对制造商来说，这些标准是他们打入世界市场的方便之门，可确保其采购的设备能够轻而易举地与其他现有系统相互集成，有利于在生产与配送方面实现规模经济。随着传统电话业务、移动网络、电视和无线电广播开始承载新型业务，电信标准化部门未来面临的主要挑战之一是不同产业类型的融合。毫无疑问，国际电信联盟的最大成就在于它在国际电信网络创建过程中所发挥的至关重要的作用。如今我们可以通过网络保持联系，了解世界各地的新闻和娱乐，网络使人们享用庞大的全球信息库存，支撑全球经济的发展。没有国际电信联盟开展的工作，就没有这一切。

中国于 1920 年加入国际电信联盟，1932 年首次派代表参加了在马德里召开的全权代表大会，签署了马德里《国际电信公约》。1947年，在美国大西洋城召开的全权代表大会上第一次被选为行政理事会的理事国。中华人民共和国成立后，中国在国际电信联盟的合法席位曾被非法剥夺。1972 年 5 月国际电信联盟行政理事会第 27 届会议通过决议恢复我国的合法席位。自 1997 年 7 月 1 日起，香港特别行政区政府的代表可以中国代表团成员的身份，在涉及与香港特别行政区有关的问题时，出席国际电信联盟的全权代表大会和行政大会；经认可的香港特别行政区私营电信机构可参加电信标准化部门、无线电通信部门和电信发展部门的会议。

二、我国标准化机构

（一）中国国家标准化管理委员会

中国国家标准化管理委员会是国务院授权的履行行政管理职能，统一管理全国标准化工作的主管机构。

中国国家标准化管理委员会的主要职责是参与起草、修订国家标准化法律法规的工作；拟定和贯彻执行国家标准化工作的方针、政策；拟定全国标准化管理规章，制定相关制度；组织实施标准化法律、法规和规章、制度；负责制定国家标准化事业发展规划；负责组织、协调和编制国家标准（含国家标准样品）的制定、修订计划；负责组织国家标准的制定、修订工作，负责国家标准的统一审查、批准、编号和发布；统一管理制定、修订国家标准的经费和标准研究、标准化专项经费；管理和指导标准化科技工作及有关的宣传、教育、培训工作；负责协调和管理全国标准化技术委员会的有关工作；协调和指导行业、地方标准化工作；负责行业标准和地方标准的备案工作；代表国家参加国际标准化组织（ISO）、国际电工委员会（IEC）和其他国际或区域性标准化组织，负责组织 ISO、IEC 中国国家委员会的工作；负责管理国内各部门、各地区参与国际或区域性标准化组织活动的工作；负责签订并执行标准化国际合作协议，审批和组织实施标准化国际合作与交流项目；负责参与标准化业务相关的国际活动的审核工作；管理全国组织机构代码和商品条码工作；负责国家标准的宣传、贯彻和推广工作；监督国家标准的贯彻执行情况；管理全国标准化信息工作；在国家质量监督检验检疫总局（以下简称国家质检总局）统一安排和协调下，做好世界贸易组织技术性贸易壁垒协议（WTO/TBT 协议）执行中有关标准的通报和咨询工作；承担国家质检总局交办的其他工作。

国家标准化管理委员会标准信息中心（国家标准化管理委员会国家标准技术审评中心）以下简称标准信息中心（标准审评中心），为国家标准化管理委员会（以下简称国家标准委）直属事业单位，是一个专业从事全国标准化信息化规划、建设、管理、服务和标准审评的国家级信息、标准审评机构。2015 年 9 月中央编办批复成立国家标准化管理委员会国家标准技术审评中心，在国家标准化管理委员会标准信息中心加挂国家标准化管理委员会国家标准技术审评中心牌子。

标准信息中心（标准审评中心）的主要职责包括拟定全国标准化信息化建设发展规划、技术规范和规章制度；组织实施标准化"电子政务"工程，承担国家标准委门户网站建设、运行维护；开展信息化基础设施建设，承担标准化管理信息系统开发及数据库的运行维护；负责标准化信息资源的开发利用，开展国内外标准资源采集、信息交换、标准咨询及电子文本网络服务；承担国家技术标准资源服务平台的建设与运行维护；负责国家标准技术审核工作，组织开展国家标准报批材料的程序审核和文本编辑质量审核；负责对行业标准和地方标准的备案进行审核；负责国家标准技术评估工作，组织开展国家标准立项前评估、实施后评估，以及技术委员会筹建评估和考核评价；承担国家标准制修订过程监控工作。

由国家标准信息中心（标准审评中心）负责运行和维护的"国家技术标准资源服务平台"是国家科技基础条件平台建设项目。它将国内外标准信息资源进行整合优化，建立了涵盖国家标准化资源、国际标准化资源、WTO/TBT 资源、标准文献题录及标准全文资源的数据库群以及功能丰富的服务系统。平台采用协同服务方式，构建了涵盖全国的标准化信息服务网络，重点为国家自主创新能力建设和科技发展提供公益性服务。平台还面向社会各界提供全方位、一站式服务，为政府部门、科研院所、企业、社会各界提供高效的标准化专业信息服务。可提供电子阅览室、标准查新、标准跟踪、标准有效性确认、标准翻译、标准体系建设、市场准入技术性贸易措施咨询报告等服务。

（二）中国标准化研究院

中国标准化研究院（原名国家科委标准化综合研究所）始建于 1963 年，是直属于国家质量监督检验检疫总局，从事标准化研究的国家级社会公益类科研机构，主要针对我国国民经济和社会发展中全局性、战略性和综合性的标准化问题进行研究。

主要开展标准化发展战略、基础理论、原理方法和标准体系研究。承担节能减排、质量管理、国际贸易便利化、视觉健康与安全防护、现代服务、公共安全、公共管理与政务信息化、信息分类编码、人类工效、食品感官分析等领域标准化研究及相关标准的制修订工作。承担相关领域的全国专业标准化技术委员会、分技术委员会秘书处工作。承担相关标准科学实验、测试等研发及科研成果的推广与应用工作。组织开展能效标识、顾客满意度测评工作，承担地理标志产品保护研究及技术支持工作。负责标准文献资源建设与社会化服务工作，承担国家标准文献共享服务平台运行和标准化基础科学数据资源建设与应用工作。同时，研究院的工作直接支撑着国家质检总局以及国家标准委的相关管理职能，包括我国缺陷产品召回管理、国家标准技术审查、全国工业产品、食品生产许可证审查等。

作为国家级社会公益类科研机构，中国标准化研究院一直致力于积极参与并主导国际组织活动，维护国家利益，承担了国际地理标志网络组织（ORIGIN）副主席职务，承担了国际标准化组织（ISO）的技术委员会副主席、秘书等 13 个关键职务，主持制定 ISO 标准 20 项。中国标准化研究院机构设置如图 1-2 所示。

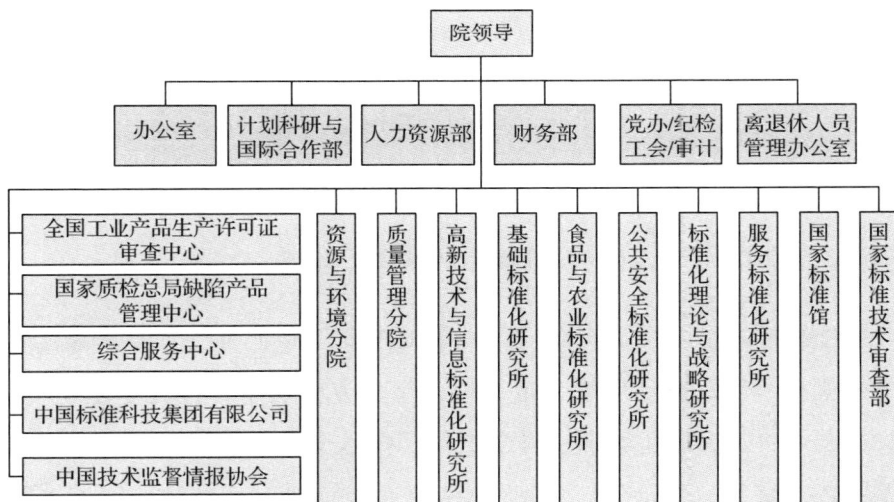

图 1-2　中国标准化研究院机构设置

（三）中国标准化协会

中国标准化协会（以下简称中国标协）于 1978 年经国家民政主管部门批准成立，是由全国从事标准化工作的组织和个人自愿参与构成的全国性法人社会团体。中国标协是中国科学技术协会重要成员单位之一，接受国家质检总局和国家标准委的领导和业务指导。中国标协日常办事机构包括行政办公室、技术发展部、教育培训部、标准样品工作部、会员管理及项目合作部、财务部等部门（图 1-3）。

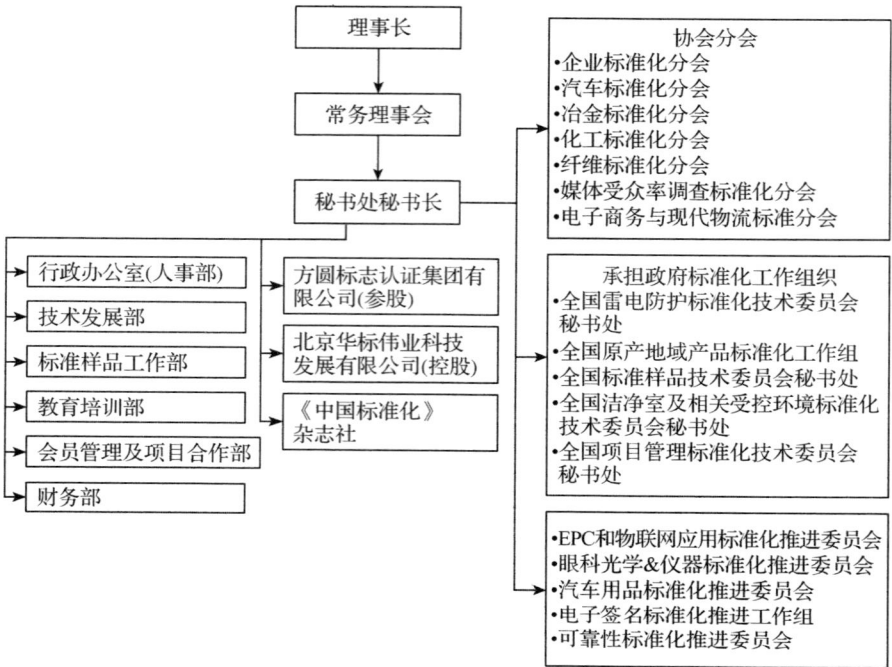

图 1-3　中国标准化协会机构设置

中国标协是联系政府部门、科技工作者、企业和广大消费者之间的桥梁和纽带，现已形成一定规模，是多方位从事标准化学术研究、标准制修订、标准化培训、科学宣传、技术交流、编辑出版、在线网站、咨询服务、国际交流与合作等业务的综合性社会团体，同许多国际、地区和国家的标准化团体建立了友好合作关系，开展技术交流活动，在国际上有广泛的影响。

中国标协的业务范围包括开展标准化、质量认证等领域的学术理论研讨，组织国内外标准化专家进行学术交流；受政府等有关部门委托，承担标准化领域的管理工作、技术工作和各种活动；开展标准化领域的方针、政策、法律法规及有关技术问题的研究和社会调查，向有关政府部门提供建议；承担或参与标准化科学研究、科技项目论证、标准化科技成果的鉴定等工作；开展质量、环境、职业安全及产品等认证工作；普及标准化知识，培训标准化人员；开发标准化信息资源，组织标准化咨询服务；授权发布国家标准公告及有关标准化信息，编辑、出版、发行标准化书刊、杂志和资料；推荐或奖励标准化优秀论文和优秀科普作品，表彰优秀标准化工作者；开展同国外标准化组织的合作与交流，发展同港、澳、台地区标准化团体和专家学者的联系，组织会员积极参加国家、地区和国际标准化活动；兴办与标准化有关的经济技术实体，依法开展经营活动；关心和维护标准化工作者和协会会员的权益，组织开展各种服务活动；承担与标准化工作有关的其他工作。

（四）中国电子技术标准化研究院

中国电子技术标准化研究院（工业和信息化部电子工业标准化研究院，工业和信息化部电子第四研究院，简称标准院、电子四院）成立于 1963 年，是工业和信息化部直属事业单位，是国家从事电子信息技术领域标准化的基础性、公益性、综合性研究机构。

标准院以电子信息技术标准化工作为核心，通过开展标准科研、检测、计量、认证、信息服务等业务，面向政府提供政策研究、行业管理和战略决策的专业支撑，面向社会提供标准化技术服务。标准院建有政府授权和权威机构认可的实验室、认证机构及工作站，承担 54 个 ISO、IEC 的 TC/SC 国内技术归口和 14 个全国标准化技术委员会秘书处的工作，与多个国际标准化组织及国外著名机构建立了合作关系，为标准的应用推广、产业推动和国际交流合作发挥了重要的促进作用。

（五）中国计量科学研究院

中国计量科学研究院（以下简称中国计量院）成立于 1955 年，隶属国家质量监督检验检疫总局，是国家最高的计量科学研究中心和国家级法定计量技术机构，属社会公益型科研单位。

中国计量院主要开展计量科学基础研究，以及计量技术前沿、测量理论、测量技术和量值传递、溯源方法的研究；开展计量管理体系和相关法规的研究、计量科学发展规划和战略研究，以及国家测量体系、量值传递和溯源体系建设的研究；研究、建立、保存、维护国家计量基准和国家计量标准，复现单位量值，研制国家重要有证标准物质；研究、建立和负责维护国家守时系统；开展量值传递和溯源工作；开展计量基准、计量标准和标准物质的国际量值比对，实现国际等效；开展国内量值比对工作，承担计量技术机构考核、计量标准考核和能力验证工作，承担测量方法和测量结果的可靠性评价工作；承担国家质检中心、国家级重点实验室等技术机构的量值溯源工作，承担计量器具型式评价实验和产品质量监督抽查工作；开展高新技术、新发展领域量值溯源体系和相关技术的研究工作；开展工程计量测量仪器设备的研究与开发；承担相关国际建议、国际标准和国家标准研究与制修订工作，承担相关计量技术规范的制修订，开展测量数据和方法的分析与验证；开展对法定计量技术机构的技术指导，承担对高级计量专业人才的培养工作；承担与本院职责有关的对外合作与交流工作；承办国家质检总局交办的其他事项。

（六）中国特种设备检测研究院

中国特种设备检测研究院（简称中国特检院，英文缩写 CSEI）是由其前身——1979 年成立的隶属于原国家劳动总局的锅炉压力容器检测中心站发展变化而来，是特种设备安全与节能领域的国家级科研机构。

中国特检院在八大类特种设备及相关设备的检验检测、科学研究、法规标准制修订、节能监管、应急救援、事故处理等诸多领域具有较强科研和技术能力。与世界 40 多个国家政府的特种设备安全管理部门、学术机构和检验检测机构建立了长期交往联络，并与一些著名的标准机构和检验集团建立了紧密的合作关系，为加强国内、国际交流与合作发挥了积极的推动作用。

三、林业行业标准化机构

我国自 1952 年开始实施林业标准化，几十年来，围绕国民经济的

第一章
标准与标准化

发展制定了木材、种苗、林化机械、造林机械、造林营林、林业管理等方面的多项行业标准。这些标准覆盖了林业生产的主要技术环节和内容，在林业生产中发挥了积极有效的作用。

国家林业局主动加强与国际标准化组织以及各成员国的沟通合作，积极实施"引进来、走出去"战略，加快国际标准本土化进程，国际标准化组织林业标准基本都转化为中国林业标准；强化国内标准的制修订和实施应用，成立了全国性的林业专业标准化技术委员会 27 个，发布林业国家标准 425 项、行业标准 1295 项、地方标准 3000 余项，形成了国家标准、行业标准、地方标准相互配套、协调发展的林业标准体系。

主要的全国性林业专业标准化技术委员会包括全国木材标准化技术委员会，全国木材标准化技术委员会基础分技术委员会，全国木材标准化技术委员会原木锯材分技术委员会，全国木材标准化技术委员会结构用木材分技术委员会，全国森林可持续经营与森林认证标准化技术委员会，全国防沙治沙标准化技术委员会，全国森林资源标准化技术委员会，全国营造林标准化技术委员会，全国森林工程标准化技术委员会，全国森林公园标准化技术委员会，全国野生动物保护管理与经营利用标准化技术委员会，全国林业信息数据标准化技术委员会，全国林业生物质材料标准化技术委员会，全国湿地保护标准化委员会，全国能源基础与管理标准化技术委员会林业能源管理分技术委员会，全国花卉标准化技术委员会鲜切花分技术委员会。

第四节　我国标准化法律法规

标准化法律和经济建设的关系极为密切，因此许多国家都很重视标准化的立法。第二次世界大战以后，日本于 1949 年、1950 年先后制定了《工业标准化法》和《农林物资标准化法》。美国的标准制度是自愿性的，但安全、卫生、环境保护等方面的标准也会以立法形式加以强制实行，美国农业部环境保护署、食品和药物管理局、消费品安全委员会等制定的标准，有相当一部分是强制性的。根据标准的发展情况，我国也制定了相应的法律法规。

一、标准化法律法规

1957 年，在国家科学技术委员会内设立标准局，主管全国的标准化工作。1958 年颁布了第一批国家标准。1962 年 11 月 10 日国务院通过了《工农业产品和工程建设技术标准管理办法》，规定中国技术标准体制分为国家标准、部标准和企业标准三级，"各级生产、建设管理部门和各企业单位，都必须贯彻执行有关的国家标准、部标准"。1978 年，国务院批准成立了国家标准总局。1979 年 7 月，国务院颁发了《中华人民共和国标准化管理条例》，规定了标准化的方针、政策、任务、机构和工作方法。该条例指出："标准化是组织现代化生产的重要手段，是科学管理的重要组成部分。在社会主义建设中推行标准化，是国家的一项重要技术经济政策。"该条例还规定了标准的法律性质，"标准一经批准发布，就是技术法规。各级生产、建设、科研、设计管理部门和企业、事业单位，都必须严格贯彻执行，任何单位不得擅自更改或降低标准。对因违反标准造成不良后果以至重大事故者，要根据情节轻重，分别予以批评、处分、经济制裁，直至追究法律责任。"

《中华人民共和国标准化法》（以下简称《标准化法》）由中华人民共和国第七届全国人民代表大会常务委员会第五次会议于 1988 年 12 月 29 日通过，1989 年 4 月 1 日起实施。《标准化法》分为 5 章 26 条，其主要内容是：确定了标准体系和标准化管理体制，规定了制定标准的对象与原则以及实施标准的要求，明确了违法行为的法律责任和处罚办法。《标准化法》的颁布，标志着中国标准化工作已进入法制管理的新阶段。《标准化法》中明确规定：中国现行标准体系分为国家标准、行业标准、地方标准和企业标准四级。国家标准和行业标准分为推荐性标准和强制性标准两种类型；强制性标准必须执行，推荐性标准国家鼓励企业自愿采用。已有国家标准或者行业标准的，国家鼓励企业制定严于国家标准或者行业标准的企业标准在企业内部执行。

1990 年 4 月 6 日，国务院第 53 号令发布施行了《中华人民共和国标准化法实施条例》，标志着我国的标准化工作从此走上法制化轨道。

二、相关规章制度

标准化规章是指标准化工作方面的规则章程，我国的标准化规章可以分为国家标准化行政部门制定发布的标准化规章、国务院有关行政主管部门制定发布的标准化规章、省级人民政府和省会城市人民政府制定发布的地方标准化规章三类。后两类标准化规章不能与国家标准化规章抵触，更不能违反标准化法律和标准化法规的规定。

(一)国家标准化行政部门制定发布的标准化规章

中国国家标准化管理委员会发布的有关标准化工作的办法、规定、章程，一般都是依据标准化法律、法规对某种或某一方面标准化工作进行的具体解释补充或规定，主要有：

国家标准管理办法

行业标准管理办法

地方标准管理办法

企业标准化管理办法

能源标准化管理办法

采用国际标准和国外先进标准管理办法

技术引进和设备进口标准化审查管理办法

机电新产品标准化审查管理办法

标准档案管理办法

国家实物标准管理办法

标准情报工作管理办法

信息分类编码标准化管理办法

标准化科技成果奖励办法

全国专业标准化技术委员会章程

产品质量监督试行办法

产品质量认证委员会管理办法

标准出版发行管理办法

（二）国务院有关行政主管部门制定发布的标准化规章

这类标准化规章是依据标准化法律、法规和国家标准化规定向部门（行业或专业）的扩展，也是对国家标准化规章的补充细化和具体化，具有鲜明的部门（行业或专业）特色，林业部门发布的相关规定主要有：

林业标准化管理办法

林业行业标准制修订经费管理办法

国家林业局关于进一步加强林业标准化工作的意见

（三）省级人民政府和省会城市人民政府制定发布的地方标准化规章

各省、自治区、直辖市政府批准、发布的标准化方面的规定、办法、条例，杭州、福州、广州、济南、南宁、乌鲁木齐、银川、拉萨等省和自治区政府所在市的人民政府批准、发布的标准化方面的规定、办法、实施细则等，这些标准化规章是国家标准化规章制度向地方的扩展，也是对国家标准化规章的补充和具体化，具有鲜明的地方性特色。

为了促进各类标准化规章的制定程序科学化，编写格式规范化，并提高规章的质量和工作效率，国家标准化行政部门制定了《关于标准化规章制定程序的规定》，统一明确规定：以某一方面标准化工作做部分的规定称之为"规定";对一项标准化工作做较具体的规定则称之为"办法"。标准化规章的内容一般应包括制定目的、适用范围、主管部门、具体规定的内容、奖惩办法和实施日期等。要求结构严谨,逻辑性强,条理清晰,文字准确简明,不要使用修饰。

第二章
标准制定

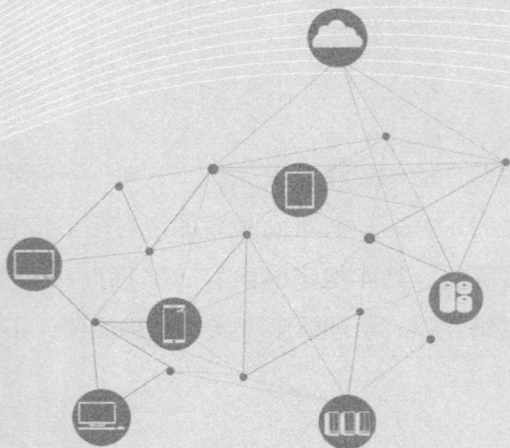

第一节　制定目的与原则

一、制定目的

根据《中华人民共和国标准化法》，制定标准的根本目的是为了发展社会主义商品经济，促进技术进步，改进产品质量，提高社会经济效益，维护国家和人民的利益，适应社会主义现代化建设和发展对外经济关系的需要。具体目的因标准类型的不同而不同，可概括为以下几点。

（一）便于信息交流与协作

为了便于信息交流，促进生产协作，标准中对有关的基础要素，如术语、符号、代号、标志等，给出定义或说明；对采用的试验方法、抽样与检验规则等做出统一规定，作为对产品评价与判定的共同依据。

（二）保证产品接口、互换性和兼容性

在标准中对产品配合连接部位的尺寸精度、输入、输出电压等接口、互换性和兼容性要求做出统一规定，使有关的产品参数之间互相协调。

（三）保证产品适用性

为了保证产品的适用性，在标准中对产品的某些尺寸、物理、化学、热学、电学、生物学、人类工效学及其他方面的要求做出规定，以保证产品满足使用要求，有效地实现其功能。

（四）助于安全健康与环境保护

为了保护环境和人、物的安全，对各种危险和有害因素，如烟尘排放量、各种噪声和食品有害成分的限量等，在标准中做出明确规定。

（五）满足市场需求

企业最需要了解的是市场需求，市场也最需要用标准进行规范。因此，在制定标准时，就应考虑如何满足消费者的不同需求，对消费品的品种、规格的基本尺寸和参数系列等做出规定。

二、制定原则

（一）积极采用国际标准和国外先进标准

长期以来，我国坚持采用国际标准和国外先进标准，这是我国促进对外开放、实现与国际接轨的一项重大技术措施。国际标准和国外先进标准包含大量的先进科学技术成果和先进经验，采用国际标准和国外先进标准，是一种快捷方便的技术引进，要加快采用速度，完善国家标准体系，提高我国标准水平。

（二）不得与国家法律法规相抵触

国家的法律法规是维护人民根本利益的保证，是国家政策的具体体现，凡国家颁布的有关法令法规都应贯彻，标准中的所有规定，均不得与有关法令、法规相抵触。

（三）合理利用国家资源

在制定标准时，必须结合我国的自然资源情况，提高利用效率，注意节约和做好珍稀资源的代用工作。

（四）综合考虑全局利益

制定标准要从全局出发，充分考虑国家、社会和经济技术发展的需要，以取得全社会的综合效益为主要目标。例如，标准中规定的某一指标要求，从生产或使用一方考虑是有利的，但如果从全局利益考虑却并非如此，则局部利益应服从全局利益，当前利益应服从长远利益，必须在尊重科学、发扬民主的基础上，达到必要的集中统一。

（五）符合使用要求

标准制定要使标准化对象适应其所处的环境条件，正常发挥其效能，能够根据不同的环境条件，分别在标准中做出规定。在制定信息化标准时，要充分考虑信息系统使用的环境条件要求，使信息系统适应其所处的环境条件并能正常工作。

（六）有关标准应协调配套

一定范围内的标准都是互相联系、互相衔接、互相补充、互相制约的。只有做到有关标准之间相互协调、衔接配套，才能保证设计、开发、测试、运维等各个环节之间协调一致。

（七）加强优化整合

制定标准时，在满足使用要求的前提下，对同类系统中多余的、重复的功能、模块进行优化、整合，按照一定的规律进行合理分档，形成系列，从而达到以较少的能耗，最大限度地满足使用要求的目的。

（八）技术先进，经济合理

在制定标准时，要将成熟的科学技术成果加以推广，以体现出较高的标准水平。另一方面，标准化活动必须考虑经济效果。因此，在标准内容上，要求宽严适度，繁简相宜；在技术指标上，既要从现有基础出发，又要充分考虑科学技术的发展；在使用性能上，既能满足当前生产的需要，又能适应参与国际市场竞争的要求。使标准既保持技术上的先进性，又具有经济上的合理性，把提高标准水平、提高系统质量和取得良好的经济效益统一起来。

（九）充分发挥民主性

标准是以科学技术和实践经验的综合成果为基础的，应当充分调动各方面的积极性，发挥行业协会、科学研究机构和学术团体的作用，广泛吸收有关的专家参加标准的起草和审查工作。为了使标准制定得科学合理，尽可能避免片面性，要广泛听取设计、使用等部门的意见，尽可能经过协商达成一致。

（十）适时制定，适时复审

标准制定必须适时，如果在新产品、新技术的发展阶段过早地制定标准，可能因缺乏科学依据而脱离实际，甚至妨碍技术的发展。反之，如果错过制定标准的最佳时机，面对既成事实，对标准的制定和以后的实施都会带来困难。随着科学技术的发展，标准的作用会有所变化。因此标准实施后，制定标准的部门应当根据科学技术的发展和社会发展的需要适时进行复审，以确认现行标准继续有效或者予以修订、废止。国家标准、行业标准和地方标准的复审时间一般不超过 5 年，企业标准的复审时间一般不超过 3 年，由于信息技术的发展特殊性，信息化领域的标准往往少于这个时间。

第二节　体系框架

林业信息化标准体系是在《全国林业信息化建设纲要（2008—2020年）》的指导下，由林业信息化建设所需各类标准规范，按照其内在联系构成的科学有机整体，是林业信息化标准建设的蓝图。林业信息化标准紧紧围绕林业信息化建设内容，以应用系统开发利用为主线，按照"面向应用、采标优先、突出重点、轻重缓急"的原则，认真研究国际标准和国内外已有的先进标准，对适合我国林业信息化建设的标准积极采用；根据开发等建设需要重点修订、完善已有标准；优先制定林业信息化建设急需的、共性的、基础性和关键性的标准；鼓励推荐性标准的应用推广。

在林业信息化建设过程中，一些地方林业部门已建了地方标准，在国家标准与地方标准之间，要遵循以下原则：地方标准可通过一套转换机制转换到国家标准；地方标准分阶段、逐步统一到国家标准；地方已有的林业信息，通过标准转化机制，统一成国家规定的标准数据；新调查的数据，按照国家标准处理。

一、总体标准

总体标准是标准体系的基础，规范了其他标准中总体性、框架性和基础性的内容，是其他标准间互相关联、互相协调、互相适应的基础，也是标准体系中其他标准制定的基础。总体标准由林业信息化建设总体性、框架性、基础性的标准规范组成，包括林业信息化标准化指南、林业信息术语等（图 2-1）。

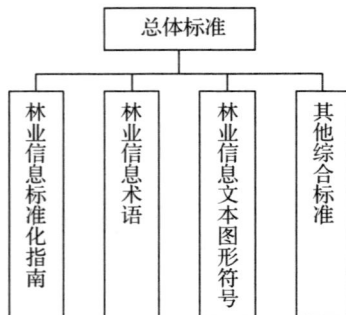

图 2-1　总体标准结构图

林业信息标准化指南。林业信息标准化的基本理论、基础知识和标准化工作的有关规定，详细地介绍林业信息标准化的工作，为用户特别是从事林业信息标准化工作的人员，提供简明、基础的参考标准。

林业信息术语。为实现林业信息标准化，必须首先做到林业术语的统一，术语统一也是林业信息标准化和其他标准制定的基础。

林业信息文本图形符号。规范林业信息文本图形符号，使用户更易了解自己所需的信息资源，促进林业信息资源的共享，它也是林业信息产品的基础和保障。

其他综合标准。除上述几类标准外，其他基础性、总体性和综合性的标准。

二、信息资源标准

林业数据库建设的数据内容包括林业产品信息、林业综合信息。林业专题信息以及林业基础信息。信息资源标准的作用在于对各类林业信息资源进行标准化、规范化的处理和整合改造，规范这些信息的标准化入库，便于应用系统和数据库的使用者有效利用。信息资源标准主要包括林业信息资源表示和处理、林业信息资源定位、林业数据访问、目录服务等方面（图 2-2）。

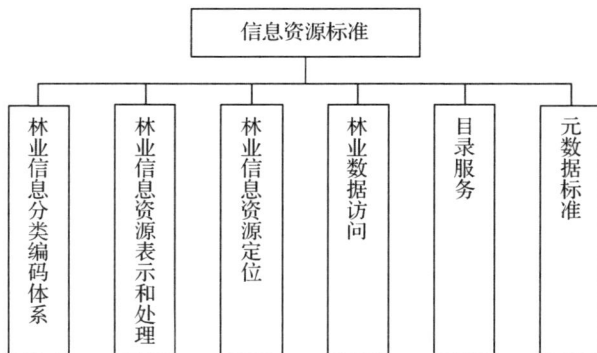

图 2-2　信息资源标准结构图

林业信息分类编码体系。要实现林业信息的共享，用户需要通过目录体系和交换体系对林业信息进行检索，通过网络实现信息交换，所以首先要对林业信息进行统一的分类编码，以满足各应用系统开发、数据库建设的需要，保证信息的唯一性、共享和交换。

林业信息分类编码体系。要实现林业信息的共享，用户需要通过目录体系和交换体系对林业信息进行检索，通过网络实现信息交换，所以首先要对林业信息进行统一的分类编码，以满足各应用系统开发、数据库建设的需要，保证信息的唯一性、共享和交换。

林业信息资源表示和处理。主要从信息资源的处理、有关信息技术方面的文件描述和处理语言，以及数据交换接口等方面进行规范。

林业信息资源定位。主要规范信息资源的定位符、资源的名称、标识符，以及对信息资源的生产者、使用者、管理者等进行等位。

林业数据访问。主要包括对数据库中数据进行访问涉及的数据库语言方面的标准。如通用级接口、持久贮存模块、SQL 多媒体等方面的数据库标准。

目录服务。林业信息资源为林业工作者和社会公众的业务需求提供服务，需要对开放系统互联方面涉及的内容进行规范，如对访问的协议、选择属性类型、访问模型等进行规范。

元数据标准。主要从有关林业信息的内容、载体形态、信息资源集合及其组织体系、管理与服务机制、过程与系统等方面去描述信息资源的特征和属性。根据这些信息，人们可以采集、组织、识别、定位、发现、评估和选择信息资源，实现简单高效地检索、交换、管理海量数字化信息资源。

三、应用标准

应用标准包括各种林业信息资源应用方面的标准（图 2-3）。

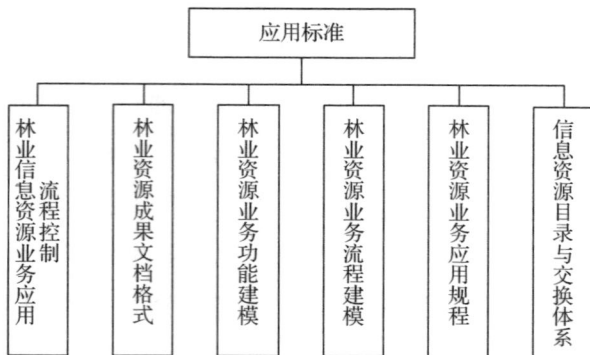

图 2-3　应用标准结构图

林业信息资源业务应用流程控制。规范业务流程是应用系统建设的前提和基础，业务应用系统根据规范的业务流程进行建设。

林业资源成果文档格式。为提高林业信息的管理效率，减少差错，特别是便于应用计算机进行统计分析，需求文件、投表等的名称、代号、格式、内容、记录方法、书写要求等做出统一的规定。

林业资源业务功能建模。针对业务流程中各个职能，以及应用系统建设的功能，规范各个业务功能模块，这样不但减轻工作人员的工作量，完善管理，提高功效，而且避免低水平重复建设，促进林业信息化管理。

林业资源业务流程建模。一个业务流程包含若干个节点，每个节点对应一项操作，各个节点以及节点之间的相互关联构成业务流程。通过提供流程建模和设计工具，对业务流程规则和过程进行规范。

林业资源业务应用规程。针对林业各业务范围，制定各类业务的业务技术规程，这样便于林业信息的标准化建设，也便于标准化、规范化业务应用系统的建设。

信息资源目录与交换体系。目录体系为信息提供者提供公共资源和交换服务的特征信息，为信息使用者提供信息资源目录查询。交换体系依托网络和信息安全基础设施，采用技术标准，实现跨部门、跨地域等应用系统之间的信息资源交换与共享。

四、基础设施标准

基础设施标准主要对林业信息化建设中的基础工作进行规范，为应用系统、数据库建设等工作提供规范的安全和运行环境，为林业信息资源共享、交换等提供基础服务。基础设施标准包括信息安全基础设施、网络基础设施、计算机及存储系统、机房及配套等标准规范（图2-4）。

信息安全基础设施标准。主要规范身份认证、网络信任、应急与灾备等方面的基础设施。

计算机设备类标准。主要从网络基础设施、机房及配套等建设方面进行规范。

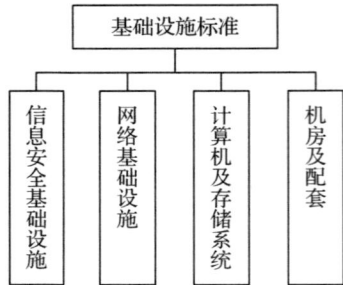

图 2-4　基础设施标准结构图

五、管理标准

管理标准贯穿整个林业信息化建设工作，对基础设施、数据库、应用系统建设等各方面的技术和运营进行规范管理。管理标准主要由项目管理、运行维护管理、质量管理等方面的标准规范组成。

六、标准体系表

林业信息化标准体系是指导林业信息化标准制修订与管理的重要框架性文件，是描绘包括现有的、正在制定的和应该制定的标准的蓝图，是促进林业信息化建设的标准向科学化、合理化方向发展的重要手段，标准体系主要包括总体标准、信息资源标准、应用标准、基础设施标准、管理标准五大类标准，具体标准见表 2-1 至表 2-7。

有关事项说明如下：

标准体系编号。按标准类别分，总体标准编号为"1"，信息资源标准编号为"2"，应用标准编号为"3"，基础设施标准编号为"4"，管理标准编号为"5"。按标准流水号分，通用标准的流水号为 1 ~ 99，专用标准的流水号为 100 ~ 499。

宜定级别。指适宜确定为国家标准或行业标准，简写为"国标"、"行标"。

需求程度。共分五级，用"★"的颗数表示。"★"的颗数越多，表示实际工作对其需求程度越高。

表 2-1　总体标准表

序号	标准体系编号	标准名称	类别	需求程度	宜定级别
1	1.1	林业信息化标准化指南	标准化工作	★★★★★	行标
2	1.2	林业信息化专用标准编制指南	标准化工作	★★★★	行标
3	1.3	林业信息化标准一致性测试规则	标准化工作	★★★★	行标
4	1.4	林业信息化标准质量控制指南	标准化工作	★★★★	行标
5	1.5	林业信息术语	术语	★★★★★	行标
6	1.6	林业信息概念模式语言	总体技术	★★★	行标
7	1.7	林业物联网术语	术语	★★★★	行标
8	1.8	林业物联网体系结构	总体技术	★★★★	行标

表 2-2　信息资源标准——通用标准表

序号	标准体系编号	标准名称	类别	需求程度	宜定级别
1	2.1	林业信息基础数据元 第1部分：数据元的分类	数据描述	★★★★★	行标
2	2.2	林业信息基础数据元 第2部分：数据元的基本属性	数据描述	★★★★★	行标
3	2.3	林业信息基础数据元 第3部分：数据元命名和标识规则	数据描述	★★★★★	行标
4	2.4	林业信息分类与编码规范	数据描述	★★★★★	行标
5	2.5	林业生态工程信息分类与代码	数据描述	★★★★★	行标
6	2.6	林业信息数据库字典编制规范	数据描述	★★★★	行标
7	2.7	林业信息元数据	数据描述	★★★★★	行标
8	2.8	林业数据模型描述规则和方法	数据描述	★★★★	行标
9	2.9	林业信息基础地理框架数据	数据描述	★★★★★	行标
10	2.10	林业信息图示表达规则和方法	数据描述	★★★★★	行标
11	2.11	林业行政及经营管理区划编码	数据描述	★★★★★	行标
12	2.12	林业数据采集规范	采集加工	★★★★	行标
13	2.13	林业数据整合改造技术规范	采集加工	★★★	行标

（续）

序号	标准体系编号	标准名称	类别	需求程度	宜定级别
14	2.14	林业信息遥感影像解译规范	采集加工	★★★★	行标
15	2.15	林业信息质量原则	管理维护	★★★	行标
16	2.16	林业信息质量评价规范	管理维护	★★★	行标
17	2.17	林业信息质量控制内容和方法	管理维护	★★★	行标
18	2.18	林业信息数据一致性测试	管理维护	★★★★	行标
19	2.19	林业信息检查验收规范	管理维护	★★★	行标
20	2.20	林业数据库设计总体规范	管理维护	★★★★★	行标
21	2.21	林业数据库建设技术总体规范	管理维护	★★★★★	行标
22	2.22	林业数据库更新技术规范	管理维护	★★★	行标
23	2.23	林业信息产品分类规则	信息产品	★★★★	行标
24	2.24	林业信息产品质量控制规程	信息产品	★★★	行标
25	2.25	林业信息产品质量评价规程	信息产品	★★★	行标
26	2.26	林业信息产品格式	信息产品	★★★★	行标
27	2.27	林业信息产品图示图例规范	信息产品	★★★★	行标

表 2-3　信息资源标准——专用标准表

序号	标准体系编号	标准名称	类别	需求程度	宜定级别
1	2.100	综合业务 数据元	数据描述	★★★	行标
2	2.101	综合业务 数据模型	数据描述	★★★	行标
3	2.102	综合业务 数据字典	数据描述	★★★	行标
4	2.103	综合业务 信息分类与代码	数据描述	★★★	行标
5	2.104	综合业务 文档交换格式规范	数据描述	★★★	行标
6	2.105	综合业务 公文管理规范	管理维护	★★★	行标
7	2.106	综合业务 内容管理规范	管理维护	★★★	行标
8	2.107	综合业务 政务公开管理规定	管理维护	★★★	行标
9	2.108	公共业务 数据元	数据描述	★★★	行标
10	2.109	公共业务 数据字典	数据描述	★★★	行标
11	2.110	公共业务 信息分类与代码	数据描述	★★★	行标

（续）

序号	标准体系编号	标准名称	类别	需求程度	宜定级别
12	2.111	森林资源核心元数据	数据描述	★★★★	行标
13	2.112	森林资源 数据元	数据描述	★★★★★	行标
14	2.113	森林资源 数据模型	数据描述	★★★★	行标
15	2.114	森林资源 数据字典	数据描述	★★★★	行标
16	2.115	森林资源数据编码类技术规范	数据描述	★★★★★	行标
17	2.116	森林资源数据采集技术规范 第1部分：森林资源连续清查	采集加工	★★★★	行标
18	2.117	森林资源数据采集技术规范 第2部分：森林资源规划设计调查	采集加工	★★★★	行标
19	2.118	森林资源数据采集技术规范 第3部分：作业设计调查	采集加工	★★★★	行标
20	2.119	森林资源 数据质量管理规范	采集加工	★★★★	行标
21	2.120	森林资源数据处理导则	采集加工	★★★★	行标
22	2.121	森林资源 遥感影像解译规范	采集加工	★★★★	行标
23	2.122	森林资源数据库术语定义	术语	★★★★	行标
24	2.123	森林资源数据库分类和命名规范	管理维护	★★★★	行标
25	2.124	森林资源 数据库建设技术规范	管理维护	★★★★★	行标
26	2.125	森林资源 数据库更新管理规范	管理维护	★★★★	行标
27	2.126	森林资源 遥感影像数据库建设规范	管理维护	★★★★	行标
28	2.127	森林资源管理信息系统建设导则	管理维护	★★★★	行标
29	2.128	森林资源 基础底图制作规范	信息产品	★★★★	行标
30	2.129	森林资源 基本图制作规范	信息产品	★★★★	行标
31	2.130	森林资源 森林资源分布图制作规范	信息产品	★★★★	行标
32	2.131	森林资源 林相图制作规范	信息产品	★★★★	行标
33	2.132	森林资源 统计报表规范	信息产品	★★★★	行标

（续）

序号	标准体系编号	标准名称	类别	需求程度	宜定级别
34	2.133	湿地资源 数据元	数据描述	★★★★★	行标
35	2.134	湿地资源 数据模型	数据描述	★★★★	行标
36	2.135	湿地资源 数据字典	数据描述	★★★★	行标
37	2.136	湿地 信息分类与代码	数据描述	★★★★★	行标
38	2.137	湿地资源 专题图制作规范	信息产品	★★★	行标
39	2.138	湿地资源 统计报表规范	信息产品	★★★	行标
40	2.139	荒漠化土地资源 数据元	数据描述	★★★★★	行标
41	2.140	荒漠化土地资源 数据模型	数据描述	★★★	行标
42	2.141	荒漠化土地资源 数据字典	数据描述	★★★	行标
43	2.142	荒漠化 信息分类与代码	数据描述	★★★★★	行标
44	2.143	荒漠化土地资源 专题图制作规范	信息产品	★★★	行标
45	2.144	荒漠化土地资源 统计报表规范	信息产品	★★★	行标
46	2.145	生物多样性资源 数据元	数据描述	★★★★★	行标
47	2.146	生物多样性资源 数据模型	数据描述	★★★	行标
48	2.147	生物多样性资源 数据字典	数据描述	★★★	行标
49	2.148	生物多样性资源 信息分类与代码	数据描述	★★★★★	行标
50	2.149	生物多样性资源 专题图制作规范	信息产品	★★★	行标
51	2.150	生物多样性资源 统计报表规范	信息产品	★★★	行标
52	2.151	营造林 数据元	数据描述	★★★★★	行标
53	2.152	营造林 数据模型	数据描述	★★★	行标
54	2.153	营造林 数据字典	数据描述	★★★	行标
55	2.154	营造林 信息分类与代码	数据描述	★★★★★	行标
56	2.155	营造林 专题图制作规范	信息产品	★★★	行标
57	2.156	营造林 统计报表规范	信息产品	★★★	行标

（续）

序号	标准体系编号	标准名称	类别	需求程度	宜定级别
58	2.157	森林防火 数据元	数据描述	★★★★★	行标
59	2.158	森林防火 数据模型	数据描述	★★★★	行标
60	2.159	森林防火 数据字典	数据描述	★★★★	行标
61	2.160	森林火灾 信息分类与代码	数据描述	★★★★★	行标
62	2.161	森林防火 专题图制作规范	信息产品	★★★	行标
63	2.162	森林防火 统计报表规范	信息产品	★★★	行标
64	2.163	野生动植物保护 数据元	数据描述	★★★★★	行标
65	2.164	野生动植物保护 数据模型	数据描述	★★★	行标
66	2.165	野生动植物保护 数据字典	数据描述	★★★	行标
67	2.166	野生动植物保护 信息分类与代码	数据描述	★★★★★	行标
68	2.167	野生动植物保护 专题图制作规范	信息产品	★★★	行标
69	2.168	野生动植物保护 统计报表规范	信息产品	★★★	行标
70	2.169	灾害 数据元	数据描述	★★★★★	行标
71	2.170	灾害 数据模型	数据描述	★★★★	行标
72	2.171	灾害 数据字典	数据描述	★★★★	行标
73	2.172	灾害 信息分类与代码	数据描述	★★★★★	行标
74	2.173	灾害 专题图制作规范	信息产品	★★★	行标
75	2.174	灾害 统计报表规范	信息产品	★★★	行标
76	2.175	林业有害生物 分类与代码（虫害部分）	数据描述	★★★★	行标
77	2.176	林业有害生物调查统计规范	信息产品	★★★★	行标
78	2.177	林业有害生物防治统计规范	信息产品	★★★★	行标
79	2.178	应急指挥 数据元	数据描述	★★★★	行标
80	2.179	应急指挥 数据模型	数据描述	★★★	行标
81	2.180	应急指挥 数据字典	数据描述	★★★	行标

（续）

序号	标准体系编号	标准名称	类别	需求程度	宜定级别
82	2.181	应急指挥 信息分类与代码	数据描述	★★★★	行标
83	2.182	应急指挥 专题图制作规范	信息产品	★★★	行标
84	2.183	应急指挥 统计报表规范	信息产品	★★★	行标
85	2.184	森林公安 数据元	数据描述	★★★★★	行标
86	2.185	森林公安 数据字典	数据描述	★★★★	行标
87	2.186	森林公安 信息分类与代码	数据描述	★★★★★	行标
88	2.187	森林公安 统计报表规范	信息产品	★★★	行标
89	2.188	林业政策法规 数据元	数据描述	★★★★★	行标
90	2.189	林业政策法规 数据字典	数据描述	★★★★	行标
91	2.190	林业政策法规 信息分类与代码	数据描述	★★★★★	行标
92	2.191	林业档案 分类与代码	数据描述	★★★	行标
93	2.192	苗木二维码标签技术规范	数据描述	★★★	行标

表2-4　应用标准——通用标准表

序号	标准体系编号	标准名称	类别	需求程度	宜定级别
1	3.1	林业信息化基础平台统一技术要求	数据（交换）中心	★★★	行标
2	3.2	林业信息资源目录体系框架	数据（交换）中心	★★★★★	行标
3	3.3	林业信息资源目录体系技术规范	数据（交换）中心	★★★★★	行标
4	3.4	林业信息资源交换体系框架	数据（交换）中心	★★★★★	行标
5	3.5	林业信息交换体系技术规范	数据（交换）中心	★★★★★	行标
6	3.6	林业信息交换体系技术管理标准	数据（交换）中心	★★★★★	行标
7	3.7	林业门户网站建设技术规范	数据（交换）中心	★★★★★	行标
8	3.8	林业信息交换格式	描述技术	★★★	行标
9	3.9	林业数据库访问接口规范	描述技术	★★★★	行标
10	3.10	基于云计算的林业公共服务平台系统架构	描述技术	★★★★	行标

（续）

序号	标准体系编号	标准名称	类别	需求程度	宜定级别
11	3.11	基于云计算的林业公共服务平台数据接口技术要求	描述技术	★★★★	行标
12	3.12	基于云计算的林业公共服务平台云数据存储和管理	描述技术	★★★★	行标
13	3.13	林业物联网 传感器技术规范	描述技术	★★★★	国标
14	3.14	林业物联网 传感器数据接口规范	描述技术	★★★★	国标
15	3.15	林业物联网 传感网组网设备技术规范	描述技术	★★★★	国标
16	3.16	林业物联网 移动多功能智能终端技术规范	描述技术	★★★★	国标
17	3.17	林业物联网 标识与解析技术规范	描述技术	★★★★	行标
18	3.18	林业物联网 面向视频应用的总体技术要求	描述技术	★★★★	行标
19	3.19	林业物联网 面向视频应用的短距离传输技术规范	描述技术	★★★★	行标
20	3.20	林业物联网 面向视频应用的长距离传输技术规范	描述技术	★★★★	行标
21	3.21	基于 XML 的电子公文格式	描述技术	★★★	行标
22	3.22	林业信息服务接口规范	目录/WEB 服务	★★★★	行标
23	3.23	林业信息服务集成规范	目录/WEB 服务	★★★	行标
24	3.24	林业信息服务质量规范	目录/WEB 服务	★★★	行标
25	3.25	林业信息发布与订阅规范	目录/WEB 服务	★★★	行标
26	3.26	林业信息 WEB 服务应用规范	目录/WEB 服务	★★★★	行标
27	3.27	林业业务建模技术规范	业务建模	★★	行标
28	3.28	林业业务功能/服务建模技术规范	业务建模	★★	行标
29	3.29	林业业务流程控制/管理技术规范	业务建模	★★	行标

（续）

序号	标准体系编号	标准名称	类别	需求程度	宜定级别
30	3.30	林业业务流程设计方法通用指南	业务流程	★★★	行标
31	3.31	林业电子公文交换处理规范	业务流程	★★★	行标
32	3.32	林业电子公文存档管理规范	业务流程	★★★	行标
33	3.33	林业电子公文处理流程规范	业务流程	★★★	行标
34	3.34	林业业务生成的通用技术要求	业务流程	★★★	行标
35	3.35	XML业务表示规范	业务流程	★★★	行标
36	3.36	林业应用系统建设指南	应用系统	★★★	行标
37	3.37	林业应用系统设计与开发规范	应用系统	★★★	行标
38	3.38	林业应用系统质量控制与测试	应用系统	★★★	行标
39	3.39	林业应用系统开发文档规范	应用系统	★★★	行标
40	3.40	林业应用系统阶段评审规范	应用系统	★★★	行标

表2-5　应用标准——专用标准表

序号	标准体系编号	标准名称	类别	需求程度	宜定级别
1	3.100	综合业务 业务模型	业务建模	★★	行标
2	3.101	综合业务 功能/服务模型	业务建模	★★	行标
3	3.102	综合业务 业务流程控制/管理	业务建模	★★★	行标
4	3.103	综合业务 系统建设规范	业务建模	★	行标
5	3.104	公共业务 业务模型	业务建模	★★	行标
6	3.105	公共业务 功能/服务模型	业务建模	★★	行标
7	3.106	公共业务 业务流程控制/管理	业务建模	★★★	行标
8	3.107	公共业务 系统建设规范	业务建模	★	行标
9	3.108	森林资源管理 业务模型	业务建模	★★★★	行标
10	3.109	森林资源管理 功能/服务模型	业务建模	★★★★	行标
11	3.110	森林资源管理 业务流程控制/管理	业务建模	★★★★	行标
12	3.111	湿地资源管理 业务模型	业务建模	★★	行标

（续）

序号	标准体系编号	标准名称	类别	需求程度	宜定级别
13	3.112	湿地资源管理 功能/服务模型	业务建模	★★	行标
14	3.113	湿地资源管理 业务流程控制/管理	业务建模	★★	行标
15	3.114	荒漠化土地资源管理 业务模型	业务建模	★★	行标
16	3.115	荒漠化土地资源管理 功能/服务模型	业务建模	★★	行标
17	3.116	荒漠化土地资源管理 业务流程控制/管理	业务建模	★★	行标
18	3.117	生物多样性资源管理 业务模型	业务建模	★★	行标
19	3.118	生物多样性资源管理 功能/服务模型	业务建模	★★	行标
20	3.119	生物多样性资源管理 业务流程控制/管理	业务建模	★★	行标
21	3.120	营造林 业务模型	业务建模	★★	行标
22	3.121	营造林 功能/服务模型	业务建模	★★	行标
23	3.122	营造林 业务流程控制/管理	业务建模	★★	行标
24	3.123	森林防火 业务模型	业务建模	★★	行标
25	3.124	森林防火 功能/服务模型	业务建模	★★★	行标
26	3.125	森林防火 业务流程控制/管理	业务建模	★★★	行标
27	3.126	野生动植物保护 业务模型	业务建模	★★★	行标
28	3.127	野生动植物保护 功能/服务模型	业务建模	★★★	行标
29	3.128	野生动植物保护 业务流程控制/管理	业务建模	★★★	行标
30	3.129	森林灾害 评估模型技术规范	业务建模	★★★	行标
31	3.130	森林灾害 业务模型	业务建模	★★★	行标
32	3.131	森林灾害 功能/服务模型	业务建模	★★★	行标
33	3.132	森林灾害 业务流程控制/管理	业务建模	★★★	行标
34	3.133	应急指挥 业务模型	业务建模	★★★	行标

（续）

序号	标准体系编号	标准名称	类别	需求程度	宜定级别
35	3.134	应急指挥 功能/服务模型	业务建模	★★★	行标
36	3.135	应急指挥 业务流程控制/管理	业务建模	★★★	行标
37	3.136	应急指挥 评估模型技术规范	业务建模	★★★	行标
38	3.137	森林公安管理系统建设规范	应用系统	★★	行标
39	3.138	林业政策法规管理系统建设规范	应用系统	★★	行标

表 2-6　基础设施标准表

序号	标准体系编号	标准名称	类别	需求程度	宜定级别
1	4.1	林业信息化网络系统建设规范	网络系统	★★★★	行标
2	4.2	林业信息化网络管理指南	网络系统	★★★★	行标
3	4.3	林业信息化基础设施建设规范	基础环境	★★★	行标
4	4.4	林业应急指挥中心建设规范	基础环境	★★★	行标
5	4.5	XML 数据安全技术要求	应用安全	★★★★	行标
6	4.6	林业信息系统安全评估准则	应用安全	★★★★	行标
7	4.7	林业信息安全技术和管理要求，应至少涵盖以下 7 个方面：①网络安全防护体系建设要求；②网络安全评估体系建设要求；③网络与应用系统安全审计要求；④应用系统的授权与访问控制策略；⑤应用系统关键数据安全技术要求；⑥系统容灾备份建设要求；⑦安全管理要求	信息安全	★★★★	行标

表 2-7　管理标准表

序号	标准体系编号	标准名称	类别	需求程度	宜定级别
1	5.1	林业信息化标准体系	标准化工作	★★★★★	行标
2	5.2	林业资源调查监测公共因子分类补充规定	标准化工作	★★★★	行标
3	5.3	林业省级单位机房建设管理规范	运维管理	★★★★	行标
4	5.4	林业信息化项目管理规定	运维管理	★★★★	行标
5	5.5	林业信息共享交换管理规定	运维管理	★★★	行标
6	5.6	林业信息化建设档案管理规定	运维管理	★★★★	行标
7	5.7	林业信息化项目验收规范	运维管理	★★★★	行标
8	5.8	林业信息化运行维护管理规范	运维管理	★★★	行标
9	5.9	林业信息化项目建议书编制规范	立项与规划	★★★	行标
10	5.10	林业信息化项目可行性研究报告编制规范	立项与规划	★★★	行标
11	5.11	林业信息化项目初步设计编制规范	立项与规划	★★★	行标

第三节　制定程序

一、一般程序

制定标准是一项涉及面广，技术性、政策性强的工作，必须按照规定的程序进行。只有严格地遵循这些程序，才能保证所制定标准的质量。

（一）国家标准制修订一般程序

按照我国标准 GB/T 16733—1997，制修订国家标准的程序分为 9 个阶段（图 2-5），其他各级标准亦可参照使用。

图 2-5　国家标准制修订一般程序

1. 预阶段。该阶段的任务是标准制定的前期研究，对将要立项的新工作项目进行研究及必要的论证，并在此基础上提出新工作项目建议，包括标准草案或标准大纲。

2. 立项阶段。对新工作项目建议进行审查、汇总、协调、确定，直至下达《国家标准制、修订项目计划》。时间周期不超过 3 个月。

3. 起草阶段。项目负责人组织标准起草工作直至完成标准草案征求意见稿。时间周期不超过 10 个月。

4. 征求意见阶段。将标准草案征求意见稿按有关规定征求意见。在回复意见的日期截止后，标准起草工作组根据返回的意见，完成意见汇总处理表和标准草案送审稿。时间周期不超过 5 个月。若征求意见稿做了重大修改，则应分发第二征求意见稿（甚至第三征求意见稿）征求意见。此时，项目负责人应主动向有关部门提出延长或终止该项目计划的申请报告。

5. 审查阶段。对标准草案送审稿组织审查（会审或函审），并在（审查）协商一致的基础上，形成标准草案报批稿和审查会议纪要或函审结论。时间周期不超过 5 个月。若标准草案送审稿没有被通过，则应分发第二标准草案送审稿，并再次进行审查。此时，项目负责人应主动向有关部门提出延长或终止该项目计划的申请报告。

6. 批准阶段。主管部门对标准草案报批稿及报批材料进行程序、技术审核。对不符合报批要求的，一般应退回有关标准化技术委员会或起草单位，限时解决问题后再进行审核。时间周期不超过 4 个月。国家标准技术审查机构对标准草案报批稿及报批材料进行技术审查，在此基础上对报批稿完成必要的协调和完善工作。时间周期不超过 3 个月。若报批稿中存在重大技术方面的问题或协调方面的问题，一般应退回部门或有关专业标准化技术委员会，限时解决问题后再进行报批。国务院标准化行政主管部门批准、发布国家标准。时间周期不超过 1 个月。

7. 出版阶段。将国家标准出版稿编辑出版，提供标准出版物。时间周期不超过 3 个月。

8. 复审阶段。对实施周期达 5 年的标准进行复审，以确定是否确认（继续有效），修改（通过技术勘误表或修改单），修订（提交一个新工作项目建议，列入工作计划）或废止。

9. 废止阶段。对于经复审后确定为无存在必要的标准，予以废止。

（二）林业标准制修订一般程序（图 2-6）

图 2-6　林业标准制修订一般程序

1. 林业标准的制定。

（1）国家林业局主管标准化工作的机构应按照林业标准计划与项目起草单位签订林业标准制（修）订项目合同。

（2）全国林业专业标准化技术委员会或林业标准化技术归口单位应当按照国家林业局下达的林业标准计划项目组织实施，定期检查林业标准计划项目进展情况，并采取有效措施保证起草单位按计划完成任务。

（3）起草单位应当成立标准起草小组。标准起草小组按照《标准化工作导则》的规定起草标准征求意见稿，编写编制说明及有关附件。

编制说明应当包括以下内容：工作简况，包括任务来源、协作单位、主要工作过程、标准主要起草人及承担的工作；标准的编制原则和标准的主要内容（技术指标、参数、公式、性能要求、试验方法、检验规则等）、论据（包括试验、统计数据）、修订标准时的新旧标准主要技术指标的对比情况；主要试验或者验证的分析、综述报告，技术经济论证结论，预期的经济效益；采用国际标准和国外先进标准的程度，以及与国际同类标准水平的对比情况，或者与测试的国外样品、样机的有关数据对比情况；与有关现行法律、法规和强制性国家标准、行业标准的关系；重大分歧意见的处理经过和依据；作为强制性标准或者推荐性标准的建议；贯彻标准的要求、措施和建议，包括组织措施、技术措施等内容；废止现行有关标准的建议；其他应予说明的事项。

（4）起草单位应征求生产、管理、科研、检验、质量监督、经销、使用等单位及大专院校对林业标准征求意见稿的意见。涉及人身安全和健康的林业标准应当公开征求公众意见。

（5）起草单位应根据征集的意见对林业标准征求意见稿进行修改，提出林业标准送审稿、标准编制说明及其他附件送林业专业标准化技术委员会或者林业标准化技术归口单位审查。

（6）林业标准送审稿由林业专业标准化技术委员会按照国家有关规定组织审查；未成立林业专业标准化技术委员会的，由国家林业局或者其委托的林业标准化技术归口单位按照本办法第二十四、二十五条的规定组织审查。

（7）国家林业局或者其委托的林业专业标准化技术归口单位组织林业标准审查时，应当有生产、设计、管理、科研、质量监督、检验、经销、使用等单位及大专院校的代表参加，其中使用方面的代表不应少于参加审查人员总数的1/4。

（8）林业标准的审查可采用会议审查或函审，具体审查方式由组织者决定。对技术、经济影响大，涉及面广的林业标准应当采用会议审查。

采用会议审查，组织者应当在会议前一个月将林业标准送审稿、编制说明及有关附件、意见汇总处理表等提交给参加标准审查会议的部门、单位和人员。采用函审，组织者应当在函审表决前两个月将函审通知和上述文件及林业标准送审稿函审单提交给参加函审的部门、单位和人员。标准的起草人不能参加表决，其所在单位的代表不能超过参加表决者的1/4。会议审查必须有不少于出席会议代表人数的3/4同意为通过；函审，必须有3/4的回函同意为通过。会议代表出席率及函审回函率不足2/3时，应当重新组织审定。会议审查，应当由组织者写出会议纪要，并附具参加审查会议的人员名单。函审应当写出函审结论，并附函审单。

（9）起草单位应当根据审查会或者函审专家的意见对送审稿进一步修改完善，形成林业标准审报单、标准报批稿、标准编制说明及有关附件审查会会议纪要和会议代表名单或者函审单和函审结论、意见汇总处理表及其对应标准草案、被采用的国际标准或者国外先进标准原文（复印件）和译文、符合印刷、制版要求的插图与附图、含标准报批稿和编制说明的软盘等材料，报送相应专业的林业专业标准化技术委员会或者林业标准化技术归口单位。

（10）林业专业标准化技术委员会或林业标准化技术归口单位收到林业标准报批材料后应当进行审核；对于符合报批条件的林业标准报批稿，林业专业标准化技术委员会或林业标准化技术归口单位应当填写林业标准报批签署单后，报国家林业局。

（11）林业标准的修改按照本章有关规定进行。

2. 林业标准的审批与发布。

（1）林业国家标准由国务院标准化行政主管部门审批、编号、发布。

（2）林业行业标准由国家林业局审批、编号、发布，并报国务院标准化行政主管部门备案。

（3）林业地方标准由地方标准化行政主管部门审批、编号、发布，并报国务院标准化行政主管部门和国家林业局备案。

（4）企业标准的编号、审批、发布由企业自定，并按省、自治区、直辖市人民政府的规定备案。

（5）制定林业标准过程中形成的有关资料，应当按照标准档案管理规定的要求归档。

3. 林业标准的实施与监督。

（1）县级人民政府林业行政主管部门应当按照本办法和有关规定开展林业标准化示范工作，并对标准的实施进行监督检查。

（2）林业建设工程应当按标准设计、按标准施工、按标准验收。

（3）林业标准发布后，林业企业、事业单位应当根据本单位科研、生产管理的需要组织培训，贯彻实施。

（4）企业应当按标准组织生产，按标准进行检验。经检验符合标准的产品由企业质量检验部门签发合格证。产品或其说明书、包装物上应标注所执行标准的编号。

（5）企业新产品的设计和鉴定，技术引进和设备进口均应当按有关标准或者参照相关标准进行标准化审查。

（6）对技术水平高、取得显著效益的林业标准，可以按照规定申报科技奖励。

4. 林业标准复审。

（1）林业标准实施后，应当根据科学技术的发展和经济建设的需要适时进行复审。林业标准的复审由国家林业局组织有关单位进行。林业国家标准和行业标准的复审周期一般不超过五年；指导性技术文件发布三年内必须复审，以决定其继续有效、转化为标准或者撤销。

（2）林业标准复审按下列情况分别处理：不需要修改的标准确认继续有效，确认继续有效的标准不改动顺序号和年号，当标准再版时，在标准封面的标准编号下注明"××××年确认有效"字样。需要修订的标准作为修订项目，列入计划，修订的标准顺序号不变，只把年号改为修订年号。

二、快速程序

根据国标 GB/T 16733—1997，快速程序适用于已有成熟标准草案的项目，如等同采用、修改采用国际标准或国外先进标准的标准制（修）订项目和对现有国家标准的修订或我国其他各级标准的转化项目。本程序特别适用于变化快的技术领域。

申请列入快速程序的标准在预阶段和立项阶段应严格协调和审查。审查通过后，方可列入《国家标准制、修订项目计划》。

对等同采用、修改采用国际标准或国外先进标准的标准制（修）订项目可直接由立项阶段进入征求意见阶段，即省略了起草阶段，将该草案作为标准草案征求意见稿分发征求意见。

对现有国家标准的修订项目或我国其他各级标准的转化项目可直接由立项阶段进入审查阶段，即省略了起草阶段和征求意见阶段，将该现有标准作为标准草案送审稿组织审查。

第四节　复审与修订

一、复审

（一）概念

标准复审是指已经发布实施的现有标准（包括已确认或修改补充的标准），经过实施一定时期后，对其内容再次审查，以确保其有效性、先进性和适用性的过程。1988 年发布的《中华人民共和国标准化法实施条例》中规定，标准实施后的复审，周期一般不超过 5 年。

标准复审是由各主管部门或标准化技术委员会组织进行，对需要

复审的标准要收集实施中的问题并分类整理。复审可采用会议审查或函审，经复审的标准要用书面形式给出复审结果，如复审简况、处理意见、复审结论和依据等，以确认现行标准是继续有效、修订或者废止。

（二）工作原则

1. 符合国家现行的法律法规。

2. 符合国家产业发展政策，促进产业结构调整和行业技术进步，对提高经济效益和社会效益有推动作用。

3. 标准的内容和技术指标应反映当前的技术水平和消费水平的要求。

4. 积极采用国际标准和国外先进标准，提高标准水平。

5. 促进国际贸易，提高国际竞争力。

6. 节约能源资源，保护环境。

7. 保证人身财产安全和健康。

8. 合理控制强制性标准范围。

（三）标准复审的结论

1. 继续有效。标准的内容能适应当前经济建设和科学技术发展需要，与现行法律法规无抵触；标准的技术内容仍符合当前技术水平，能满足行业发展和市场需求。继续有效还包括修改和限用。修改是指标准内容经少量修改仍能满足需要，以标准修改单的形式予以确认；限用是指标准内容适用于现役产品，不得在新设计、新产品中使用。

2. 修订。标准需修改后才能适应经济建设和科学技术发展需要，或局部明显与现行法律、法规和相关国家标准不一致的；标准的技术内容需做较大修改才能符合当前技术水平，满足行业发展和市场需要，或需要改变标准性质。

3. 废止。标准的内容不适应当前经济建设和科学技术发展的需要；标准适用的产品已退出市场，涉及的主要技术已被淘汰；标准内

容被其他标准所涵盖或替代；标准的主要技术内容属于企业内部规
定等。

二、修订

标准的修订是指对一项已在生产中实施多年的标准进行修改。修
改的内容部分主要是生产实践中反映出来的不适应生产现状和科学技
术发展的那一部分内容，或者修改其内容，或者予以补充，或者予以
删除。

"实践是检验真理的唯一标准"，同样实践也是检验标准的唯一标
准。社会在进步，人们需求有变化，生产也在变化，必须在充分采用
先进科学技术的基础上去满足使用要求，去谋求最大的经济效益和社
会效益，因而标准内容也必须更改，对其已不适应部分予以删除。修
订标准一般不改动标准编号，仅将其年代号改为修订时的年代号。

第三章
标准编写

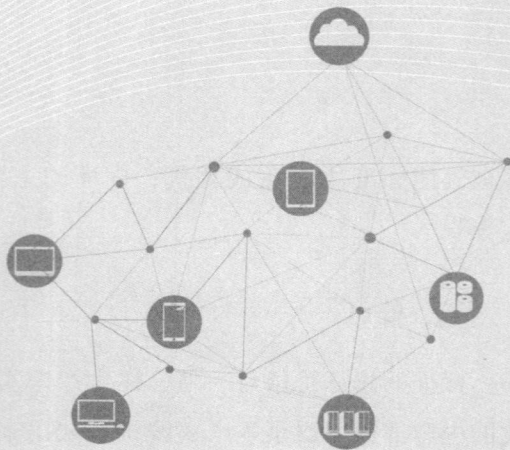

第一节　标准层次

　　标准要根据内容繁简合理编排，分为若干层次叙述。由于各类标准的内容性质和条文长短差异很大，很难制定统一通用的层次划分模式。为了使标准层次清晰、便于使用，应对标准的层次做出适当划分。

一、章

　　章是标准层次划分中最基本的组成单元。每项标准及其部分中的章，应使用阿拉伯数字从 1 开始对章编号，从"范围"一章开始连续编号直到附录以前。每章都要有标题，写在编号后，章的编号和标题应占三行，与后面的条文分开。

二、条

　　条是章的细分层次。第一层次的条可分为第二层次的条，根据实际需要最多可分到第五层次的条。应使用阿拉伯数字加下脚点对条进行编号，如：2.1、2.1.1、2.1.1.1 等。同一层次中有两个或两个以上的条时才可设条，例如，若没有 2.1.1.2 条就不应设 2.1.1.1 条。条有标题时，写在编号后面，单独占两行。第一层次的条宜给出条的标题，并应置于编号之后。第二层次的条可同样处理。同一章或条中同一层次的条有无标题应该统一，即：如果 2.1.1 有标题，则 2.1.2 也应有标题。但要注意无标题的条要避免再分条。可将无标题条首句中的关键术语或短语标为黑体，以标明所涉及的主题。这类术语或短语不应列入目次。

章、条的编号顶格排，编号与标题或文字之间空一个汉字的间隙。

三、段

段是章或条的不带编号的细分层次。为避免在使用时产生混淆，尽可能不出现如例 1 中所示的"悬置段"：

例1

　　2　要求

　　　××××××××××××××××××
　　　×××××××××××××××　　　〕悬置段
　　　××××××××××××××

　　2.1 ×××××××××××××××××
　　　×××××××××××××××

　　2.2 ×××××××××××××××××
　　　×××××××××××××

　　3　试验方法

不能只将所标出的悬置段作为"第 2 章"，因为严格地说 2.1 条和 2.2 条也属于第 2 章，为了避免这类问题，可将未编号的悬置段编为 2.1，原来的 2.1 和 2.2 重新编成 2.2 和 2.3，或者将悬置段移到其他地方。

段的文字空两个汉字起排，回行时顶格排列。

四、列项

列项用以引出具有并列含义的句子。列项中每一项前应加破折号或圆点。当需要对列项的内容进行识别时，则在每一项前加上用带半圆括号的小写拉丁字母顺序编号，如 a)、b)等，若还要对已经用字母编号的某项进一步细分，则应使用带半圆括号的阿拉伯数字进行编号，如 1)、2)等。

五、附录

每个附录应按条文(从前言算起)中提及的先后次序进行编号(前言中说明与前一版本主要变化时所提及的附录不作为编排附录顺序的依据)。附录编号由"附录"和随后表明顺序的大写拉丁字母组成，从字母"A"开始编号，如：附录 A、附录 B 等。只有一个附录时，也要编为"附录 A"，使它的章、条编号能与正文的章、条编号区分开。附录编号下方应用圆括号标明附录的性质，"规范性附录"或"资料性附录"，再下方是附录标题。每个附录中的章、条、表、图和数学公式编号前，都要加上附录编号中表明顺序的字母，字母后跟下脚点，从1 开始编号，如：附录 A 中的章用"A.1"、"A.2"、图用"图 A.1"、"图 A.2"等表示。

第二节 标准构成

由于每项标准的对象不同，其内容也不完全相同，标准中要素的典型编排格式如表3-1 所示。

表 3-1　标准中要素的典型格式

要素类型	要素的编排	要素所允许的表述形式
资料性概述要素	封面	见以下有关"封面"的说明
	目次	见以下有关"目次"的说明
	前言	条文 注 脚注
	引言	条文 图 表 注 脚注
规范性一般要素	标准名称	文字
	范围	条文 图 表 注 脚注
	规范性引用文件	文件清单(规范性引用) 注 脚注
规范性技术要素	术语和定义 符号和缩略语 要求 …… 规范性附录	条文 图 表 注 脚注
资料性补充要素	资料性附录	条文 图 表 注 脚注
	参考文献	文件清单(资料性引用) 脚注
	索引	文字(自动生成的内容)

一、资料性概述要素

资料性概述要素是指标识标准，介绍其内容、背景、制定情况以及该标准与其他标准或文件的关系的要素。其作用是让读者概括地了解该项标准的有关情况，包括识别和内容的介绍，有关标准的背景、制修订情况及与其他标准的关系说明等。它可以包括以下四方面内容。

（一）封面

标准的封面为必备要素。所谓必备要素是指在标准中不可缺少的要素。标准的封面内容有：标准的名称、英文译名、标准的层次、标准的标志、标准编号、国际标准分类号、中国标准文献分类号、备案号（不适用于国家标准）、发布日期、实施日期、标准的发布部门等。如果标准代替了某个或几个标准，封面上应给出被代替标准的编号。另外，当标准有对应的国际标准时，还应在封面上标明一致性程度的标识。

（二）目次

目次为可选要素。所谓可选要素是指在标准中存在与否取决于特定标准的具体需求的要素。如果标准内容多、篇幅长、结构较复杂时，可设置目次，这样可以清晰地显示标准的结构，便于阅读和使用。目次所列的内容和顺序为：前言、引言、章、带有标题的条（需要时列出）、附录、附录中的章和带有标题的条（需要时列出）、参考文献、索引、图（需要时列出）、表（需要时列出）。

（三）前言

每项标准均应有前言。前言中的内容根据情况依次给出以下内容。

1. 对于系列标准或分部分的标准，在第一项标准或标准的第 1 部分中要说明标准的预计结构；在系列标准的每一项标准或分部分标准的每一部分中列出所有已经发布或计划发布的其他标准或其他部分的名称。

2. 标准制定所依据的起草规则，提及 GB/T 1.1—2009。

3. 标准代替的其他文件说明。给出被代替的标准(含修改单)或其他文件的编号和名称，给出与前一版本的主要变化。

4. 以国外文件为基础形成的标准，在前言中陈述与相应文件的关系。当标准等同、修改采用国际文件或与国际文件的一致性为非等效时，应说明与国际文件的关系。

5. 涉及专利的相关说明。

6. 标准提出信息或归口信息。

7. 标准的起草单位和主要起草人。

前言不能有要求和推荐性的内容，也不应有公式、图和表的内容。

(四)引言

引言为可选要素，如果需要，可在引言中给出编制该标准的原因，以及有关标准技术内容的特殊信息或说明。引言不包含要求。引言不应编号。当引言的内容需要分条时，条的编号形式为 0.1、0.2 等。

二、规范性一般要素

规范性一般要素是指描述标准的名称、范围，给出对于标准的使用必不可少的文件清单等要素。它包括标准名称、范围和规范性引用文件等。

(一)标准名称

标准名称为必备要素，应简练并明确表示出标准的主题，使之与其他标准相区分。标准名称不应涉及不必要的细节，任何其他必要的详细说明应在范围中给出。

标准名称最多可由三个要素组成，其顺序由一般到特殊，具体是：引导要素(可选)——表示标准所属的领域(可使用该标准的归口标准化技术委员会的名称)；主体要素(必备)——表示在上述领域内标准所涉及的主要对象；补充要素(可选)——表示上述主要对象的特定方面，或给出区分该标准(或该部分)与其他标准(或其他部分)的细节。

（二）范围

范围为必备要素，应明确界定一项标准的对象和所涉及的各个方面，指明标准的适用范围和领域，必要时可指出标准不适用的界限。范围的文字应简洁，可作为内容提要使用。范围不能包含任何要求。

（三）规范性引用文件

规范性引用文件为可选要素，用来列出标准中规范性引用文件的清单，这些文件经过标准条文的引用后，成为该项标准应用时不可缺少的文件。引用文件清单中不包括不能公开出版的文件、资料性引用文件、起草过程中参考过的文件等，这些文件只能列入参考文献。文件清单中引用文件的排列顺序为：国家标准(含国家标准化指导性文件)、行业标准、地方标准(仅适用于地方标准的编写)、国内有关文件、ISO 标准、IEC 标准、ISO 或 IEC 有关文件、其他国际标准以及其他国际有关文件。国家标准、ISO 标准、IEC 标准按标准顺序号排列；行业标准、地方标准、其他国际标准先按标准代号的拉丁字母顺序排列，再按标准顺序号排列。

规范性引用文件中的国家标准或行业标准如果有对应的国际标准，应注明与国际标准的一致程度。规范性引用文件清单中，如有国际标准和国外标准，应在标准编号后给出标准名称的中文译名，并在其后的圆括号中给出原文名称；如果是非标准类文件，则应按国家标准 GB/T 7714—2015 规定的方法列出相应的文件。如果引用的文件可在线获得，应给出被引用文件完整的网址。

规范性引用文件分注日期的引用文件和不注日期的引用文件，其中注日期的引用文件仅引用注日期的版本，而不注日期的引用文件是引用最新版本(包括所有的修改单)。

三、规范性技术要素

规范性技术要素指规定标准技术内容的要素。因此，它是标准所要规定的实质性内容，也是整个标准的主体。其中的各项内容应根据各类标准的不同特点和需要编写，并遵循有关的编写方法。

（一）技术要素的选择原则

1. 目的性。标准中规范性技术要素的确定取决于编制标准的目的，最重要的目的是保证有关产品、过程或服务的适用性，也可侧重于促进信息交流、保证安全健康和环境保护、合理利用资源、保证产品接口、互换性和兼容性等。

2. 性能。为了给今后技术的发展留下空间，要求应尽可能由性能特性来表达，而不是用设计和描述特性来表达。

3. 可证实性。标准中列入的要求是能够被证实的要求，因此不应使用定性的表述，而应使用明确的定量数值。

（二）术语和定义

术语和定义为可选要素，为理解一项标准中的某些术语，对其中采用的术语尚无统一定义时，应加以必要的定义或给出说明，如果确有必要重复某术语已经标准化的定义，则应标明该定义出自的标准，如果不得不改写已经标准化的定义，则应加注说明。定义不应包含要求，同时也不应写成要求的形式。术语和定义可用这样的引导语："下列术语和定义适用于本标准"的字样。

（三）符号、代号和缩略语

符号、代号和缩略语为可选要素。为了理解一项标准中使用的某些符号、代号和缩略语，将它们列出，并对所列符号、代号和缩略语的功能、意义、具体使用场合给出必要的说明。为了简便起见，或将这一部分与"术语和定义"部分或者还有量的单位合在一起，用一个复合标题，如"术语和定义、符号、代号、缩略语以及量的单位"。

（四）要求

要求为可选要素，应包含以下内容：直接或以引用方式给出标准涉及的产品、过程或服务等方面的所有特性；可量化特性所要求的极限值；对每个要求，可以引用已有的测定或检验特性值的试验方法，当没有可直接引用的试验方法时，应规定相应的试验方法。要求中只能列入技术性内容，不能列入有关索赔、担保、费用结算等合同要求以及法律或法规的要求。

（五）分类、标记和编码

分类、标记和编码为可选要素，它是为符合所规定特性要求的产品、过程或服务建立一个分类、标记和（或）编码体系。对产品而言，就是要对有关产品总体安排的种类、型式、尺寸或参数系列等做出统一规定，并给出产品分类后具体产品的表示方法。为简便起见，可将这一部分与"要求"合并在一起。

（六）规范性附录

标准中的附录根据附录的性质分为规范性附录和资料性附录两种。这两类附录都是可选要素。规范性附录给出标准正文的附加或补充条款，因此，是标准不可分割的一部分，与标准正文具有同等效力。为了使用方便，将其放在技术要素的最后。同时，对一个附录是规范性附录这一情况，要注意在正文中提及的措辞方式，如"……符合附录 A 的规定"，或者"……见附录 B"等；此外还在目次中列出的附录编号后加括号予以注明。当标准正文内容过多，编写或阅读不方便时可采用规范性附录这一形式。

四、资料性补充要素

（一）资料性附录

资料性附录只提供理解标准内容的附加信息，帮助正确掌握和使用标准。资料性附录只能包含可选要求而不应包含其他要求，如，资料性附录为一个可选的试验方法，则可包含要求，在声明符合标准时并不需要符合这类附录中的要求，也不具有标准正文的效力。对一个附录是资料性附录这一情况，在正文中提及的措辞方式如"……参见附录 C"；同样在目次中列出的附录编号后加括号予以注明。

（二）参考文献

参考文献为可选要素。标准起草过程的参考文献，应位于最后一个附录之后。参考文献的格式应符合国家标准 GB/T 7714—2015 的规定。

（三）索引

索引也为可选要素。当有索引时，索引作为标准的最后一个要素。对电子文本，索引宜自动生成。

五、其他资料性要素

（一）条文的注和示例

条文的注和示例的性质为资料性，只能给出对理解或使用标准起辅助作用的附加信息，不能包含任何要求。应将注和示例放在所注释的章、条或段的下方。章或条中只有一个注释时，在标题"注："后写注释条文。同一章（不分条）或条中有几个注时，则应以标题"注1："、"注2："、"注3："等加以区分。同样，如果章或条中只有一个示例时，在标题"示例："后写示例的具体内容；当同一章（不分条）或条有多个示例时，应标明"示例1："、"示例2："、"示例3："等。

（二）条文的脚注

条文的脚注的性质为资料性，用来提供附加信息，它不能包含要求，一般应尽量少用。

为阅读方便，脚注应该放在提及该脚注的页面下方，用一条细实线与正文分开，长度为版心宽度的1/4，置于页面左侧。应使用带半圆括号的阿拉伯数字从1开始对条文的脚注编号。全文中条文的脚注应从"前言"开始连续编号，即1）、2）、3）等。另外在需注释的词或句子之后应使用与脚注编号相同的上标数字1）、2）、3）等标明脚注。有些情况下，为避免与上标数字混淆，可用一个或多个星号代替数字及半圆括号，如：＊、＊＊、＊＊＊等标明脚注。

第三节　编写步骤和方法

一、编写步骤

编写标准的方法主要有两种，即自主研制标准和采用国际标准。自主研制标准按照 GB/T 1.1—2009 的规定进行编写；采用 ISO、IEC 标准的我国标准的编写除了遵照 GB/T 1.1—2009 的规定外，还要按照 GB/T 20000.2—2009 的规定进行编写。

（一）采用国际标准编写的标准

我国加入世界贸易组织时，承诺我国的标准要符合《WTO/TBT 协议》的规定。采用国际标准已成为我国标准化工作的一项重要政策，《中华人民共和国标准化法》第四条规定"国家鼓励积极采用国际标准"。采用国际标准编写我国标准时需要采取以下步骤。

1. 准确翻译。在采用国际标准编制我国标准时，首先应准备一份与原文一致、正确的译文。译文的准确性在这一阶段需要重点把握。因此，翻译要以原文为依据，力求正确传达原文的意图，并保证没有差错。

2. 分析研究。研究的重点集中在国际标准对我国的适用性，如原标准中的指标、规定对我国是否适用，必要时要进行实验验证。在《WTO/TBT 协议》规定的正当目标范围以内的内容，结合国情做出的修改是合理、合法和必需的；在《WTO/TBT 协议》规定的正当目标范围以外的内容，也可以结合国情做出相应的修改。在分析研究的基础上，要确定出以国际标准为基础制定的我国标准与相应国际标准的一致性程度。也就是说，要按照 GB/T 20000.2—2009 的规定确定是等同、修改采用国际标准，还是非等效于国际标准。这里需要强调的是，在采用国际标准的程度方面，等同与修改没有谁优谁劣之分。修改采用国际标准形成的我国标准并不意味着其水平比国际标准差，有些修改后的技术指标完全可能比国际标准高。因此，不应简单地从等同、修改判断标准的技术水平，要看标准中的具体技术指标。

3. 编写标准。在分析研究的基础上，应以译文为蓝本按照 GB/T 1.1—2009 和 GB/T 20000.2—2009 的规定编写我国标准。

（二）自主研制的标准

自主研制标准是指我国标准的编写不是以国际标准为蓝本，标准的文本结构框架不以任何一个国际文件为基础。然而，在编写标准之前，收集国内外的相关标准和资料是必需的。标准中的一些指标、方法参考一些国际标准和资料也是很正常的事情。因此，只要我国标准文本不是以翻译的国际标准文本为基础形成的，只是其中的一些内容参考了一些国际标准，在标准编写中仍然需要使用自主研制标准的方法。自主研制标准时需要采取以下步骤。

1. 明确标准化对象。自主研制标准一般是在标准化对象已经确定的背景下开始的，也就是说标准的名称已经初步确定。在具体编制之前，首先要讨论并进一步明确标准化对象的边界。其次，要确定标准所针对的使用对象：是第一方、第二方还是第三方；是制造者、经销商、使用者，还是安装人员、维修人员；是立法机构、认证机构还是监管机构中的一个或几个适用对象。上述所有事项都应该事先论证、研究、确定，使标准编写组的每一个成员都清楚将要编写的标准是一个什么样的标准。在编写过程中应经常检查修正，不应脱离预定的目标，不应想到什么就写什么，也不要认为大家都同意的内容就可以写进标准草案，要辨别一下是否属于预定的内容。

2. 确定标准的规范性技术要素。在明确标准化对象后，需要进一步讨论并确定制定标准目的。根据标准所规范的标准化对象、标准所针对的使用对象，以及制定标准的目的，确定所要制定的标准的类型是属于规范、规程还是指南。标准的类型不同，其技术内容会不同，标准中使用的条款类型以及标准章条的设置也会不同。在此基础上，标准中最核心的规范性技术要素也会随之确定。

3. 编写标准。标准的规范性技术要素确定后，就可以着手具体编写标准了。首先应从标准的核心内容——规范性技术要素开始编写。在编写规范性技术要素的过程中，如果根据需要准备设置附录（规范性附录或资料性附录），则进行附录的编写。上述内容编写完毕之后，就可以编写标准的规范性一般要素，该项内容应根据已经完成的内容加工而成。例如，规范性技术要素中规范性引用了其他文件，这时需要编写标准的第 2 章"规范性引用文件"，将标准中规范性引用的文件以清单形式列出。将规范性技术要素的标题集中在一起，就可以归纳出标准的第 1 章"范围"的主要内容。规范性要素编写完毕，需要编写资料性要素。根据需要可以编写引言，然后编写必备要素前言。如果需要，则进一步编写参考资料、索引和目次。最后，则需要编写必备要素封面。请注意，这里阐述的标准要素的编写顺序十分重要，标准要素的编写顺序不同于标准中要素的前后编排顺序。编写标准时，规范性技术要素的编写在前，其他要素在后，这是因为后面编写的内容往往需要用到前面已经编写的内容，也就是其他要素的编写需要使用规范性技术要素中的内容。

二、编写方法

各类标准的编写方法是不同的，主要区别在其技术（或管理）内容上，以信息化领域常见的信息分类编码标准为例，对标准的编写方法做一个简单介绍。

信息分类就是根据信息内容的属性或特性，将信息按一定的原则和方法进行区分和归类，建立起一定的分类系统的排列顺序，以便于管理和使用信息。信息编码就是将某些事物或概念赋予一定规律性的易于计算机和人识别与处理的符号，这种符号就是代码，有时简称"码"。

代码的种类很多。顺序码是一种最简单、最常用的代码，它把顺序的自然数或字母赋予编码对象，是一种特殊的顺序码，它将顺序码分为若干段（系列），并与编码对象的分段一一对应，赋予一定的顺序码。如 GB/T 4657—2009《中央党政机关、人民团体及其他机构代码》就采用了三位数字的系列顺序码。层次码常用于线分类体系。GB/T 4754—2011《国民经济行业分类》就是采用三层四位数学的层次码。

无论哪种代码都应具备六个特征：一是唯一性，即每一个编码对象仅有一个代码，一个代码只表示一个编码对象（事物或概念）；二是合理性，代码结构要与分类体系相适应；三是可扩充性，须留有适当的后备容量，以便以后不断扩充；四是简单性，结构应尽量简单，代码长度尽量短一些；五是适用性，要尽可能反映编码对象的特点，有助记忆，便于填写；六是规范性，在一个代码标准中，代码的类型机构及编码格式必须统一。

信息分类编码标准的正文部分，一般按分类原则、编码方法、分类与代码表、代码表索引顺序依次编写。GB/T 20001.3—2015《标准编写规则　第3部分：分类标准》详细地对其做了明确规定。现简述如下。

（一）分类原则

分类原则就是给出代码标准的分类依据及其采用的分类方法。根据 GB/T 20001.3—2015《标准编写规则　第3部分：分类标准》规定，代码标准的分类原则为下列五项。

1. 科学原则。就是要选择编码对象最稳定的本质属性或特征为分类的基础和依据。

2. 系统原则。就是将选定的事物、概念的属性和特征按一定排列顺序予以系统化并形成一个合理的科学分类体系。

3. 可扩延原则。通常应设置收容类目，以便保证增加新的事物或概念时会打乱已建立的分类体系，同时也可为下级信息管理系统在本分类体系基础上进行延拓细化创造条件。

4. 兼容原则。即要与有关标准协调一致。

5. 综合使用原则。即在满足系统总任务、总要求的前提下尽量满足系统内各有关单位的实际需要。

分类方法基本上是两种：线分类法和面分类法。线分类法也称层段分类法，它是将初始的分类对象按所选定的若干个属性或特征逐次地分成相应的若干个层级的类目并排成一个有层次的逐渐展开的分类体系。如 GB/T 2260—2007《中华人民共和国行政区划代码》就是采用了线分类法。这种分类方法具有层次性好、使用方便的优点。面分类法是将选定的分类对象若干个属性或特征视为若干个面，每个面又可分成许多彼此独立的若干个类目，使用时可根据需要将这些"面"中的类目组合在一起形成一个复合类目。这种分类方法的优点是具有较大的弹性，一个"面"内类目的改变不会影响其他"面"的适应性，并可根据需要组成任何类目，便于计算机处理信息，此外，还易于添加和修改类目。

当代码标准内容较简单或无须分类时，"分类原则"章可省略。

（二）编码方法

应阐明代码标准所采用的代码类型、代码结构以及编码方法。当代码结构较复杂时，应适当举例说明。当代码较长需要检验时，应说明代码校验的方法，以保证其正确性。校验码是根据原有的代码，通过预先确定的某种数学算法而获得的。当带有校验码的代码输入时，计算机就会用同样的数学算法按输入的代码数字计算校验码，并与输入的校验码比较，如一致则表示代码输入正确，否则就不正确，自动报警提示录入人员。

（三）分类与代码表

分类与代码表是标准的主体，它是由代码类目名称、说明注释栏目组成的表格，根据实际情况可适当增减栏目，如国家标准 GB/T 2260—2007 名称有两个栏目。

1. 编写代码的要求。设计代码应按 GB/T 20001.3—2015 及其他有关规定，编写时应做到：正确，易认、易读，注意避免混淆和误解。如在一个标准中要避免音、形相似的代码符号同时出现；用顺序码时，代码要等长，上下要对齐，如用 001～999，不可用 1～999；码较长时可分成小段，分段的分割符号可用"－"或空格，以便于人们读写；编写形式要一致。如编写字母码时，统一用大写字母，不能大写、小写字母同时出现；编写数字型代码时，收容类目的代码用末位数为"9"的代码。

2. 编写类目名称的要求。选用的词或词组能确切、全面地反映该类目的全部内容和含义；选用的词或词组力求简短、精练；类目名称尽量用同一种形式组成；类目说明应选用现行标准中规定的标准术语。

3. 编写说明栏的要求。说明栏亦称注释栏，它对易混淆的或具体有特殊定义的类目名称做出说明，以便使用者正确理解类目内容及其使用范围。编写时要求：尽量简短、扼要；指出易混淆的类目名称的内容和范围；但某一类目的名称有多种叫法时，应指出其同义词，当无需说明时，该栏可省略，如果说明内容很多时亦可另行汇编。

4. 代码表索引的要求。当代码较多，为便于机器和人的检索应编写代码表索引。编写代码表索引可用以下两种形式中的一种：按类目名称的字母顺序编写索引或按有关其他排序关系编写索引。

其他类别标准还有很多，不能详细说明编写方法。只要根据各类标准的固有特点，从标准实施的目的出发，广泛征求有关人员的意见，经过反复的实践就一定能把标准编写得科学、合理、适用。标准编写的规范化是国内外标准化组织的共同要求，也是保证标准制定质量的一个重要环节，只有熟练掌握各类标准的编写方法，才能编写好标准。

第四章
标准解读

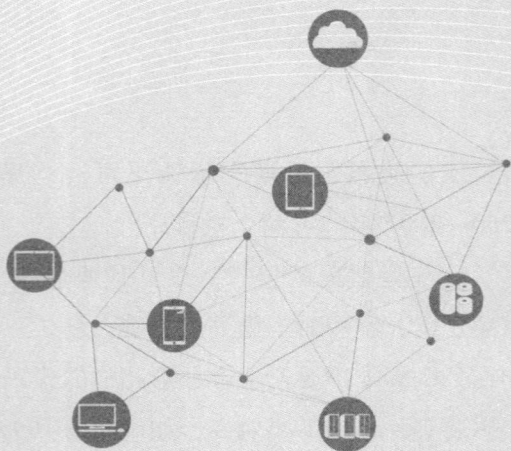

第一节 标准建设情况

为指导全国林业信息化标准建设，有效推进林业现代化发展，依据《全国林业信息化建设纲要（2008—2020年）》等，组织编制了《林业信息化标准体系》。

一、已制定的标准

根据林业信息化建设需求，制定了林业数据库、林业信息系统安全、信息分类与代码、森林资源数据采集、林业物联网等39项标准（表4-1）。

表4-1 已制定的标准

标准编号	标准名称
LY/T 2169—2013	林业数据库设计总体规范
LY/T 2170—2013	林业信息系统安全评估准则
LY/T 2171—2013	林业信息交换体系技术规范
LY/T 2172—2013	林业信息化网络系统建设规范

（续）

标准编号	标准名称
LY/T 2173—2013	林业信息资源目录体系技术规范
LY/T 2174—2013	林业数据库更新技术规范
LY/T 2175—2013	林业信息图示表达规则和方法
LY/T 2176—2013	林业信息 Web 服务应用规范
LY/T 2177—2013	林业信息服务接口规范
LY/T 2178—2013	林业生态工程信息分类与代码
LY/T 2179—2013	野生动植物保护信息分类与代码
LY/T 2180—2013	森林火灾信息分类与代码
LY/T 2181—2013	湿地信息分类与代码
LY/T 2182—2013	荒漠化信息分类与代码
LY/T 2183—2013	森林资源数据库术语定义
LY/T 2184—2013	森林资源数据库分类和命名规范
LY/T 2185—2013	森林资源管理信息系统建设导则
LY/T 2186—2013	森林资源数据编码类技术规范
LY/T 2187—2013	森林资源核心元数据
LY/T 2188.1—2013	森林资源数据采集技术规范 第1部分：森林资源连续清查
LY/T 2188.2—2013	森林资源数据采集技术规范 第2部分：森林资源规划设计调查
LY/T 2188.3—2013	森林资源数据采集技术规范 第3部分：作业设计调查
LY/T 2189—2013	森林资源数据处理导则
LY/T 2265—2014	林业信息术语
LY/T 2266—2014	林业信息元数据
LY/T 2267—2014	林业基础信息代码编制规范
LY/T 2268—2014	林业信息资源交换体系框架
LY/T 2269—2014	林业信息资源目录体系框架
LY/T 2270—2014	林木良种数据库建设规范
LY/T 2271—2014	造林树种与造林模式数据库结构规范

（续）

标准编号	标准名称
LY/T 2413.1—2015	林业物联网 第1部分：体系结构
LY/T 2413.2—2015	林业物联网 第2部分：术语
LY/T 2413.3—2015	林业物联网 第3部分：信息安全通用技术要求
LY/T 2493—2015	林业数据整合改造指南
LY/T 2671.1—2016	林业信息基础数据元 第1部分：分类
LY/T 2671.3—2016	林业信息基础数据元 第3部分：命名和标识原则
LY/T 2672—2016	林业信息数据库数据字典规范
LY/T 2413.403—2016	林业物联网 第403部分 对象标识符解析系统通用要求
LY/T 2674—2016	野生植物资源调查数据库结构

二、正在制定的标准

正在制定的标准包括林业空间数据库、林业信息系统、林业物联网、林业数据、林业行政审批、林业应用系统等相关标准共28项（表4-2）。

表4-2　正在制定的标准

标准序号	标准名称
1	林业空间数据库建设技术规范
2	林业信息系统测评通用要求
3	林业信息系统安全等级保护定级指南
4	林业信息系统运行维护通用要求
5	林业信息交换格式
6	林业信息产品分类规则
7	林业信息基础数据元 第2部分：数据元的基本属性
8	林业物联网 标识对象分类规范
9	林业物联网 传感器技术规范
10	林业物联网 面向视频的无线传感器网络技术要求

（续）

标准编号	标准名称
11	林业物联网 面向视频的无线传感器网络媒体访问控制和物理层规范
12	林业数据库建设技术总体规范
13	林业数据采集规范
14	林业数据质量原则
15	林业数据质量评价规范
16	林业信息分类与代码 第1部分：总则
17	林业信息检查验收规范
18	林业信息数据一致性与测试
19	林业信息服务集成规范
20	林业信息产品质量控制规程
21	林业信息服务质量规范
22	林业有害生物监测预报数据交换规范
23	林业有害生物分类与代码
24	林业有害生物调查统计规范
25	树木树牌制作技术规范
26	林业行政审批系统建设技术规范
27	林业应用系统开发文档规范
28	林业应用系统质量控制与测试

三、拟制定的标准

"十三五"期间，按照林业信息化发展规划和林业行业标准制订计划，拟开展林业公共服务平台、业务系统建设、林业物联网、林业大数据、林业信息资源共享、林业信息安全等方面的标准制定。

第二节 总体标准

总体标准中包括术语标准和总体技术标准。截至目前，已发布的术语标准有 3 个，分别是《林业信息术语》、《森林资源数据库术语定义》、《林业物联网术语》；已发布的总体技术标准有 1 个，即《林业物联网体系结构》。

一、林业信息术语

《林业信息术语》于 2014 年正式发布，标准编号为 LY/T 2265—2014，包括林业信息的一般术语、基础设施、林业信息资源、应用支撑、应用系统以及信息安全与综合管理等。主要内容摘录如下。

（一）一般术语

1. 信息 information。关于客体如事实、事件、事物过程或思想包括概念的表达，是事物存在的方式或运动的状态以及这种方式、状态的直接或间接的表述。这里所说的事物泛指一切可能的研究对象，可以是外部世界的物质客体，也可以是主观世界的意识活动。

2. 林业信息 forestry information。林业信息是林业及其相关事物现象、状态及其属性标识的集合。

3. 林业信息化 forestry informatization。在林业领域全面地发展和应用现代信息技术，使之渗透到林业生产、经营、管理、决策等各个环节，向各级林业部门以及社会提供优质和全方位的管理和服务的过程。

4. 林业信息化平台 forestry information platform。是基于信息技术提出的实现林业信息化的一个技术体系，它包括从信息获取、处理到应用的一个完整的体系结构。

5. 数字林业 digital forestry。运用现代信息科技手段，推动林业管理科学化，用数字化手段再现真实的林业状况。

6. 3S 技术 3S technology。将遥感 RS(remote sensing)、地理信息系统 GIS(geographical information system)和全球定位系统 GPS(global positioning system)有机结合的一种技术，是三个技术名词中最后一个单词字头的统称。

7. 林业遥感 forestry remote sensing。利用光学、电子学和电子光学的遥感仪器，从高空或远距离处接收林业物体反射或辐射的电磁波信息，将其加工处理为能识别的图像或计算机用的数据，用来观测研究森林资源、湿地、荒漠化、生物多样性等林业资源信息，并对这些信息进行综合处理分析，应用到林业生产的各个领域，以提高林业经营管理水平。

8. 地理信息系统 geographical information system(GIS)。综合处理和分析空间数据的一种技术系统。即在计算机软件和硬件的支持下，运用系统工程和信息科学的理论，科学管理和综合分析具有空间内涵的地理数据，以提供对规划、管理、决策和研究所需信息的技术系统。

9. 全球定位系统 global positioning system(GPS)。一种以卫星导航定位系统。由空间段、地面控制段和用户段三部分组成，为全球用户提供实时的三维位置、速度和时间信息。

10. 林业信息标准化 forestry information standardization。为了在一定范围内获得最佳秩序，对林业信息化问题或潜在问题用标准来制定共同使用和重复使用的条款的活动。

(二)基础设施

1. 林业信息基础设施 forestry information infrastructure。根据林业当前业务和可预见的发展方向和目标，林业信息采集、处理、传输和利用的要求，构筑由信息设备、通信网络、数据库和支持软件等组成的基础环境。

2. 林业内联网 forestry intranet。采用因特网技术进行设计并在林业主管部门和林业相关组织机构范围内使用的信息处理网络，即利用因特网技术在公共通信网络上，采用逻辑方法构建的林业行业"内部"的虚拟网，可有效满足行业内部需要，但不对外网用户开放。它利用虚拟网络技术，把分散在各地的分支机构的局域网或计算机连接起来，从而实现不同硬件平台之间的信息资源、文件格式和软件的共享。

3. 林业外联网 forestry extranet。林业内联网的扩展，是由选择地对林业信息资源的提供者、使用者和相关合作者开放的内联网。它是使用因特网技术建立的可支持林业各企事业单位之间进行业务往来和信息交流的综合网络信息系统，但不与一般公众网连接。

4. 林业专网 forestry special network。与各省级林业主管部门、四大森工集团和新疆生产建设兵团林业局连接的全国林业系统主干网，为局机关、全行业提供一条集视频（召开视频会议）、数据（林业综合办公信息电子传输）、语音（行业内部打 IP 电话）为一体的通讯及信息交换的综合业务网络平台。

5. 林业电子政务骨干网 forestry backbone of electronic government。服务于林业电子政务并连接其他地区网络的计算机网，是充分利用国家公共通信资源，形成的连接各级林业行政主管部门的统一的服务于林业电子政务的传输网络。它通常以 T3 或更高的速度连接，可作为若干子网的集线器或节点。骨干网通常跨越数千公里，连接远距离的地区网。

6. 林业数据中心 forestry data center。林业数据中心包括国家林业数据中心和省级林业数据分中心。实现国家与地方数据的共享和交换，用以实现各级业务应用的上下联动。

7. 林业电子政务传输网络 forestry e-government transportation network。林业信息化的主要网络环境，由林业电子政务内网和林业电子政务外网组成。

8. 林业电子政务内网 forestry e-government intranet。在林业电子政务骨干网的基础上，将节点扩展至国家林业局直属单位、各省级林业行政部门和四大森工集团，主要满足各级部门内部办公、管理、协调、监督以及决策需要。

9. 林业电子政务外网 forestry e-government extranet。与国际互联网逻辑隔离，以国家电子政务外网为基础，充分利用已建网络和国家公共通信资源，形成连接国家林业局、省、市、县四级统一的外网。林业电子政务外网主要满足各级林业政务部门进行社会管理、公共服务等面向社会服务的需要。

（三）林业信息资源

1. 林业信息资源 forestry information resources。林业信息资源是指林业信息活动（围绕林业信息的收集、整理、提供和利用而展开的一系列社会经济活动）中经过加工处理的有序化并大量积累起来的有用林业信息集合。

2. 林业信息属性 forestry information attribute。各种林业信息的本质特性或特征。

3. 林业信息资源标识符 forestry information resources identifier。用来对林业信息资源进行唯一标识的代码。

4. 林业信息数据 forestry information data。林业工作中一切与土地、森林和自然环境的地理空间分布和经营管理有关的要素及其关系的表达，即是这些方面的各种要素的属性。

5. 林业信息数据集 forestry information dataset。可以识别的林业信息数据集合。

6. 林业信息资源核心元数据 core metadata of forestry information resources。用于描述林业信息资源的元数据项的基本集合。

7. 林业数据 forestry data。可再解释的林业信息的形式化表示，以适用于通信解释或处理。

8. 林业数据元 forestry data element。在确定的范围内被认为不可再细分的林业数据单元。

9. 林业元数据 forestry metadata。关于林业数据的内容、质量、状况和其他特性的描述性数据。

10. 林业属性数据 forestry attribute data。描述林业实体质量和数量特征的数据。

(四)应用支撑

1. 林业信息服务 forestry information service。为用户转换、管理或提供林业信息的服务。

2. 林业信息资源共享 forestry information resources sharing。多个网络终端用户共享的林业部门计算机系统中的内存存储器空间、各种软件和数据等资源。

3. 编目 cataloging。林业信息资源目录提供者采编林业信息资源核心元数据或交换服务资源核心元数据的过程。编目的结果是目录内容。

4. 目录 directory。在网络中,指授权用户和网络资源的名称及相关信息的索引。

5. 林业信息资源目录 forestry information resource catalog。按照林业信息资源分类或其他方式对林业信息资源核心元数据和交换服务核心元数据的排列。

6. 注册 register。林业信息资源目录管理者接收和处理林业部门提供的林业信息资源目录内容的过程。

7. 发布 publish。林业信息资源目录管理者对外公布林业信息资源目录内容的过程。

8. 林业信息资源目录体系 forestry information resources catalog system。由林业信息资源目录服务系统、支撑环境、标准与管理、安全保障等组成。林业信息资源目录服务系统是通过编目、注册、发布和维护林业信息资源目录内容，实现对各类林业信息资源发现和定位的系统。

9. 林业数据通信 forestry data communication。功能单元之间按照管理数据传输和交换协调的规则集传送林业数据。

10. 林业数据传送 forestry data transfer。通过某种媒体在林业系统间从一处向另一处移动林业数据。

（五）应用系统

1. 信息系统 information system。具有相关组织资源（如森林资源、人力资源和技术资源）的一种信息处理系统，用于提供并分配信息。

2. 数据处理系统 data processing system。执行数据处理的一台或多台计算机外围设备和软件。

3. 数据管理系统 data management system（DMS）。规定存取数据的方法以及组成文件的方式的一组专用程序包。该系统能广泛用于各种实际应用。提供的功能包括：建立和维护文件，对数据的排序、分类、查询、计算并最后产生各种报表。

4. 数据库管理系统 database management system（DBMS）。用于控制数据库中数据的组织、存储、检索、安全和完整性的一种软件。它管理和控制数据资源，接收应用程序的请求并引导操作系统传输恰当的数据。

5. 林业应用软件 forestry application software。专门解决林业应用问题的软件或程序。

6. 林业应用系统 forestry application system。林业应用系统主要是通过应用开发组件、工作流组件、目录体系和交换体系等建设，利用应用适配器、消息传输、跨域通信代理等服务，实现跨部门协同作业及信息共享。

7. 林业综合办公系统 integrative forestry office automation system。主要是针对林业行政机关日常办公业务的系统，包括文件办理、会议办理、事务办理、日常办公和值班、行政审批等业务的网上办理等。

8. 林业专家系统 forestry expert system。林业专家系统是模拟林业专家解决某领域专门问题的计算机软件系统，模拟林业专家推理、规划、设计、思考和学习等思维活动，解决林业专家才能解决的复杂问题。根据领域的不同，林业专家系统可分为很多种不同的系统，例如：育苗专家系统、森林病害诊断与防治专家系统、森林培育专家系统等。

9. 林业决策支持系统 forestry decision support system。林业决策支持系统是以管理科学、经济学、运筹学、林学技术等为基础，以网络技术、数据库技术、地理信息技术、可视化与仿真技术等信息技术为手段，面对林业问题，辅助林业管理决策者进行决策活动，具有智能作用的人机交互的信息系统。根据领域的不同，林业决策支持系统可为很多种不同的系统，例如：区域综合治理技术决策系统、水源保护林智能决策支持系统等。

10. 林业信息处理系统 forestry information processing system。执行林业数据处理的一个或多个林业数据处理系统和设备，诸如办公设备和通信设备。

（六）信息安全与综合管理

1. 林业信息安全 forestry information security。对林业信息资源实施全面的管理和控制，保证信息在存取、处理和传输过程中的机密性、完整性和可用性，以防止其未经授权的泄露、修改、破坏。

2. 管理性安全 administrative security。用于计算机安全的管理措施。

3. 安全策略 security policy。为保障计算机安全所采取的行动计划或方针。

4. 安全审计 security audit。对数据处理系统记录与活动的独立的审查和检查，以测试系统控制的充分程度，确保符合已建立的安全策略和操作过程，检测出安全违规，并对在控制、安全策略和过程中指示的变化提出建议。

5. 安全分类 security classification。决定防止数据或信息需求的访问的某种程度的保护，同时对该保护程度给以命名。

6. 安全级别 security level。分层的安全等级与表示对象的敏感度或个人的安全许可的安全种类的组合。

7. 安全许可 security clearance；clearance。许可个人在某一特定的安全级别或低于该级别访问数据或信息。

8. 验证 verification。将某一活动、处理过程或产品与相应的要求或规范相比较。

9. 密码系统 cryptographic system；cipher system。一起用来提供加密或解密手段的文件、部件、设备及相关的技术。

10. 访问控制 access control。一种保证手段，即数据处理系统的资源只能由被授权实体按授权方式进行访问。

二、森林资源数据库术语定义

《森林资源数据库术语定义》于 2013 年正式发布，标准编号为 LY/T 2183—2013，主要内容为术语和定义等。主要内容摘录如下。

1. 编码 encoding。数据到一系列代码的转换。

2. 编码规则 encoding rule。可标识的转换规则的集合。用于定义特定数据结构的编码。

3. 代码 code。依照特定模式的符号表示。

4. 要素类型 feature type。带有共同特性的要素的类别。

5. 属性 attribute。＜XML＞一个元素中包含的名称—值对。

6. 数据类型 data type。允许在值域内对值进行操作的值域的说明。示例：整型、实型、布尔型、字符串、日期型和 SG 点（将数据转换成系列编码）。

7. 数据集 dataset。可以识别的数据集合。

8. 元数据 metadata。数据的内容、质量、状况和其他特性的描述性数据。

9. 元数据元素 metadata element。元数据的基本单位。

10. 元数据实体 metadata entity。一组说明数据相同特性的元数据元素。

11. 元数据子集 metadata section。元数据的子集合，由相关的元数据实体和元数据元素组成。

12. 核心元数据 core metadata。描述森林资源基本属性的元数据元素和元数据实体。

13. 栅格 raster。通常由平行扫描线形成的或者由阴极射线管显示相对应的矩形图案。

14. 栅格数据 raster data。将地理空间划分成按行、列规则排列的单元，且各单元带有不同"值"的数据集。

15. 像素 pixel。数字影像的最小元素，可对其赋予属性值。

16. 数字正射影像图 digital orthophoto map；DOM。经过正射投影改正的影像数据集。

17. 数字高程模型 digital elevation model；DEM。以规则格网点的高程值表达地表起伏的数据集。

18. 数字栅格地图 digital raster graphic；digital raster graphics；DRG。以栅格数据形式表达地形要素的地理信息数据集。

19. 数字线划图 digital line graphic。以矢量数据形式表达地形要素的地理信息数据集。

20. 大地坐标 geodetic coordinate。大地测量中以参考椭球面为基准面的坐标，通常以大地经度 L、大地纬度 B 和大地高 H 表示。

21. 大地基准 geodetic datum。用于大地坐标计算的起算数据，包括参考椭球的大小、形状及其定位、定向参数。

22. 1954 年北京坐标系 Beijing geodetic coordinate system 1954。

1954 年我国决定采用国家大地坐标系（采用克拉索夫斯基椭球），实质上是由原苏联普尔科沃为原点的 1942 年坐标系的延伸。

23. 1980 西安坐标系 Xi′an geodetic coordinate system 1980。采用 1975 国际椭球，以 JYD1968.0 系统为椭球定向基准，选用陕西省泾阳县永乐镇为大地原点所在地，采用多点定位所建立的大地坐标系。

24. 2000 国家大地坐标系 China geodetic coordinate system 2000；CGCS2000。采用 2000 参考椭球，原点在地心的右手地固直角坐标系。Z 轴国际地球旋转局参考极方向，X 轴为国际地球旋转局的参考子午面与垂直于 Z 轴的赤道面的交线，Y 轴与 Z 轴和 X 轴构成右手正交坐标系。

25. 1956 年黄海高程系 Huanghai Vertical Datum 1956。采用青岛水准原点和根据由青岛验潮站从 1950—1956 年的验潮数据确定的黄海平均海平面所定义的高程基准，其水准原点的起算高程为 72.289m。

26. 1985 国家高程标准 national vertical datum 1985。1987 年颁布命名的，采用青岛水准原点和根据由青岛验潮站从 1952—1979 年的验潮数据确定的黄海平均海水面所定义的高程标准，其水准原点的起算高程为 72.260m。

27. 高斯—克吕格投影 Gauss – Krueger projection。一种等角横切椭圆柱投影。其投影带中央子午线投影成直线且长度不变，赤道投影也为直线，并与中央子午线正交。

28. 高程 elevation。地面点至高程基准面的垂直距离。

29. 控制点 control point。以一定的精度测得几何、重力数据，为进一步测量和其他科学技术工作提供依据、控制精度的固定点。

30. 几何校正 geometric correction。为消除图像的几何畸变而进行投影变换和不同波段图像的套合等校正工作。

31. 残差 residual error。改正数。测量值的估值（$\hat{L}$）与测量值（L）之差，一般用 V 表示，即有：$V = \hat{L} - L$。

32. 中误差 mean square error。在等精度观测时取各次观测值真误差平方的平均值再开方。

33. 要素 feature。真实世界现象的抽象。注：要素可以类型或实例的形式出现。当仅表达一种含义时，应利用要素类型或要素实例。

34. 矢量 vector。有方向且有大小的量。

35. 属性值 attribute value。赋予一个属性特定的值。

36. 拓扑 topology。对相连或相邻的点、线、面之间关系的科学阐述。特指那种在连续映射变换下保持不变的对象性质。

37. 数据字典 data dictionary。是存储"关于数据项的数据"，记录有关数据的来源、说明、与其他数据的关系、用途和格式等信息。

三、林业物联网术语

《林业物联网术语》于 2015 年正式发布，标准编号为 LY/T 2413.2—2015，包括一般概念、体系结构、标识、数据管理和安全等。主要内容摘录如下。

（一）一般概念

1. 林业物联网 forestry internet of things。在森林、湿地、荒漠化和沙化等环境中，通过感知设备，按照约定的协议，进行物与物之间的信息交换和通信，实现智能化识别、定位、跟踪、监控和管理等功能的系统。

2. 林业物联网体系结构 architecture of forestry internet of things。对林业物联网系统整体结构、层次划分、不同部分之间协作关系的描述。

3. 标识 identification。通过使用属性、标识符等来识别一个实体的过程。注：参考 ISO/IEC 29182 - 2：2013，定义 2.7.2。

4. 对象 object。精确定义的一段信息、定义或者规范，它要有名称以便标识其在通信实例中的用途。注：在林业物联网中对象包括森林、湿地、沙漠等。

5. 实体 entity。客观存在的任何事物，通过某种属性可以加以区分。

6. 物理实体 physical entity。能够被物联网感知但不依赖物联网感知而存在的实体。

7. 感知层 sensing layer。实现对对象的信息采集、汇聚、处理和控制的功能层。

8. 网络层 network layer。实现网络拓扑控制、数据路由，以及数据通信服务的功能层，位于感知层之上。

9. 应用支撑层 application support layer。向用户提供各类应用及服务的功能层，位于网络层之上。

(二)体系结构

1. 感知层

(1)感知 sensing。通过感知设备获得对象的信息的过程。

(2)感知设备 sensing device。能够获取对象信息的设备，并提供接入网络的能力。注：常见的感知设备有传感器(网络)结点、RFID读写器等。

(3)协调器 coordinator。一种全功能设备，负责网络中设备的关联和解关联及网络管理。

(4)执行器 actuator。根据输入信号产生物理响应的设备。

(5)传感器 sensor。依照一定的规则，对物理世界中的客观现象、物理属性进行监测，并将监测结果转化为可以进一步处理的信号的设备。注1：信号可以为电子的、化学的或者其他形式的传感器响应。注2：信号可以表示为1维、2维、3维或更高维度的数据。

(6)传感器(网络)结点 sensor network node。在传感器网络中，能够进行采集，并具有数据处理、组网和控制管理的功能单元。

(7)射频识别 radio frequency identification。在频谱的射频部分，利用电磁耦合或感应耦合，通过各种调制和编码方案，与射频标签交互通信唯一读取射频标签身份的技术。

（8）射频标签 RF tag。用于物体或物品标识、具有信息存储功能、能接收读写器的电磁场调制信号，并返回响应信号的数据载体。

（9）读写器 reader/writer。阅读器 reader。询问器 interrogator。一种用于从射频标签获取数据和向射频标签写入数据的电子设备，通常具有冲突仲裁、差错控制、信道编码、信道解码、信源编码、信源译码和交换源端数据等过程。

（10）嵌体 inlay。射频标签的嵌入层，由芯片、天线及所贴附的衬底组成。

（11）射频模块 RF module；RF stage。读写器产生和接收射频信号的部分。

（12）传感（器）网（络）sensor network。利用传感器网络节点及其他网络基础设施，对物理世界进行信息采集并对采集的信息进行传输和处理，并为用户提供服务的网络化信息系统。

（13）传感（器）网（络）网关 sensor network gateway。连接由传感器网络节点组成的区域网络和其他网络的设备，具有协议转换和数据交换的功能。

2. 网络层

（1）中继 relay。接收、放大并再生信号的过程，以扩展物联网的覆盖范围。

（2）路由 route。按照某种原则，实现从源节点到目标节点进行数据转发的路径。

3. 应用支撑层

（1）应用子层 application sublayer。向用户提供林业物联网各类业务应用的功能层。

（2）支撑子层 support sublayer。通过对感知层数据的组织与管理，以满足应用子层应用需要的功能层。

（三）标识

1. 标识符 identifier。用于描述实体的身份以及属性的一系列数字、字母、符号或者它们的任何组合形式。

2. 标识符解析 identifier resolution。将标识符翻译成与其相关联的信息的过程。

3. 标识解析 identification resolution。一个唯一的标识符被赋予给明确的管理对象，并通过网站、客户端等多种解析方式进行标识符输入，以获取该对象各类属性信息的过程。

4. 数据标识 data identification。用于标识数据元和数据结构的唯一标识符。

5. 对象标识符 object identifier。是与无歧义的标识与它的对象相关的全局唯一值。

6. 编码 encoding。编码规则集应用于抽象值上产生的位图。

（四）数据管理

1. 数据采集 data acquisition。通过传感器测量物理世界的电气、化学、生物或物理现象的过程。

2. 数据共享 data sharing。在不同地方使用不同计算机、不同软件的用户能够使用其他用户或第三方平台的数据，并进行各种操作运算和分析，以便更加合理有效地使用数据资源的信息处理技术。

3. 数据融合 data fusion。利用计算机对按时序获得的若干观测信息，在一定准则下加以自动分析、综合，以完成所需的决策和评估任务而采用的信息处理技术。

4. 元数据 meta data。定义和描述其他数据的数据。

5. 数据元 data element。由一组属性规定其定义、标识、表示和允许值的数据单元。

（五）安全

1. 物联网安全 security for internet of things。对物联网机密性、完整

性、可用性、私密性的保护，并可能涉及真实性、责任制、不可否认性和可靠性等其他属性。

2. 物联网安全管理 internet of things security management。为保护物联网信息、设备的安全，对物联网系统所选择并施加的管理、操作和技术等方面的控制。

3. 物联网安全等级保护 security of classified protection of internet of things。根据物联网安全要求的程度进行等级划分，依据信息安全等级保护要求，对物联网产品或系统分等级进行保护和管理，对物联网信息安全事件分等级响应和处置。

4. 安全服务 security service。根据安全策略，为用户提供的某种安全功能及相关的保障。

5. 授权 authorization。赋予传感器网络中某一实体可实施某些动作的权限的过程。

6. 保密性 confidentiality。使信息不泄露给未授权的个人、实体、过程，或不被其利用的特性。

7. 数据完整性 data integrity。数据没有遭受以未授权方式所作的更改或破坏的特性。

8. 新鲜性 freshness。保证接收到数据的时效性，确保没有重放过时的数据。

9. 可用性 availability。已授权实体一旦需要就可访问和使用的数据和资源的特性。

10. 鉴别加密 authenticated encryption。对某一数据串的加密，旨在保护数据保密性、数据完整性以及数据原发鉴别。

11. 数据安全 data security。数据处理和传输过程中的有效性，包括保密性和完整性等。

12. 密钥管理 key management。根据安全策略，实施并运用对密钥材料进行产生、登记、鉴别、注销、分发、安装、存储、归档、衍生、销毁和恢复的服务。

13. 安全策略 security policy。指明林业物联网中如何管理、保护和分配资产（包括结点、网络、数据、应用系统等）的一组安全规则、指导、惯例和实践。

14. 安全机制 security mechanism。实现安全功能，提供安全服务的一组有机组合的基本方法。

四、林业物联网体系结构

《林业物联网体系结构》于 2015 年正式发布，标准编号为 LY/T 2413.1—2015，包括组织结构模型、信息模型、通信模型和功能模型等。主要内容摘录如下。

（一）组织结构模型

林业物联网组织结构模型是从系统架构的角度对林业物联网系统进行分解，以分层的方式描述林业物联网的组成。它屏蔽了不同林业业务应用间的差异，是林业物联网层级结构及层间关系在系统层面的高度抽象和模型化表现。林业物联网组织结构模型是设计林业物联网参考体系结构的基础。林业物联网组织结构模型如图 4-1 所示。

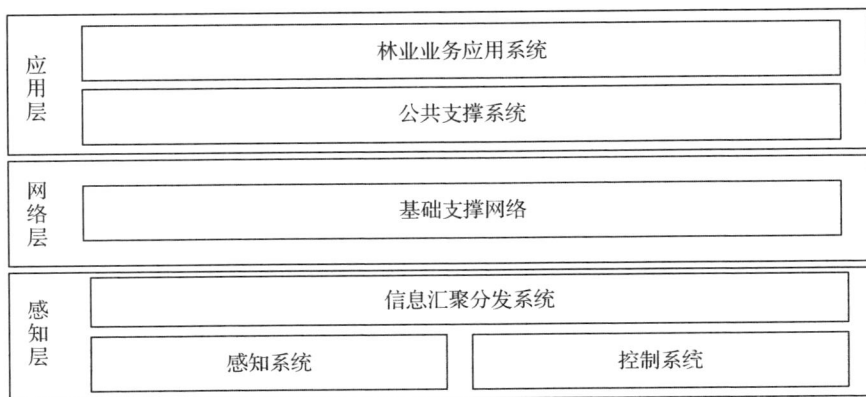

图 4-1　林业物联网组织结构模型

林业物联网系统由感知层、网络层和应用层组成。感知层包括对外界进行感知的感知系统、对感知设备进行控制的控制系统以及信息汇聚分发系统。感知系统感知的信息通过信息汇聚分发系统传输到网络中，同时，控制系统通过信息汇聚分发系统接收来自上层的控制信息。网络层即基础支撑网络。基础支撑网络把数据通过选择的路由传输到远端的用户端，并把用户端的数据传输到感知层。应用层由公共支撑系统和林业业务应用系统组成。公共支撑系统通过中间件、总线技术、数据中心技术等，为各类林业业务应用提供支撑服务。林业业务应用系统即林业具体的业务应用，如林业资源监管系统、营造林管理系统、林业生态监测与评估系统、林业灾害监测预警系统、林产品质量安全监管系统、林业资源开发利用系统等。

（二）信息模型

林业物联网信息模型如图 4-2 所示。

信息模型从信息的角度，对林业物联网系统进行了描述。感知层

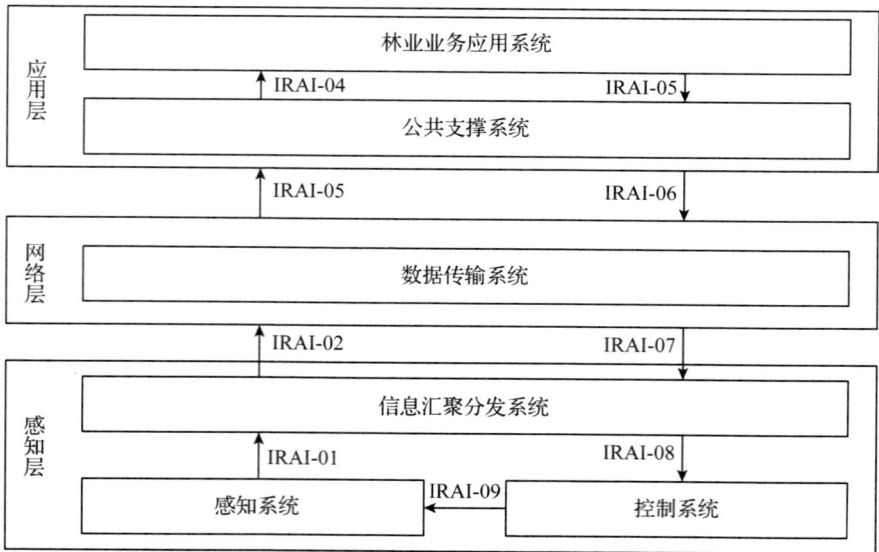

图 4-2　林业物联网信息模型

包括感知系统、控制系统和信息汇聚分发系统。感知系统是提供信息采集、信息处理、信息传输等功能的系统，从信息角度看，它生成感知数据。控制系统是提供对象控制功能的系统，从信息角度看，它接受控制指令信息、执行控制操作。信息汇聚分发系统负责完成对感知数据的汇聚、处理、封装等，包括异构感知数据间的格式转换和应用转换。网络层只有一个系统，即数据传输系统。通过数据传输系统，网络层将感知层获取的信息传输到应用层，并把应用层的信息传输到感知层。应用层包括公共支撑系统和林业业务应用系统。公共支撑系统是向林业业务应用系统提供支撑服务的系统，包括提供数据存储、数据处理、标识解析、地理信息、数据共享等无差别的基础支撑服务。

林业物联网各组件之间通过信息参考架构接口（IRAI，information reference architecture interface）进行连接。

IRAI－01：感知系统与信息汇聚分发系统间的接口。通过本接口，感知系统将获取的感知信息传输到信息汇聚分发系统。

IRAI－02：信息汇聚分发系统和网络层间的接口。通过本接口，信息汇聚分发系统把感知信息传输到数据传输系统。

IRAI－03：数据传输系统和公共支撑系统间的接口。通过本接口，数据传输系统将所传输的信息发送到应用层的公共支撑系统。

IRAI－04：公共支撑系统和林业业务应用系统间的接口。通过本接口，公共支撑系统将处理后的信息以服务的形式提供给林业业务应用系统，林业业务应用系统通过本接口查询和调用相关基础服务。

IRAI－05：林业业务应用系统和公共支撑系统间的接口。通过本接口，林业业务应用系统将信息发送到公共支撑系统。

IRAI－06：公共支撑系统和数据传输系统间的接口。通过本接口，将应用层的控制信息发送到数据传输系统。

IRAI－07：数据传输系统和感知层信息汇聚分发系统间的接口。通过本接口，数据传输系统将所传输的控制信息传输到信息汇聚分发系统。

IRAI－08：信息汇聚分发系统和控制系统间的接口。通过本接口，信息汇聚分发系统将控制信息发送给控制系统。

IRAI－09：控制系统和感知系统间的接口。控制系统根据控制信息进行响应，如改变感知精度、移动位置等，响应后的信息通过本接口传输到感知系统。

（三）通信模型

林业物联网通信模型如图4-3所示。

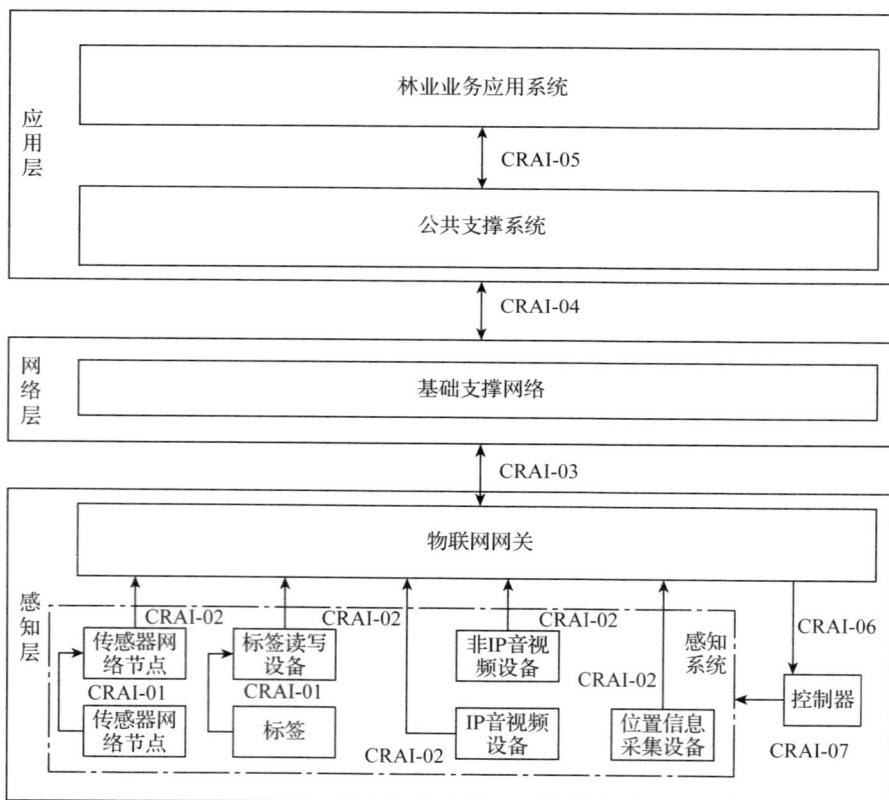

图4-3　林业物联网通信模型

（四）功能模型

从功能的角度，林业物联网可划分为感知层、网络层、应用层

（包括公共支撑子层、业务支撑子层）以及管理体系、安全保障体系五个部分。林业物联网功能模型如图4-4所示。

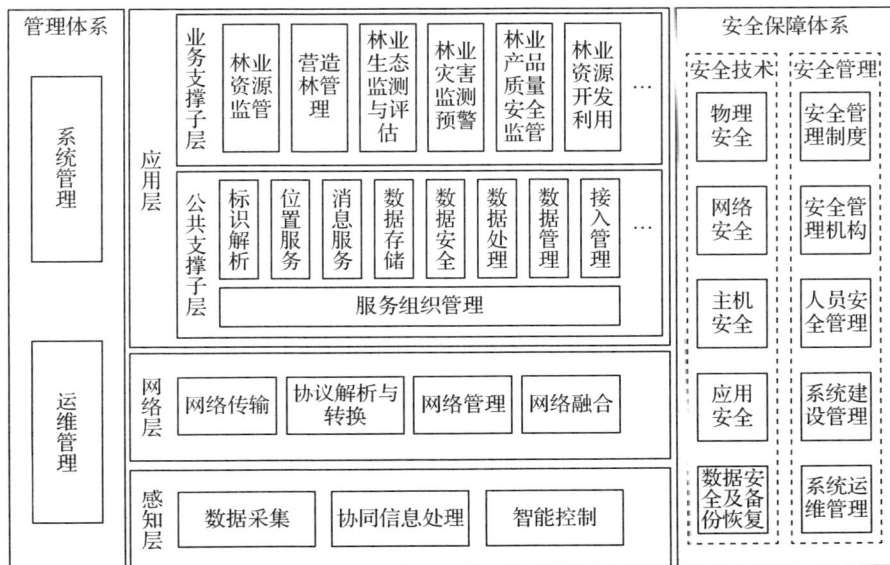

图4-4　林业物联网功能模型

第三节　信息资源标准

信息资源标准包括数据描述标准、采集加工标准、管理维护标准等。截至2016年底，已发布的数据描述标准有《林业信息元数据》、《森林资源核心元数据》、《林业信息数据库字典编制规范》、《林业信息图示表达规则和方法》、《林业信息基础数据元　第1部分：分类》、《林业信息基础数据元　第3部分：命名和标识规则》、《林业基础信息代码编制规范》、《林业生态工程信息分类与代码》、《森林资源数据编码类技术规范》、《湿地　信息分类与代码》、《荒漠化　信息分类与代码》、《野生动植物保护　信息分类与代码》、《森林火灾　信息分类

93

与代码》等；已发布的采集加工标准有《林业数据整合改造指南》、《森林资源数据采集技术规范　第 1 部分：森林资源连续清查》、《森林资源数据采集技术规范　第 2 部分：森林资源规划设计调查》、《森林资源数据采集技术规范　第 3 部分：作业设计调查》、《森林资源数据处理导则》等；已发布的管理维护标准有《林业数据库设计总体规范》、《林业数据库更新技术规范》、《森林资源数据库分类和命名规范》、《造林树种与造林模式数据库结构规范》、《野生植物资源调查数据库结构》、《林木良种数据库建设规范》、《森林资源管理信息系统建设导则》等。

一、林业信息元数据

《林业信息元数据》于 2014 年正式发布，标准编号为 LY/T 2266—2014，包括林业信息元数据结构与内容。主要内容摘录如下。

（一）描述形式

1. 使用 UML 描述林业信息元数据模式，形成林业元数据 UML 类图。

2. 林业元数据内容的详细、完整定义采用数据字典的形式描述。

3. 元数据模式与元数据数据字典的对应关系见表4-3。

表 4-3　元数据模式与数据字典的对应关系表

元数据模式	元数据数据字典
包（package）	元数据子集
类（class）	元数据实体
属性（attribute）	元数据元素
关联（association）	元数据元素

（二）层次结构

1. 元数据项按内容的涵盖范围从大到小可划分为3层。

2. 元数据的层次结构应符合下面规定：根节点为元数据。根节点的下级节点为描述信息的不同方面特征的元数据子集。元数据子集由描述内容具有逻辑关系的多个元数据实体和元数据元素组成。元数据实体由元数据实体和元数据元素组成。

(三)包

本标准用 UML 中"包"的概念表示元数据子集,用"类"的概念表示元数据实体,用"属性"的概念表示元数据元素,如图 4-5 所示。

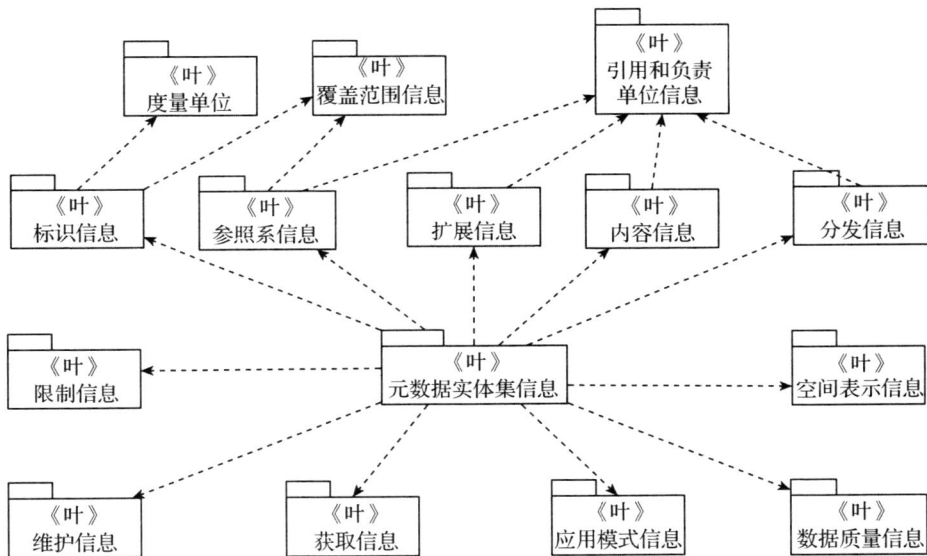

图 4-5 元数据包

(四)内容

林业信息元数据应包含要描述的林业信息的全部元数据子集、元数据实体和元数据元素的信息。林业信息元数据包主要由 15 个元数据子集构成,每个子集由若干元数据实体(UML 类)和若干元数据元素(UML 类属性)构成。其中,有 12 个数据子集直接构成元数据,可单独使用;而引用和负责单位联系信息、度量单位、覆盖范围信息 3 个数据子集是公用信息子集,由其他子集调用,不单独侚用。

1. 元数据实体集信息。元数据实体集信息描述林业信息的全部元数据信息，应包含元数据的文件标识符、语种、字符集、联系单位、创建日期、元数据标准等信息。

2. 标识信息。标识信息唯一标识林业数据集的基本描述信息，应包括被引用的资源的信息、数据集摘要、资源开发的目的、可信度、状况和联系方等信息。

3. 限制信息。限制信息描述了访问和使用数据集、资源的法律限制与安全限制的信息。

4. 数据质量信息。数据质量信息是数据集质量评价的描述信息，应包含数据生产相关的数据志信息。

5. 维护信息。维护信息是数据集资源和元数据的更新频率与更新范围的信息。

6. 空间表示信息。空间表示信息包含数据集中用于表示空间信息的机制信息，如格网数据和矢量数据的空间表示信息。

7. 参照系信息。参照系信息描述数据集采用的空间和时间参照系的相关信息。

8. 内容信息。内容信息提供数据内容特征的描述信息，应包含要素名、属性列表与属性结构等信息。

9. 分发信息。分发信息应包含资源分发方的信息和资源获取的途径等信息。

10. 扩展信息。扩展信息应包含用户定义的扩展信息。

11. 应用模式信息。应用模式信息应包含有关用于建立数据集的应用模式信息。

12. 获取信息。获取信息描述有关数据集中数据获取的详细信息。

二、森林资源核心元数据

《森林资源核心元数据》于 2013 年正式发布，标准编号为 LY/T 2187—2013，包括核心元数据内容、数据字典说明和数据字典等。主要内容摘录如下。

（一）核心元数据内容

森林资源信息可分为空间数据和非空间数据两大类。森林资源信息核心元数据主要是关于空间数据和非空间数据的说明性数据，是关于数据集内容、质量、表示方式、空间参照系、管理方式等数据集特征数据的数据。森林资源信息核心元数据是林业信息元数据的子集，并按照《林业信息 元数据标准》中6.1的扩展规则，增加了森林资源共享信息。

1. 标识信息。标识信息唯一标识森林资源数据集的基本描述信息，应包括数据集摘要、数据集建立的目的、地理区域范围和联系方式等信息。

2. 数据质量信息。数据质量信息是数据集质量评价的描述信息，应包含数据生产相关的数据志信息，如定位和属性精度、数据完整性和一致性、森林资源信息的生产时间及数据生产使用的方法，数据验收等信息。

3. 空间表示信息。空间表示信息包含数据集中用于表示空间信息的方法信息，如栅格数据和矢量数据的空间表示信息。

4. 空间参照信息。数据集的坐标系和投影系统信息。

5. 数据发行信息。关于获得数据集内容的信息，包括发行部门和单位、发行格式、数据量和数据提供方式等信息。

6. 数据共享信息。关于数据集产权单位、管理单位、密级、共享方式等。

（二）数据字典说明

元数据按层状结构进行组织，包括数据元素和复合元素（子集、实体）。元素是元数据最基本的信息单元，一个信息单元包括元素名、定义、约束/条件、重复次数（最大出现次数）、数据类型、域、英文名称和英文缩写。复合元素由元素和其他复合元素组成。

1. 约束/条件。M：必选（mandatory）——元数据的核心内容，适用于各种被描述对象，是元数据文件必须包含的子集、实体或元素。C：一定条件下必选（conditional）——针对不同的被描述对象特征，当满足一定条件时，元数据文件所必须提供的子集、实体或元素。O：可选（optional）——该子集、实体或元素是可选的，由用户决定是否将其包含在元数据文件中。

2. 重复次数。0：表示不出现；1：表示出现并且不重复使用；N：表示可重复使用。

3. 数据类型。复合型：元数据实体，表示为复合元素，可由元素或复合元素或子集组成。文本型：自由文本，表明对字段的内容没有限制。实数型：实数。整数型：整数。日期型：时间数据。

4. 域值。表示该元素/复合元素/实体的取值范围。对一个元数据元素而言，域说明允许的值或使用自由文本。

三、林业信息数据库字典编制规范

《林业信息数据库字典编制规范》于 2016 年正式发布，标准编号为 LY/T 2672—2016，包括数据字典的结构、属性、命名规则及编码、注册要求和文件格式等。主要内容摘录如下。

（一）数据字典的结构

林业信息数据库数据字典建立以数据库为单位，一个数据库的数据字典一方面要描述数据库的概要信息，另一方面要描述数据库中要素类数据和其他表格类数据的信息，为各类数据建立相应的数据字典。其中要素类数据字典包括矢量数据字典、栅格/影像数据字典。数据库数据字典与要素类及其他表格类数据的数据字典之间通过数据库代码相关联。数据字典的结构如图 4-6 所示。

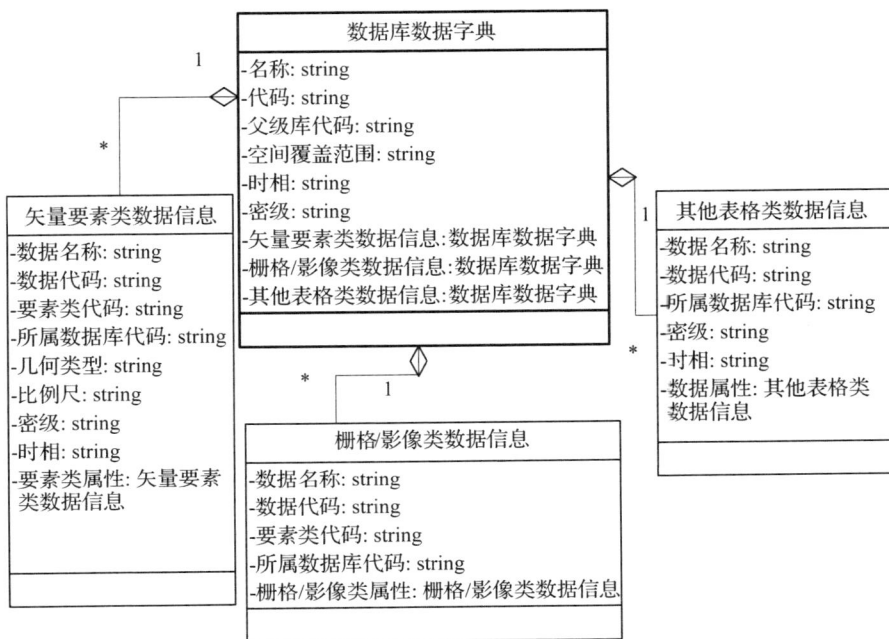

图 4-6　数据字典内容关系

（二）数据字典的属性

数据字典模板描述采用二维表格形式，数据字典中的每个子集由数据元或实体构成，带晕线的行定义为实体。根据数据库及各种数据类型性质、特征的不同，其相应数据字典中所含的数据元或实体有所不同。数据字典中实体或数据元用 8 个属性字段进行描述，包括标号、中文名称、英文缩写名、定义、约束/条件、最大出现次数、数据类型、域。表字段长度不应超过 22 个字符。

1. 标号。说明实体或数据元的层次关系。实体用"1"、"2"依次表示，在每个实体下若有描述实体属性的数据元，可用其所属的实体的编号、间隔符"."和该数据元在所属实体中的编号组合表示，如"1. 1"、"1. 2"等。

2. 中文名称。赋给实体或数据元的一个标记。实体名称在本标准的整个数据字典中是唯一的。数据元名称在实体中是唯一的，但在本标准的整个数据字典中不一定唯一。

3. 英文缩写名。名称的英文缩略语。可以通过可扩展标记语言（XML）、ISO 8879（SGML）或其他类似的执行技术使用这些英文缩写名。按照与产生实体和元素英文名称相类似的命名规则产生英文缩写名。

4. 定义。实体/元素的说明。

5. 约束/条件。必选（M）：mandatory，实体或数据元总是应当选取。条件必选（C）：conditional，说明可以进行电子处理的条件，当该条件满足时，至少一个实体或数据元是必选的。如果对条件的回答是肯定的，则该实体或数据元应当是必选的。任选（O）：optional，实体或数据元可以选择，也可以不选择。定义任选实体和任选数据元，为那些希望充分说明其数据者提供方便。如果一个任选实体未被选用，则该实体所包含的数据元（包括必选数据元）也不选用。任选实体可以有必选数据元，但这些数据元只当该任选实体被选用时才成为必选的。

6. 最大出现次数。说明实体或数据元可以具有的实例的最大数目。只出现一次用"1"表示；重复出现用"N"表示。允许不为 1 的固定出现次数，并用相应数字表示（即"2"，"3"，…）。

7. 数据类型。说明表示数据元的一组不同的值。例如整型、实型、字符型等。

8. 域。就实体而言，域说明该实体包含的行号。对一个数据元而言，域说明允许的值或使用自由文本。"自由文本"表明对字段的内容没有限制。

（三）数据字典命名规则及编码

林业信息数据库数据字典标题名称由数据库名称 +"数据字典"组成。数据库数据字典文件名称由数据库代码 +"DIC"组成（文件扩展名根据采集工具导出的具体文件格式而定）。

（四）数据字典注册要求

林业信息数据字典注册要求包括：注册的安全性、注册顺序、注册功能、注册的一致性、地理信息要素类分类编码、软件要求、功能要求。

(五)数据字典文件格式

用户可以将生成的数据字典以 ＊．xml、＊．doc 或 ＊．mdb 格式导出，并以文件形式保存。

四、林业信息图示表达规则和方法

《林业信息图示表达规则和方法》于 2013 年正式发布，标准编号为 LY/T 2175—2013，包括林业信息图示表达、林业信息图示表达模式和林业信息地图图式等。主要内容摘录如下。

(一)林业信息图示表达

1. 图示表达对象。林业信息图示表达的对象包括与林业信息有关的地物、地貌的符号表达和其属性的文字表示。如相关的测量控制点、水系、居民地及设施、行政中心及企事业单位、交通、管线、境界、地貌、地类、树种、竹类、林种等，以及相关的注记、林相色标、林种色标、地类色标等。

2. 图示表达机制。以林业信息图示表达对象为中心，定义基于规则的图示表达机制，见图 4-7。

3. 图示表达规则。图示表达规则使用几何和属性信息，在具体应用模式中说明表达对象、属性和基本空间几何图形之间的关系。

4. 图示表达过程。林业信息图示表达过程包括从林业信息数据库中读出表达对象的类名及其属性信息，根据图示规则逐一判断，如果哪一个规则返回为"真"，则调用相应的表示规范来实现；否则，如果不满足任何规则，即没有任何规则返回"真"，调用默认的表示规范。

5. 图示表达规范。用具体符号实现系统与表达对象的空间数据的直接接口。

6. 图示表达要求。图示表达应符合以下要求：

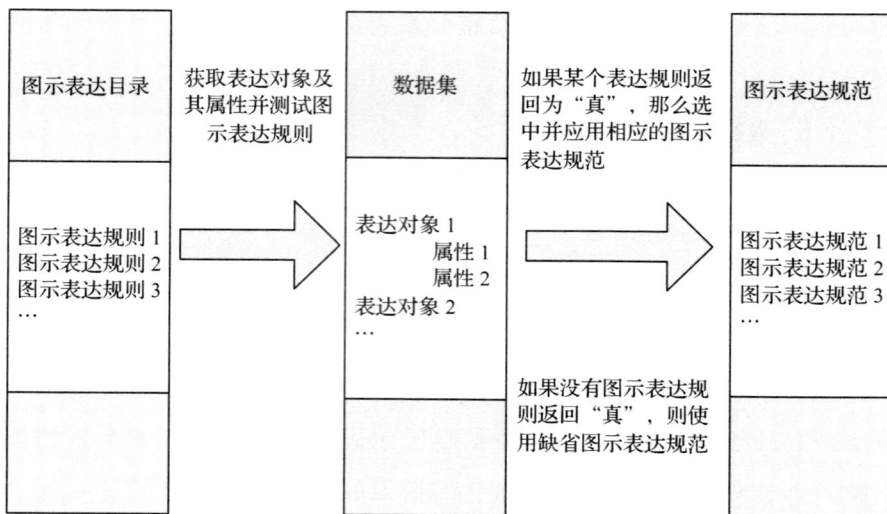

图 4-7　图示表达机制

（1）图示表达规则存储在图示表达目录中。图示表达规范被图示表达规则所引用，并与图示表达规则分开进行存储，应对表达对象详细说明其需要使用的图示表达规则。

（2）图示表达规则应用 UML（unified modeling language）来表达。图示表达规则机制用来实时处理图示表达问题。

（3）图示表达目录中的图示表达规则应对数据集中的表达对象属性进行测试。图示表达规则应作为一种返回真或假的查询语句使用，然后调用与特定的图示表达规则相关联的图示表达规范。

（4）图示表达规则返回为假时，那么应使用缺省图示表达规范。

（二）林业信息图示表达模式

1. 图示表达模式主要内容。林业信息图示表达模式主要包括图示表达服务、图示表达目录和图示表达规范，见图 4-8。

2. 图示表达服务。林业信息图示表达服务是描述林业信息的通用接口，用来表达林业信息一个或多个实例的一种服务，即如何用符号来表示林业信息。林业信息图示表达服务应有一个表达林业信息的操

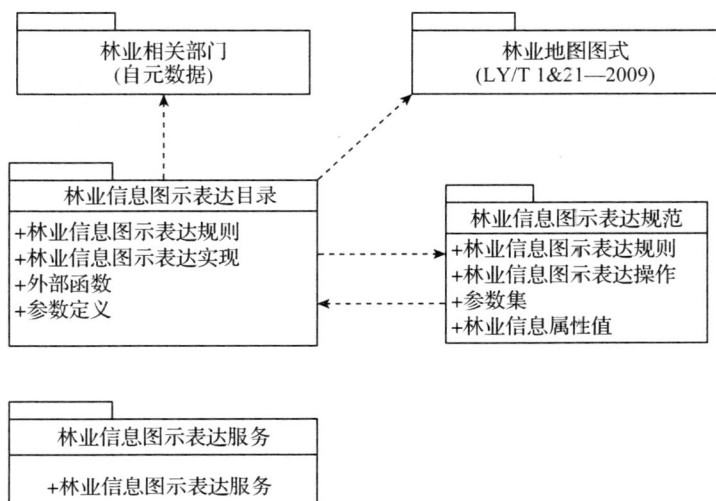

图4-8 林业信息图示表达模式

作，这个操作对应于一个或多个实例和一个或多个林业信息图示表达目录，如图4-9所示。

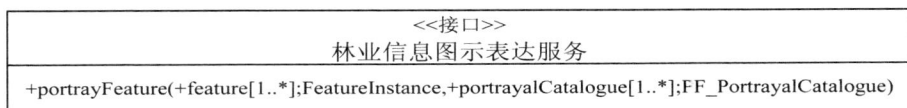

<<接口>> 林业信息图示表达服务
+portrayFeature(+feature[1..*];FeatureInstance,+portrayalCatalogue[1..*];FF_PortrayalCatalogue)

图4-9 图示表达服务细节

五、林业信息基础数据元 第1部分：分类

《林业信息基础数据元 第1部分：分类》于2016年正式发布，标准编号LY/T 2671.1—2016，包括林业信息数据元的分类范围、分类规则和具体的分类内容等。主要内容摘录如下。

（一）分类范围

本标准对林业主要业务活动中的基础信息进行分类，即对森林、湿地、荒漠化和沙化土地、野生动植物、自然保护区、森林公园、森林防火、林业有害生物、林业生态工程和林木种苗信息进行分类，有关在林业中用到的基础地理信息数据元的分类，遵循《GB/T13923—

103

2006 基础地理信息要素分类与代码》标准中的分类。

（二）分类规则

林业信息基础数据元分为大类、中类和小类，大类用 1 位数字表示分类值，中类和小类都用 2 位数字表示分类值。其中大类依据林业基础信息数据元的自然属性分为 6 类，即：林业资源类数据元；机构/人员类数据元；地理位置/空间类数据元；日期/时间、期限类数据元；面积、蓄积、高度、盖度/覆盖率、个数等表示数值的数据元；其他类数据元。

"林业资源类"大类，按林业资源类型，分为森林、湿地、荒漠化和沙化、野生动植物、自然保护区、森林公园、森林防火、林业有害生物、林业生态工程、林木种苗和其他资源类 11 个中类。中类按照林业资源的开发利用、发生和管理的流程，即资源区划、资源调查、资源利用和统计、资源评价和规划、资源保护与恢复和治理的视角对进行分类，具体见林业信息基础数据分类表。中类和小类都可以扩充。林业生态工程按照业务流程进行分类。

"机构/人员类"大类，分为机构和人员 2 个中类。

"地理位置/空间类"大类，分为地理位置和空间位置 2 个中类。

"日期/时间、期限类"大类，分为日期、时间和期限 3 个中类。

"数值类"大类，分为面积、蓄积、高度/长度、比率、个数 5 个中类。

六、林业信息基础数据元 第 3 部分：命名和标识规则

《林业信息基础数据元 第 3 部分：命名和标识规则》于 2016 年正式发布，标准编号为 LY/T 2671.3—2016，包括林业信息数据元的命名原则、标识机构原则、标识和注册系统中的数据标识符等。主要内容摘录如下。

（一）林业信息数据元的命名原则

1. 唯一性原则。在一定的语境下数据元名称应唯一，名称包括对

象类词、特性词、表示词和限定词。林业信息数据元的命名的唯一性原则要求如下：数据元名称中应有一个且仅有一个对象词；数据元名称中应有一个且仅有一个特性词；数据元名称中应有一个且仅有一个表示词。示例：在数据元"森林类型代码"中，"森林"为对象词，"类型"是该数据元的特性词，"代码"是该数据元的表示词。

2. 语义原则。林业信息数据元的命名的语义原则包括以下几个方面：对象词表示数据元所属的事物或概念，它表示某一语境下一个活动或对象，它是数据元中占支配地位的部分；特性词是表示数据元的对象类的显著的、有区别的特性；表示词是数据元名称中描述数据元表示形成的一个成分。它描述了数据元有效值集合的格式；限定词是可选的。当需要描述一个数据元并使其在特定的语境中唯一时，可以使用限定词对对象类词、特性词或表示词进行限定。

3. 语法原则。林业信息数据元的命名的语法原则包括以下几个方面：对象词处于名称的第一（最左）位置；特性词应处于第二位置；表示词应处于最后位置；限定词可以附加到对象类词、特性词和表示词上。限定词应位于被限定成分的前面，限定词顺序的不同不能用于区别不同的数据元。当表示词语的特性词有重复或部分重复时，可以从名称中将冗余词删除掉。

4. 英文名称的词法原则。林业信息数据元的命名的英文名称的词法原则包括以下几个方面：名词使用单数形式，动词使用现在时；名称的各个成分之间用空格分隔，不允许使用特殊字符；允许使用缩写词、首字母缩略词和大写首字母。

5. 数据元中文全拼的格式原则。中文全拼由中文名称中的每一个汉字的拼音组成，拼音中间用连字符"－"连接，并全部使用小写。

（二）林业信息基础数据元的表示结构原则

1. 属性标识。为了区分不同的数据元，用一组相关的属性，对每一个数据元进行命名和标识。这些属性如名称、相关环境、注册机构标识符和数据标识符等。

2. 名称和相关环境。在注册机构中注册的每一个数据元至少应有一个名称。根据该数据元使用的相关环境，可以分配多个名称。每个名称在某个特定的相关环境中有着特殊的作用。为了便于数据管理，可建立严格结构化的名称；使用者可以规定首选名称；在特定的软件环境中可以产生简称。在每个相关环境中可以为许多数据元赋予名称，每个相关环境建立一个命名约定，用以详细说明在该相关环境中如何规范名称。一个命名约定应包括相关环境的全部有关方面，包括：命名约定的范围；确定名称的机构；指导名称的用词来源和内容的语义规则；关于用词顺序的语法规则；关于受控单词表、名称长度、字符集、语言词法规则。

（三）林业信息基础数据元的标识

1. 概述。一个数据元的标识符由注册机构标识符、内部标识符和版本标识符组合而成，这三部分合在一起构成了一个完整的数据元标识符，实现了在任何环境下对该数据元的唯一标识。

2. 注册机构标识符。林业信息数据元的注册机构需要向林业信息化标准主管部门申请注册机构的标识符。

3. 内部标识符。内部标识符由注册机构自行分配，每个数据元应有一个唯一的内部标识符。建议内部标识符按照数据元提交的顺序采用流水号。当在某一特定领域内存在一种科学、合理和完善的数据元分类法对，可以根据分类法和流水号相结合的方式对提交的数据元分配内部标识符。

4. 版本标识符。林业信息数据元版本标识符（以下简称"版本"）的编写格式以及版本控制须遵循《林业信息基础数据元 第2部分：基本属性》中有关版本标识符的原则。当一个林业信息数据元的某些属性发生了变化时，其版本需要进行相应的改变。对于应在何时对数据元（称为当前数据元）进行更新，以及更新后的数据元（称为后续数据元)的版本等属性,应由数据元注册机构以及评审小组决定。

(四)注册系统中的数据标识符

1. 在注册机构的注册库内,每个管理项应有一个唯一的数据标识符。

2. 注册机构标识符、数据标识符和版本标识符的组合应构成一个管理项的唯一标识。

3. 注册的任何管理项都被分配一个标识符。

七、林业基础信息代码编制规范

《林业基础信息代码编制规范》于 2014 年正式发布,标准编号为 LY/T 2267—2014,包括林业基础信息分类与林业信息编码等。主要内容摘录如下。

(一)林业基础信息分类

1. 实体类划分

(1)分类体系。本标准采用线分类法将实体类划分为门类、大类、中类、小类四个层次。附录 A 中列出了门类、大类、中类。附录 B 中列出了大类、中类代码的查找示例,小类编码示例以及特征类编码示例。

(2)分类要求。实体类划分应满足以下要求:由某一上位类划分出的下位类的总范围应与该上位类的范围相同;当某一上位类划分成若干个下位类时,应选择同一种划分视角;同位类类目之间不交叉、不重复,并只对应于一个上位类;分类要从高位向低位依次进行,不应有跳跃。

(3)门类。门类根据林业信息本身的特点和共享需要划分为三类,即"基础类"、"专题类"、"综合类"。基础类是适用于林业的基础地理信息;"专题类"是林业各专项业务信息;"综合类"是综合反映林业各项业务及管理的信息。

（4）大类和中类

"基础类"的大类和中类划分。"基础类"的大类、中类一部分引用GB/T 13923—2006，按实体性质进行分类；同时根据林业信息整合的需要，扩充了部分大类、中类。具体引用、扩充内容如下：引用"水系"大类，同时引用其下位中类"河流"、"湖泊"、"水库"、"其他水系要素"和"水利及附属设施"；引用"交通"大类，同时引用其下位中类"铁路"、"航道"、"其他交通设施"，并增加"公路"中类；增加"行政"、"地形地貌"、"土壤"、"土壤侵蚀"、"气候"、"其他基础信息"大类。

"专题类"的大类和中类划分。"专题类"的大类依据当前林业部门职能分工，以业务为线索进行划分；并根据专题业务信息系统建设与应用中普遍采用的管理视角，从数据采集、处理、应用的业务流组织中类。

"综合类"的大类和中类划分。"综合类"的大类和中类根据当前林业部门综合业务逐级细分。

（5）小类。小类由各专项应用基于本标准确定的分类体系，在本标准确定的门类、大类、中类的基础上，遵循本标准5.1.2的分类要求，对中类进一步细分到小类。

（6）类别扩充原则。已经列出的门类、大类、中类不得重新定义。门类不允许扩充，大类、中类可根据具体业务需要扩充；小类可在中类划分的基础上细分。实体类扩充仍应满足本标准5.1.2的分类要求。

2. 特征类划分

特征类优先引用国家或行业标准。若无相关标准，则由各专项应用根据实体属性信息特点，依据GB/T 7207选取合适的方法进行分类。采用线分类法时，层级应尽可能少，一般为2－~层；采用面分类法时，要科学、合理地选定"面"。

（二）林业信息编码

1. 实体类编码

（1）代码结构。实体类别码采用层次编码与顺序编码相结合的方法，上下位之间采用层次编码，同位类内部采用顺序编码。实体类别码为4层6位组合码，门类、大类各1位，中类、小类各2位，如图4-10所示。若因上位类无需进一步细分便已到达实体层次而导致代码层次不够4层时，所缺层次的码位用"0"补齐。

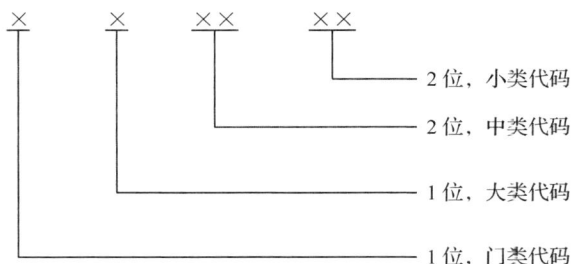

图 4-10　实体类别码结构

（2）编码规则。实体类别码编码规则如下：

门类用1位数字表示，取值1、2、3。"1"表示"基础类"，"2"表示"专题类"，"3"表示"综合类"。

大类用1位数字或字母表示，取值1～9、A～Z（I，O，Z除外）。编码时优先采用数字码，若扩充需要数字码不够甪时采用字母码。"9"表示收容类。

中类用2位数字表示，取值01～99。"99"表示收容类。由于本标准的中类代码为2位，较所引用的GB/T 13923—2006的中类代码多1位，"基础类"门类的中类在引用GB/T 13923—2006中类代码时在前补"0"。

小类采用2位数字表示，取值01～99。"99"表示收容类。

（3）代码扩充原则。代码扩充与类别扩充对应。已经列出的门类、大类、中类代码不得重新定义。门类代码不允许扩充，大类、中类、小类代码可根据具体业务需要扩充。当某一级增加新的类别后，在其同位类后按原编码顺序增加代码。如果新增加的类别尚无同位类，则从该层代码取值范围的最小值开始增加代码。代码扩充仍应遵循本标准6.1.1与6.1.2。

2. 特征类编码。特征码独立存在，无须在前添加实体类别码。特征码优先引用国家或行业标准。若无相关标准，则由各专项应用在特征类划分的基础上，依据 GB/T 7207 进行代码编制。当特征类划分采用线分类法，编码采用层次码，层内使用顺序码；若采用面分类法，编码采用组合码。

八、林业生态工程信息分类与代码

《林业生态工程信息分类与代码》于 2013 年正式发布，标准编号为 LY/T 2178—2013，包括林业生态工程分类、信息分类与代码等。主要内容摘录如下。

（一）林业生态工程分类

1. 分类。根据林业生态工程的生态功能和经济功能，将林业生态工程分为：生态保护型林业生态工程、生态防护型林业生态工程、生态经济型林业生态工程和环境改良型林业生态工程。

生态保护型林业生态工程：主要解决天然林资源的休养生息和恢复发展；解决生物多样性保护、自然保护、湿地保护等生态问题。生态保护型林业生态工程可分为：天然林资源保护工程、次生林改造工程、水源涵养林营造工程、野生动植物保护及自然保护区建设工程、湿地保护恢复工程、森林公园建设工程、特种用途林建设工程等。

生态防护型林业生态工程：主要解决防沙治沙、防治荒漠化、农田防护、河岸河滩防护、护路等。生态防护型林业生态工程可分为：农田防护林工程、防风固沙林工程、河岸河滩防护林工程、护路林工程、盐碱地造林工程等。

生态经济型林业生态工程：主要解决与生态建设密切相关的木材和林产品的供应等问题。生态经济型林业生态工程可分为：农林复合生态工程、竹林基地建设工程、用材林基地建设工程、薪炭林基地建设工程、经济林基地建设工程、能源林基地建设工程等。

环境改良型林业生态工程：主要是对因各种人为活动破坏或自然原因造成退化的土地，采取各种整治及弥补措施，使其因地制宜地恢复到可供利用的期望状态的行动或过程。环境改良型林业生态工程可分为：城市林业建设工程、工矿区恢复与重建工程、劣地改良建设工程等。

2. 代码结构。根据上述林业生态工程分类依据，按线分类法将林业生态工程分为大类、小类及工程。工程可根据具体业务需要扩充，即扩展码。具体林业生态工程代码结构如下（图 4-11）：

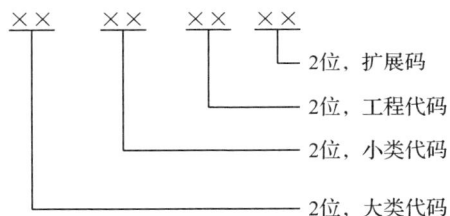

图 4-11　林业生态工程代码结构

（二）林业生态工程信息分类与代码

林业生态工程建设过程主要包括组织、规划设计、实施、监管（包括进度、质量、资金及其他）、评价和验收管理等环节。

林业生态工程信息可分为基础信息、设计信息和验收管理信息。

九、森林资源数据编码类技术规范

《森林资源数据编码类技术规范》于 2013 年正式发布，标准编号为 LY/T 2186—2013，包括森林资源数据分类、空间数据和属性数据等。主要内容摘录如下。

（一）森林资源数据分类

森林资源数据可以分为空间数据和属性数据，参照《国家森林资源连续清查技术规定》（国家林业局林资发［2004］25号文）中的技术标准和实际应用情况，森林资源属性因子可以归成21类，并进行编码（表4-4）。如有新增的属性因子，可以在此基础上扩充。

表4-4　森林资源信息分类

数据类	类标识码
林地（地类）	01
森林分类	02
单株林木	03
人工造林措施	04
森林经营	05
资源动态变化	06
森林权属	07
森林健康	08
湿地类型	09
植被类型	10
土地退化类型	11
区域	12
地形地貌	13
土壤	14
森林结构	15
森林主要调查树种（组）	16
森林主要植物种	17
森林类型	18
样地因子	19
利用管理	20
其他林分因子	21

（二）森林资源空间数据

1. 空间数据编码方法及代码结构。根据 GB/T 13923—2006 基础地理信息要素分类与代码中的规则，基础地理信息要素分为定位基础、水系、居民地及设施、交通、管线、境界与政区、地貌、土质与植被8 大类；中类在上述各大类基础上划分出 46 类，见 GB/T 13923—2006。地名要素作为隐含类以特殊编码方式在小类中具体体现。

代码结构由六位数字码组成，其结构如下（图 4-12）：

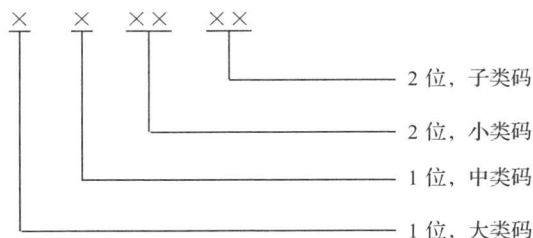

图 4-12　空间数据代码结构

第一位为大类码；第二位为中类码，在大类基础上细分形成的要素类；第三、四位为小类码，在中类基础上细分形成的要素类；第五、六位为子类码，在小类的基础上细分形成的要素类。

森林资源信息空间数据编码扩充了 GB/T 13923—2006 编码体系，分别在"居民地及设施"中扩充了林业企事业机构、独立地物，在"境界"中扩充了林业境界，在"其他类"中扩充了有关林业要素，形成森林资源信息空间数据代码。

2. 空间数据代码表（表 4-5）。

表 4-5　森林资源空间数据代码表

代码	名称
300000	居民地及设施
310000	居民地
320000	工矿及其设施

（续）

代码	名称
330000	农业及其设施
340000	公共服务及其设施
350000	名胜古迹
360000	宗教设施
370000	科学观测站
380000	其他建筑物及其设施
390000	林业企事业机构、独立地物
390100	林业管理机构
390101	国家林业局
390102	林业厅（局）
390103	森工集团
390104	建设兵团
390105	地（市林业局）
390106	林管局
390107	县（旗）林业局
390200	林业经营单位
390201	林场总公司（国家）
390202	林场公司（省）
390203	林场公司（地）
390204	林场公司（县）
390205	国有林业局
390206	国有林场
390207	林场
390207	国有林场分场
390300	其他林业经营机构
390301	经营所
390302	实验林场

（续）

代码	名称
390303	社队林场
390304	国营采育场
390305	社队采育场
390306	木材水运局
390307	国营牧场
390308	国营农场
390309	苗圃
390400	林业工作站
390401	林业站
390402	林业种子站
390403	林业种子园
390404	防火站
390405	木材收购站
390406	木材检查站
390407	航空护林站
390408	楞场
390409	贮木场
390410	林业管护站
390500	森工企业
390501	林化工厂
390502	松香厂
390503	橡胶厂
390504	纸浆厂
390505	人造板厂
390506	木材加工厂
390507	木材综合加工厂
390508	机修厂

（续）

代码	名称
390509	林机厂
390600	其他
390601	瞭望台
390602	养路工段
390603	森林防火线
600000	境界
680000	林业境界
680100	林业经营区划界
680101	林管局界
680102	林业局（林场）界
680103	林场（分场）界
680104	营林区（作业区）界
680105	林班界
680106	大班界
680107	小班界
680108	细班界
680200	公益林界
680300	重点工程区界
680301	天保工程区界
680302	三北及长江流域等重点防护林体系建设工程区界
680303	退耕还林工程区界
680304	京津风沙源治理工程区界
680305	野生动植物保护及自然保护区建设工程区界
680306	速生丰产林基地建设工程区界
680400	流域界
680500	湿地界
680600	其他界线

（续）

代码	名称
680601	特殊地区界
680602	自然保护区界
680603	森林公园界
90000	其他
96000	样地
96010	临时样地
96020	遥感判读样地
96030	固定样地

十、湿地　信息分类与代码

《湿地信息分类与代码》于 2013 年正式发布，标准编号为 LY/T 2181—2013，包括分类原则、分类方法、编码、湿地信息类别与代码表等。主要内容摘录如下。

（一）分类原则

1. 科学性原则。选择湿地信息最稳定的本质属性或特性及其中存在的逻辑关联作为分类的基础和依据。

2. 系统性原则。将选定的湿地信息中包括的事物、概念、属性、特征按完备的排列顺序予以系统化，形成合理的分类体系。

3. 稳定性原则。根据国际通用的分类标准，参考我国行业工作需求和行业部门正在采用的分类与编码，增强湿地信息分类体系的稳定性与完备性。

4. 可扩展性原则。在类目的扩展上预留空间，保证分类体系有一定弹性，可在本分类体系上进行延拓细化。在保持分类体系的前提下，保证基本框架稳定的前提下，允许在最后一级分类下制定适用的分类细则。

5. 兼容性原则。与国内已有的相关信息分类标准相协调，保持继承性和实际使用的延续性，同时也与相关国际标准相符。

117

6. 实用性原则。在进行湿地信息分类时，类目设置要全面、实用。

（二）分类方法

1. 基本方法。本标准中的基本分类方法遵循 GB/T 7027—2002 规定和要求。

2. 湿地信息分类方法。湿地信息采用线分类方法进行分类，具有层次分明、隶属关系的明确特点，对于一些特殊类别的湿地信息，采用面分类方法进行补充，构成湿地信息分类体系。

（三）编码

1. 编码方法。编码方法采用层次码，每层中则采用顺序码，每级代码均采用 2 位阿拉伯数字表示，即 01～99。顺序码采用递增的数字码。湿地信息分类的各层级类目如果有收容类目时，其编码通常采用末尾数字为"99"的代码。代码自左至右表示的层级由高至低。

2. 代码结构。本标准中代码类目层次结构为三级，类目层次可根据发展需要增加。代码结构如图 4-13 所示。

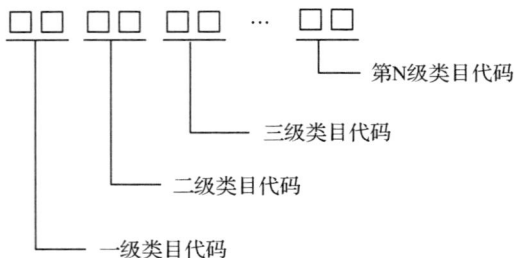

图 4-13 湿地信息代码结构

十一、荒漠化 信息分类与代码

《荒漠化 信息分类与代码》于 2013 年正式发布，标准编号为 LY/T 2182—2013，包括分类原则、分类方法、荒漠化信息编码、荒漠化信息类别与代码表等。主要内容摘录如下。

（一）分类原则

在荒漠化信息分类与编码过程中，应遵循科学性、系统性、稳定性、可扩延性、兼容性、实用性等基本原则。

1. 科学性原则。依据分类的目的，选择荒漠化信息最稳定的本质属性或特性及其中存在的逻辑关联作为分类的基础和依据。

2. 系统性原则。将选定的荒漠化信息中包括的事物、概念、属性、特征按完备的排列顺序予以系统化，形成逻辑层次清晰、结构合理、类目明确、科学的分类体系。

3. 稳定性原则。分类时，结合我国多年来荒漠化各项工作积累成果，考虑行业部门正在采用的分类与编码，增强荒漠化信息分类体系的稳定与完备。

4. 可扩延性原则。在类目的扩展上预留空间，保证分类体系有一定弹性，可在本分类体系上进行延拓细化。在保持分类体系的前提下，允许在最后一级分类下制定适用的分类细则。

5. 兼容性原则。与国内已有的相关信息分类标准相协调，保持继承性和实际使用的延续性，同时也与相关国际标准相符。若有相关的国家标准，则应执行国家标准；其次，若没有相关的国家标准，则执行相关的行业标准；若二者均不存在，则应参照相关的国际标准。这样，才能保证不同分类体系间的协调一致和转换。

6. 实用性原则。在进行荒漠化资源管理信息分类时，从荒漠化信息管理的实际需求出发，综合各种因素来确立具体的分类原则，类目设置要全面、实用。

（二）分类方法

本标准充分考虑荒漠化信息分类的应用需求、各级编码对象的特征和性质、拟定的分类原则，采用线分类方法进行分类，将荒漠化信息按三级划分，构成荒漠化信息分类体系。具有层次分明、隶属关系明确特点，对于一些特殊类别的荒漠化信息，采用线分类与面分类方法进行补充。

（三）荒漠化信息编码

本标准中编码代码类目层次为三级，类目层次可根据发展需要增加。代码结构如图4-14所示。

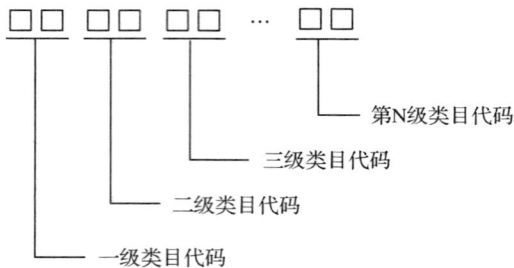

图4-14　荒漠化信息代码结构

编码方法采用层次码，每层中则采用顺序码，每层代码均采用2位阿拉伯数字表示，即01～99。采用固定递增格式。各层级类目如果有收容类目时，其编码通常采用末尾数字为"99"的代码。代码自左至右表示的层级由高至低。

十二、野生动植物保护 信息分类与代码

《野生动植物保护 信息分类与代码》于2013年正式发布，标准编号为LY/T 2179—2013，包括分类原则、分类方法、信息编码、野生动植物保护信息类别与代码表等。主要内容摘录如下。

（一）分类原则

1. 科学性。选择分类对象最稳定的本质属性或特征作为分类的基础和依据。

2. 系统性。将选定的事物、概念的属性或特征按一定顺序予以系统化，并形成一个科学合理的分类体系。

3. 可扩充性。通常设置收容类目，以保证增加新的事物或概念时，不打乱已建立的分类体系，同时还应为下级信息管理系统在本分

类系统的基础上进行延拓细化创造条件。

4. 兼容性。应与相关标准(包含国际标准)协调一致。

5. 实用性。分类要从系统工程角度出发,把局部问题放在系统整体中处理,达到系统最优。即在满足系统总任务、总要求的前提下,尽量满足系统内各相关单位的实际需求。

(二)分类方法

本标准中的基本分类方法遵循 GB/T 7027—2002 规定和要求。采用线分类法与面分类法相结合的混合分类法。

(三)野生动植物保护信息编码

1. 编码原则。编码原则遵循 GB/T 7027—2002 规定和要求。

2. 编码方法。在本标准中,野生动植物保护信息的编码方法采用层次编码法,每层均采用数字顺序编码法。层次编码法是依据编码对象的分类层级将代码分成若干层级,并与分类对象的分类层次相对应。代码自左至右表示的层级由高至低,代码的左端为最高位层级代码,右端为最低层级代码。数字顺序编码法是按照数字的顺序对编码对象编写。本分类中采用的数字顺序编码为递增的数字顺序编码。

3. 代码组成。保护信息代码组成:本标准中编码代码类目层次为四级,即一级、二级、三级、四级类目。类目层次可根据发展需要增加。类目代码用阿拉伯数字表示。每层类目采用 2 位阿拉伯数字表示,即 01 ~ 99。采用固定递增格式。顺序码采用递增的数字码。代码结构如图 4-15 所示。

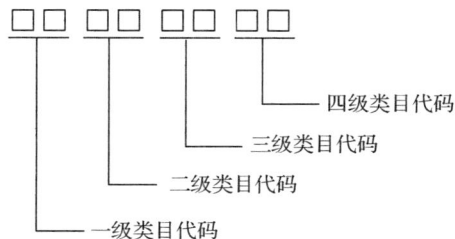

图4-15 野生动植物信息代码结构

十三、森林火灾 信息分类与代码

《森林火灾信息分类与代码》于 2013 年正式发布，标准编号为 LY/T 2180—2013，包括分类原则、分类方法、代码与编码、森林火灾信息分类与代码表等。主要内容摘录如下。

（一）分类原则

1. 科学性。选择森林火灾信息最稳定的本质属性或特征及其中存在的逻辑关联作为分类的基础和依据。

2. 系统性。将森林火灾信息包含的属性和特征按其内在规律系统化地排列，以形成一个逻辑层次清晰、结构合理、类目明确的分类体系。

3. 可扩展性。通过设置收容类目，以保证增加新的事物或概念时，不打乱已建立的分类体系，同时为下级信息管理系统在本分类框架体系的基础上进行延拓细化创造条件。

4. 兼容性原则。与国内已有的相关信息分类标准相协调，保持继承性和实际使用的延续性，同时也与相关国际标准相符。

5. 综合实用性原则。从森林火灾信息管理的实际需求出发，分类体系要突出重点、方便检索、便于操作，同时还应考虑森林资源管理、营造林等相关业务，适应这些业务对森林火灾信息管理的实际需要。

（二）分类方法

本标准中的分类方法遵循 GB/T 7027—2002 规定和要求。采用线分类方法进行分类。

（三）代码与编码

1. 代码结构。本标准中编码代码类目层次为四个层级，即一级、二级、三级和四级类目。代码结构如图 4-16 所示。

2. 编码方法。森林火灾信息编码方法采用层次码，每级类目代码均采用 2 位阿拉伯数字（即 01～99）表示，隶属于同一类目名称下的同

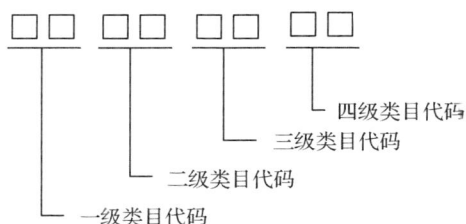

图 4-16　森林火灾信息代码结构

级类目采用递增顺序码编码。森林火灾信息分类的各级类目如果有收容类目时，其编码通常采用末尾数字为"99"的代码。代码自左至右表示的层级由高至低，代码的左端为最高位级代码，右端为最低级代码。如 04030102，表示该森林火灾信息是第四层信息，其一级类目代码为04，二级类目代码为03，三级类目代码为01，四级类目代码为02。

十四、林业数据整合改造指南

《林业数据整合改造指南》于 2015 年正式发布，标准编号为 LY/T 2493—2015，包括整合改造原则、对象、流程、成果、质量控制等。主要内容摘录如下。

（一）整合改造原则

1. 一致性原则。数据整合改造中的任何术语、要素类型、属性项或字段名称应保持概念和语义的一致，整合改造过程中采用的规范、规则及方法应保持一致。

2. 完整性原则。数据整合改造在总体上应具有概括性和包容性，严格按照 LY/T 2186 规范和 LY/T 2189 规范，容纳原有林业数据的全部信息，不重不漏。

3. 规范性原则。整合改造流程、方法等应符合国家标准和行业标准，整合改造后数据能满足不同业务应用系统的调用。

（二）整合改造对象

按照数据内容的不同，林业数据整合改造的对象包括公共基础、

123

林业基础、林业专题、林业综合五个方面数据。公共基础数据：含基础地理信息、遥感影像数据等；林业基础数据：含森林、湿地、沙地和生物多样性等资源数据；林业专题数据：含森林培育、生态工程、防灾减灾、林业产业、国有林场、林木种苗、竹藤花卉、森林公园、政策法规、林业执法、科技、人事、教育、党务管理、国际交流等数据；林业综合数据：含根据综合管理、决策的需要由基础、专题数据综合分析所形成的数据。

按照数据组织形式的不同，林业数据整合改造的对象包括空间数据和非空间数据。空间数据分为矢量数据和栅格数据。非空间数据分为结构化数据（包括各类林业报表、统计表和属性数据等）和非结构化数据（包括文档、图片、多媒体数据等）。

（三）整合改造流程

数据整合改造包括数据整合改造准备、数据整合改造实施、成果质量检查三个主要阶段，见图4-17。

十五、森林资源数据采集技术规范 第1部分：森林资源连续清查

《森林资源数据采集技术规范 第1部分：森林资源连续清查》于2013年正式发布，标准编号为LY/T 2188.1—2013，包括数学基础、数据元及技术要求、技术指标、成果及质量要求等。主要内容摘录如下。

（一）数学基础

1. 大地基准。2000国家大地坐标系、1980西安坐标系或1954北京坐标系。

2. 投影方式。高斯—克吕格投影。

3. 高程基准。1956黄海高程系或1985国家高程标准。

（二）数据源及技术要求

1. 数据源。森林资源连续清查地面样地因子数据。

林业数据整合改造准备阶段

```
制订整合方案
    ↓
待整合数据
    ↓
数据检查  ←─── 返回数据提供者修改
    ↓                    ↑
是否满足要求 ──否──→
    │
    是
    ↓
```

林业数据整合改造实施阶段

空间数据整合

```
空间数据
  ├── 矢量数据          ├── 栅格数据
  │                    │
数据格式转换         数据格式转换
  ↓                    ↓
坐标转换             坐标转换
  ↓                    ↓
统一分层结构         栅格数据处理
  ↓                    ↓
图形处理             元数据编辑
  ↓
统一属性表达
  ↓
元数据编辑
```

整合改造过程质量控制

非空间数据整合

```
非空间数据
  ├── 结构化数据        ├── 非结构化数据        空间化
  │                    │                      │
格式统一             格式统一             格式统一
  ↓                    ↓                      ↓
命名规则统一         命名规则统一         命名规则统一
  ↓                    ↓                      ↓
表格结构统一         元数据编辑           表格结构统一
  ↓                                           ↓
元数据编辑                                 坐标信息提取
                                            ↓
                                          展绘成图
                                            ↓
                                          属性赋值
                                            ↓
                                          元数据编辑
```

成果质量检查阶段

```
数据提供者自检  ←─── 返回数据提供者修改
    ↓                        ↑
是否满足要求 ──否──→
    │
    是
    ↓
数据审核人员检查  ←─── 返回数据提供者修改
    ↓                        ↑
是否满足要求 ──否──→
    │
    是
    ↓
```

整合成果

空间数据整合成果	非空间数据整合成果	文档资料成果

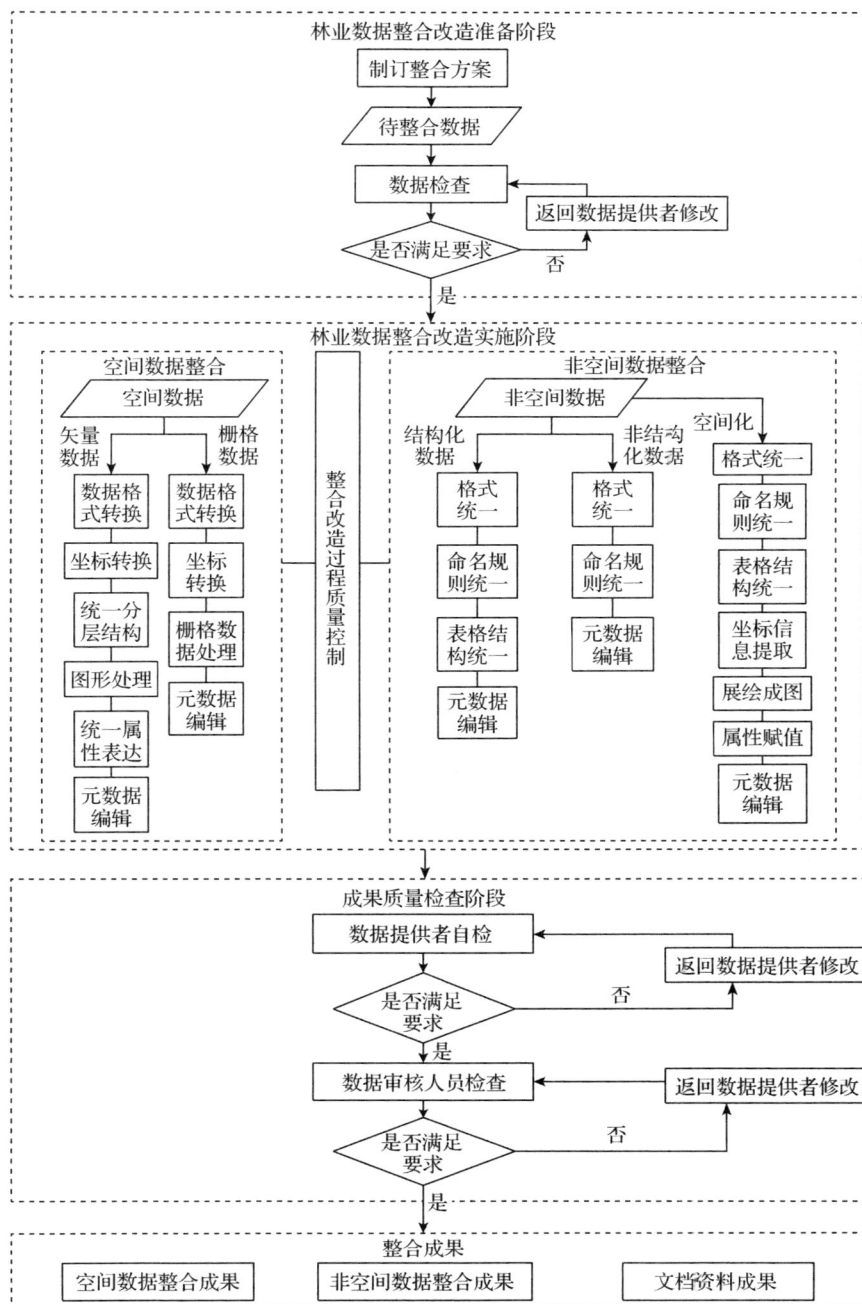

图4-17　数据整合改造流程

2. 技术要求。大地基准、投影方式、高程基准应满足本规范4的规定。

(三)技术指标

1. 样地位置。按照《国家森林资源连续清查技术规定》有关条款执行。

2. 样地编码。按照《森林资源数据编码类技术规范》对地面样地进行统一编码。

3. 样地属性数据转换。进行样地属性数据转换，生成新的地面样地数据。

4. 生成样地分布数据

(1)生成分带样地分布数据。在转换后的地面样地因子数据基础上，大地基准、投影方式、高程基准按照本规范4的规定生成分带地面样地分布数据。

(2)生成全国样地分布数据。将《森林资源数据采集技术规范 第1部分：森林资源连续清查》标准中生成的分带地面样地分布数据转换为经纬度的地面样地数据；将地面样地数据拼接为统一的全国地面调查样地数据。

5. 属性数据。森林资源信息应符合《森林资源数据编码类技术规范》属性代码表的要求，不应有遗漏；地面样地属性数据与样地分布图形数据连接，并完全匹配。

6. 样地坐标检查和修正。检查是否存在空缺样点，如果发现空缺样点，应查明原因；检查是否存在重复样点，如果发现存在重复样点，应查明原因；通过样地分布图与县级行政区叠加，检查样地号、县代码和样地坐标三者之间是否存在逻辑错误，包括样地号是否按照样地位置顺序排列，样地坐标是否定位在相应的行政区内。发现错误应一并改正。

(四)成果及质量要求

1. 成果。森林资源连续清查地面样地分布图。

2. 质量要求。数据存储格式：shapefile 或 E00 格式；坐标系：经纬度坐标系统，采用 2000 国家大地坐标系、1980 西安坐标系或 1954 北京坐标系为大地基准，采用 1956 黄海高程系或 1985 国家高程标准。

十六、森林资源数据采集技术规范 第 2 部分：森林资源规划设计调查

《森林资源数据采集技术规范 第 2 部分：森林资源规划设计调查》于 2013 年正式发布，标准编号为 LY/T 2188.2—2013，包括数据元及技术要求、技术指标、成果及质量要求等。主要内容摘录如下。

(一)数据源及技术要求

1. 数据源。

(1)纸质数据。满足质量要求的森林资源规划设计调查(以下简称二类调查)调绘手图；二类调查小班数据。

(2)电子数据。即在二类调查过程中通过掌上森林资源调查仪(PDA)等调查工具对二类调查数据进行现地矢量化后的电子数据。

2. 技术要求。

(1)调绘手图。二类调查调绘手图是以地形图或高分辨率卫星数据为调绘底图经外业勾绘成图。因此，二类调查调绘手图的技术要求包括对调绘底图、外业调绘数据内容两方面的技术规定。

调绘底图。基于地形图制作的调绘底图要求。比例尺：1∶10000 或 1∶50000。数学基础：应满足国家标准或行业标准关于 1∶10000、1∶50000数字栅格地图的相关规定。分幅与编号：采用 GB/T 13989—2012《国家基本比例尺地形图分幅和编号》。纸张质量：铜版纸≥150克；单色图采用 8bit，彩色图采用 RGB24bit。公里网：图面应有公里网格分布，且有或可以推算相应网格交叉点的坐标值。精度：图廓点位误差≤0.3mm；图廓边长误差≤0.4mm；图廓对角线误差≤0.6mm；公里网点间距误差≤0.4mm；在 1∶10000 或 1∶50000扫描地形图上转绘已知变更界线和其他界线(如行政区域界、区划界、经营区划界等)；

绘图分辨率≥250DPI。

基于高分辨率卫星数据制作的调绘底图要求。分幅与编号：采用GB/T 13989—2012《国家基本比例尺地形图分幅和编号》。纸张质量：相纸≥180克；彩色RGB24bit。公里网：图面应有公里网格分布，且有或可以推算相应网格交叉点的坐标值。已知变更界线和其他界线（如行政区域界、经营区划界等）预勾于图上；绘图分辨率≥250DPI。

外业调绘数据内容。包括国有林业局、林场、作业区、林班、小班、地类界等各种境界线。

（2）小班调查数据。按照《森林资源规划设计调查主要技术规定》、GB/T 26424—2010《森林资源规划设计调查技术规程》等有关条款执行。

（3）电子数据。外业调绘数据内容，要素分层、矢量化、属性数据采集、图形和属性数据连接、数据拼接等技术要求应满足《森林资源数据采集技术规范　第2部分：森林资源规划调查》相关规定。

（二）技术指标

1. 图形数据采集。

（1）图纸扫描和处理。扫描分辨率：300～400DPI；扫描方式：单色图采用黑白二值方式或8bit灰度扫描；彩色图采用8bit灰度或RGB 24bit扫描。

（2）要素分层。按GB/T 13923—2006《基础地理信息要素分类与代码》与《森林资源数据编码类技术规范》进行分层。林网、林带等用线状要素表示的就要独立分层；细班、不够上图面积的小班等用点状要素表示的也要独立分层。

（3）矢量化。即对校正匹配好的底图进行矢量化。其主要技术要求有：面状要素应闭合，无悬挂或过头现象。一个面状要素应能唯一标识；线划应连续，不允许有线划被错误打断的现象，需连通的要素应保持连通；有方向性的要素，其符号方向必须正确；经营区划应同

行政界线保持一致；精度应满足国家标准或行业标准关于 1：10000、
1：50000 数字线画图的相关规定。

2. 属性数据采集。

（1）属性数据技术要求。描述每个要素特征的属性类型应完备，
应符合按 GB/T 13923—2006《基础地理信息要素分类与代码》《森林资
源数据编码类技术规范》的属性代码表的要求，不立遗漏；点、线、
面状要素属性表中，字段名、字段类型、字段长、属性与属性值均应
正确无误。

（2）数据检查。检查图形和属性数据是否符合入库格式和数据库
逻辑要求，做到图形和属性数据相互对应，不重不漏，检查校对后误
差为 0。

3. 图形数据与属性数据连接。图形数据与属性数据空间位置应完
全匹配。

4. 数据拼接。

（1）图幅组织。分县组织：按照县行政界区划拼接标准分幅图，
拼接成全县整幅图；林业行政管理区划组织：按照林业局、林场等林
业行政管理区划拼接成图。

（2）数据接边。数据接边是把被相邻图幅分割开的同一图形对象
不同部分拼接完整的对象。相同比例尺之间的数据接边（作为示意图
的数据）限差为图面单位的 1mm 所代表的实地距离。图形接边的同时
要注意保持与属性数据的一致性。不同比例尺数据接边（作为示意图
的数据）时需要根据不同比例尺的接边限差来接边，在限差内的以大
比例尺的图形和属性要素为接边和匹配依据，在限差外的不接边。不
同比例尺数据间的接边限差（平面直角坐标系单位）详见表 4-6。

表 4-6   数据接边限差表 单位：m

	1：5000	1：10000	1：25000	1：50000
1：5000		10	25	25
1：10000			25	50
1：25000				50
1：50000				

（三）成果及质量要求

1. 成果。县级森林资源规划设计调查数据。

2. 质量要求。数据存储格式：shapefile 或 E00 格式；大地基准：2000 国家大地坐标系、1980 西安坐标系或 1954 北京坐标系；投影方式：高斯－克吕格投影，1：50000 比例尺采用 6°分带，1：10000 比例尺采用 3°分带；高程基准及深度基准：1956 黄海高程系或 1985 国家高程标准，深度基准一般采用理论最低潮面；图幅组织和数据精度应满足《森林资源数据采集技术规范　第 2 部分：森林资源规划设计调查》规定。

十七、森林资源数据采集技术规范 第 3 部分：森林资源作业设计调查

《森林资源数据采集技术规范 第 3 部分：森林资源规划设计调查》于 2013 年正式发布，标准编号为 LY/T 2188.3—2013，包括数据元及技术要求、技术指标、成果及质量要求等。主要内容摘录如下。

（一）数据源及技术要求

1. 数据源

（1）纸质数据。满足质量要求的作业设计调查（以下简称三类调查）调绘手图；作业设计外业调查数据。

（2）电子数据。即在三类调查过程中通过掌上森林资源调查仪（PDA）等调查工具对三类调查数据进行现地矢量化后的电子数据。

2. 技术要求

(1)调绘手图。三类调查调绘手图是以地形图或高分辨率卫星数据为调绘底图经外业勾绘成图。因此,三类调查调绘手图的技术要求包括对调绘底图、外业调绘数据内容两方面的技术规定。

调绘底图。基于地形图制作的调绘底图要求:比例尺:1:500~1:10000。数学基础:应满足国家标准或行业标准对相应比例尺数学基础的相关规定。分幅与编号:采用 GB/T 13989—2012《国家基本比例尺地形图分幅和编号》。纸张要求:打印纸型按 A3 横向;单色图采用8bit,彩色图采用 RGB24bit。公里网:图面应有公里网格分布,且有或可以推算相应网格交叉点的坐标值。精度:图廓点位误差≤0.45mm;图廓边长误差≤0.6mm;图廓对角线误差≤0.9mm;公里网点间距误差≦0.6mm;在扫描地形图上转绘已知变更界线和其他界线(如行政区域界、区划界、经营区划界等);绘图分辨率≥250DPI。

基于高分辨率卫星数据制作的调绘底图要求。分幅与编号:采用GB/T 13989—2012《国家基本比例尺地形图分幅和编号》。纸张要求:打印纸型按 A3 横向;彩色 RGB24bit。公里网:图面应有公里网格分布,且有或可以推算相应网格交叉点的坐标值。已知变更界线和其他界线(如行政区域界、经营区划界等)预勾于图上;绘图分辨率≥250DPI。

外业调绘数据内容。包括国有林业局、林场、作业区、林班、小班、地类界等各种境界线。

(2)作业设计调查数据。应满足当地作业设计调查相关技术规定。

(3)电子数据。外业调绘数据内容应,要素分层、矢量化、属性数据采集、图形和属性数据连接、数据拼接等技术要求应满足《森林资源数据采集技术规范 第3部分:森林资源作业设计调查》相关规定。

（二）技术指标

1. 图形数据采集

（1）图纸扫描和处理。扫描分辨率：300～400DPI；扫描方式：单色图采用黑白二值方式或 8bit 灰度扫描；彩色图采用 8bit 灰度或 RGB 24bit 扫描。

（2）要素分层。按 GB/T 13923—2006《基础地理信息要素分类与代码》与《森林资源数据编码类技术规范》进行分层。林网、林带等用线状要素表示的就要独立分层；细班、不够上图面积的小班等用点状要素表示的也要独立分层。

（3）矢量化。即对校正匹配好的底图进行矢量化。其主要技术要求有：面状要素应闭合，无悬挂或过头现象。一个面状要素应能唯一标识；线划应连续，不允许有线划被错误打断的现象，需连通的要素应保持连通；有方向性的要素，其符号方向必须正确；经营区划应同行政界线保持一致；精度应满足国家标准或行业标准对相应比例尺数字化图的相关规定。

2. 属性数据采集。

（1）属性数据技术要求。描述每个地形要素特征的属性类型应完备，数据应符合按 GB/T 13923—2006《基础地理信息要素分类与代码》和《森林资源数据编码类技术规范》的属性代码表的要求，不应遗漏；点、线、面状要素属性表中，字段名、字段类型、字段长、属性与属性值均应正确无误。

（2）图形数据与属性数据连接。图形数据与属性数据空间位置应完全匹配。

3. 数据拼接。

（1）图幅组织。分县组织：按照县行政界区划拼接标准分幅图，拼接成全县整幅图；林业行政管理区划组织：按照林业局、林场等林业行政管理区划拼接成图。

（2）数据接边。数据接边精度应满足《森林资源数据采集技术规范 第2部分：森林资源规划设计调查》的规定，并参照各省不同比例尺之间数据接边的技术要求执行。

（三）成果及质量要求

1. 成果。县级作业设计调查数据。

2. 质量要求。数据存储格式：shapefile 或 E00 格式；大地基准：2000 国家大地坐标系、1980 西安坐标系或 1954 北京坐标系；投影方式：高斯—克吕格投影，1:10000 比例尺采用 3°分带；高程基准及深度基准：1956 黄海高程系或 1985 国家高程标准。深度基准一般采用理论最低潮面；图幅组织和数据精度应满足《森林资源数据采集技术规范　第3部分：森林资源作业设计调查》规定。

十八、森林资源数据处理导则

《森林资源数据处理导则》于 2013 年正式发布，标准编号为 LY/T 2189—2013，包括数据建库、数据库管理、数据更新、数据传输和数据使用等。主要内容摘录如下。

（一）数据建库

1. 基础测绘成果数据库。大于 1:50 万比例尺（含）基础测绘成果数据的数据库运行环境应符合测绘部门的安全保密管理要求。数据库空间参考按照国家要求，应采用 2000 国家大地坐标系。地理空间数据应进行适当分层，宜按基础地理信息要素大类分幅、分层组织数据入库，每一要素大类组织成一个图层。

2. 监测类数据库。监测类数据应按运行库和加工库两个部分进行组织，运行库用于提供数据在线服务，加工库用于数据产品服务、数据更新等应用。按照监测类数据要素的空间特征，按年度（或数据更新周期）分层组织数据入库。在同一数据层中，根据使用目的不同，可以县或经营单位组织数据，或将数据整体组织成一个图层。数据组织应满足数据交换和数据服务技术要求。为易于实现省、县(经营单位)数据更新成果的同步,省、县两级森林资源规划设计调查成果数据库的数据组织应考虑数据更新机制要求,宜使用数据库管理系统的数据版本管理机制实现数据同步。数据库空间参考按照国家要求,结合林业单位现有数据成果现状,应采用2000国家大地坐标系。

3. 经营管理活动数据库。林木采伐、木材流通、林地征收占用等经营管理活动数据可按年度组织数据库,逐步形成分年度的历史数据管理机制。林权管理数据宜将各年度数据组织成统一的数据表,采用数据分区等技术合理组织数据,以保证大数据量条件下数据查询和分析效率要求。作业设计和作业验收数据,宜按年度组织数据库,也可将各年度数据组织成统一的数据表。

4. 文档类数据库。文档类数据应采用数据库管理系统进行管理,对存在大量视频类数据的文档数据,可采用独立的视频管理技术进行管理。

5. 核心元数据库。核心元数据主要是在国家和省级数据库中进行管理。数据入库可采用两种方式,可导入核心元数据编辑软件处理完成的核心元数据,或通过核心元数据管理系统直接编辑输入核心元数据。

(二)数据库管理

应进行数据库运行状态、系统资源使用情况的监控、巡检,定期开展数据备份、数据恢复、系统优化、数据安全审计等管理作业。应加强对涉密基础测绘成果数据的安全保密管理,指定专人进行数据管理,加强系统日志管理,记录数据访问信息,以备核查。

(三)数据更新

1. 基础测绘成果数据。采用测绘行政主管部门提供的基础测绘成果数据更新成果更新基础测绘成果数据库。数据库已有数据可采用全层更新和分幅更新两种更新形式,建议采用全层更新方式,以形成按数据版本保存历史数据的技术机制。

2. 监测类数据。监测类数据更新主要是指森林资源规划设计调查成果数据的更新。由县(经营单位)承担数据更新工作并对数据更新成果负责。各县应建立严格的变化数据收集、确认,数据更新操作、审核的管理制度,实现数据更新的规范化管理。应保持省、县两级数据库森林资源数据的一致和同步。在省级数据库建立本底数据库,各县(经营单位)通过数据分发从省级数据库获取本单位当年本底数据,完成数据更新操作将数据汇集到省级数据库。应使用调查深度不低于森林资源规划设计调查要求的其他专业调查成果资料进行数据更新,其他部门提供的用于更新的数据必须经过森林资源部门的审核和确认。应开展必要的数据更新补充调查,使更新数据能够真实反映森林资源的实际变化情况。补充调查数据成果和其他变化数据应独立建库,以便于开展更新操作,同时备查。应利用森林资源调查现有成果数据,或开展必要的专项调查,建立林分、林木生长模型,以真实反映森林资源的自然生长情况。在生长模型建立之前,可用生长率进行自然生长更新。

3. 经营管理活动数据。经营管理活动数据更新采用增量更新方式,即通过软件系统的运行实时记录每一经营管理活动产生的数据。

4. 核心元数据。森林资源数据发生变化,应同步更新核心元数据。

(四)数据传输

涉密基础测绘成果数据或森林资源数据应按国家有关部门的安全保密管理规定,采用保密介质或通过达到安全保密管理要求的网络传输。

(五)数据使用

1. 数据管理单位应按照与测绘部门签订的数据使用协议管理和使用基础测绘成果数据,制定专门的数据使用管理办法,建立可监督、可核查的数据使用机制。

2. 森林资源数据更新成果的发布应按各级森林资源管理部门的要求进行。

3. 国家主要通过数据交换系统访问和使用各地森林资源数据。对于国家提出特殊要求的数据，地方应按要求提交国家使用。

4. 应根据各级森林资源主管部门确定的访问权限，查询和访问森林资源数据，获取森林资源数据产品。

十九、林业数据库设计总体规范

《林业数据库设计总体规范》于 2013 年正式发布，标准编号为 LY/T 2169—2013，包括数据库设计内容和要求、数据库设计说明书提交等。主要内容摘录如下。

（一）数据库设计内容和要求

1. 需求分析。需求分析按照图 4-18 所示步骤进行。

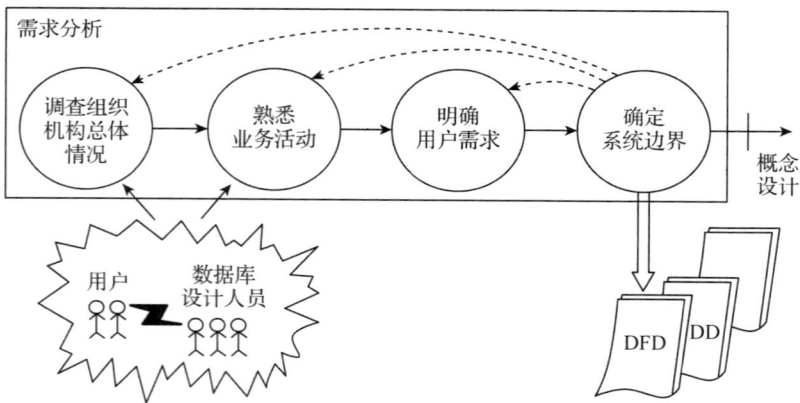

图 4-18 需求分析实施步骤

2. 概念设计。

（1）概述。通过对需求分析的成果进行综合、归纳与抽象，形成一个独立于具体数据库管理系统的概念模型，并用 E－R 图或 UML 类图表示，建议使用 UML 类图。概念模型独立于数据库的逻辑结构，也独立于支持数据库的 DBMS。它是现实世界和机器世界的中介，是现实世界的一个真实模型，易于理解，便于和不熟悉计算机的用户讨论交流意见，并能很容易地进行调整来适应现实世界的需求改变。概念模型设计是整个数据库设计的关键。

（2）目标。以需求分析阶段的成果（主要是用例图、业务流程图、数据流图和数据字典）为基础，对现实世界进行抽象，采用实体关系模型（E－R 图）或面向对象模型（UML 图）来描述现实林业业务应用领域的信息结构，建立一个既可为最终用户理解，又可在多种数据库管理系统上实现的概念模型。

（3）设计策略。概念设计采用自顶向下、自底向上、逐步扩张和混合策略的设计策略。自顶向下：首先定义全局概念结构的框架，然后逐步细化；自底向上：首先定义各局部应用的概念结构，然后将它们集成，得到全局概念结构；逐步扩张：首先定义核心的概念结构，然后逐步向外扩充，以滚雪球的方式逐步生成其他概念结构，直至总体概念结构；混合策略：用自顶向下策略设计一个全局概念结构框架，并以此为骨架集成自底向上策略中设计的各局部概念结构。

（4）实施步骤。采用《林业数据库设计总体规范》规定的设计策略和 UML2.0 规范进行概念设计，最终按照本规范附录 B 的要求形成概念模型设计文档。如图 4-19 所示，概念模型设计的主要包括以下步骤：进行数据抽象，确定实体、属性和联系；设计局部概念模型，形成 UML 类图或分 E－R 图；集成局部概念模型，形成全局 UML 类图或 E－R 图；进行全局 UML 类图或 E－R 图的优化。概念设计采用基于 UML 的面向对象方法的具体做法是通过查找类、类与类的关系（关联、聚合、组合、依赖、继承），建立类图，确定类属性，最终形成面向对象模型。

进行数据抽象。概念模型设计的第一步就是抽象，对需求阶段收集到的数据进行分类、组织和聚集，形成实体、属性和标识，然后确

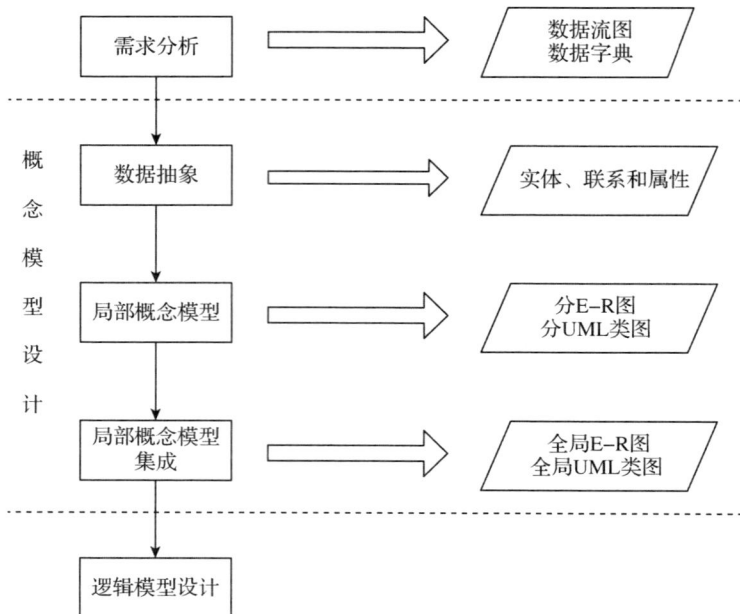

图 4-19　概念模型设计过程

定实体之间的联系。数据抽象分为分类、聚集和泛化三类。分类：定义某一组对象的类型，这些对象具有某些共同的特性和行为。它抽象了对象值和实体之间的"is member of"的语义。通过分类抽象形成实体。聚集：定义某一类型的组成成分。它抽象了对象内部类型和成分之间的"is part of"语义。若干属性的聚集组成了实体。泛化：定义类型之间的一种子集联系，它抽象了类型之间的"is subset of"的语义。示例：职工是一个实体，管理人员和领导干部也是实体，它们都是职工实体的子类实体，称职工为超类。泛化的一个很重要特性是继承性，子类继承超类的所有特性，还可增加自己的属性。

设计局部概念模型。设计局部概念模型分为以下几步：①选择局部应用：在数据流图中选择适当层次的子数据流图，作为设计局部概念模型的出发点。②确定实体：从基本数据资料中直接或间接标识出数据库的大部分实体，找出潜在的实体，形成初步实体表。一般按照

138

自然习惯来划分确定实体，如人员、管护记录、小班等，这些都是自然存在的实体。③确定联系：根据子数据流图和数据字典，考虑实体之间是否存在联系，确定一对一、一对多、多对多的联系，同时消除冗余的联系。④确定继承：分析实体间的分类关系与包含关系。⑤确定嵌套：分析实体对属性的依赖关系，确认是否存在聚合与分解关系。⑥确定属性：分析子数据流图，将属性合理地分配给实体和联系，确定实体的关键字属性。⑦定义属性的数据类型、长度、精度、非空、缺省值、约束规则等。定义触发器、存储过程、视图、角色等数据库对象信息。⑧消除属性冗余：对于在多个实体中出现的属性，应将它分配给其中的一个实体，以避免数据冗余，影响数据的一致性和完整性。区分实体和属性遵循以下三条基本准则：描述性原则。一般实体需要有进一步的性质描述，而属性则无，属性一般不能再具有需要描述的性质，即属性不能是另一些属性的聚集。依赖性原则。一般属性仅单向依赖于某个实体，且这种依赖是包含性依赖。一致性原则。一个实体由若干个属性组成，这些属性间有内在的关联性与一致性。

集成局部概念模型，形成全局概念模型。从全局的观点出发，进行局部概念模型的综合和归并，并消除不一致和冗余，形成一个完整的、能支持各个局部概念模型的全局概念模型。集成局部概念模型可以分步完成，先归并联系较紧密的两个或多个局部模型，形成中间局部模型，再将中间局部模型归并，最终形成全局概念模型。局部模型归并主要采用等同、聚集和泛化三种方法：等同。指两个或多个数据对象有相同的语义，包括属性等同、实体等同和联系等同。聚集。将不同实体聚合为合成对象。泛化。将相似对象提取成一个新实体，并构成具有继承关系的结构。

局部模型归并分为实体类的合并和联系的合并。实体类合并重点解决以下问题：命名冲突：包括实体类型名、联系类型名之间同名异义或异名同义等命名冲突。标识符冲突：同一实体类的标识符应一致。

属性冲突：包括属性域冲突、取值单位冲突、取值范围冲突等。约束冲突：不同局部模型存在不同的约束。结构冲突：如既作为实体又作为联系或属性，同一实体的属性不同等。联系的合并用于消除合并后的冗余联系和属性。

（5）实体、联系、属性的图形表达。实体、联系、属性的图形表达方法可使用 E - R 图和 UML 图进行表达。E - R 图使用见表4-7，可采用 Microsoft Office Visio 等工具绘制；UML 图按照 UML2.0 规范的类图进行表达，如图4-20所示，可采用支持 UML2.0 规范的任何工具绘制。

全局 E - R 图或 UML 图除了能反映用户功能需求外，还应满足下列条件：实体类型个数尽可能少；实体类型所含属性尽可能少；实体

表 4-7　实体、联系和属性的 E - R 图表示

概念	E - R 图元素	描述
实体	实体名称	实体（entity）：实体是首要的数据对象，常用于表示一个人、地方、某样事物或某个事件。一个特定的实体被称为实体实例（entity instance 或 entity occurrence）。实体用长方形框表示，实体的名称标识在框内。
联系	联系名称	联系（relationship）：表示一个或多个实体之间的关系，依赖于实体，一般没有物理概念上的存在。用来表示实体之间，一对一、一对多、多对多的关系。联系用一个菱形表示，联系的名称一般为动词。联系的端点联系着角色（role）。一般情况下角色名可以省略，因为实体名和联系名已经能清楚地反映角色的概念，但有些情况下我们需标出角色名来避免歧义。

（续）

概念	E－R 图元素	描述
属性	（属性名称）	属性（attribute）：属性为实体提供详细的描述信息。一个特定实体的某个属性被称为属性值。属性一般以椭圆形表示，并与描述的实体连接。标识符（键）（identifier）可以唯一标识实体的一个实例（key），可以由多个属性组成，E-R 图中通过在属性名下加下划线来标识。复合属性（complex attribute）本身还有其他属性。
标识符（键）	（属性名称）	
复合属性		

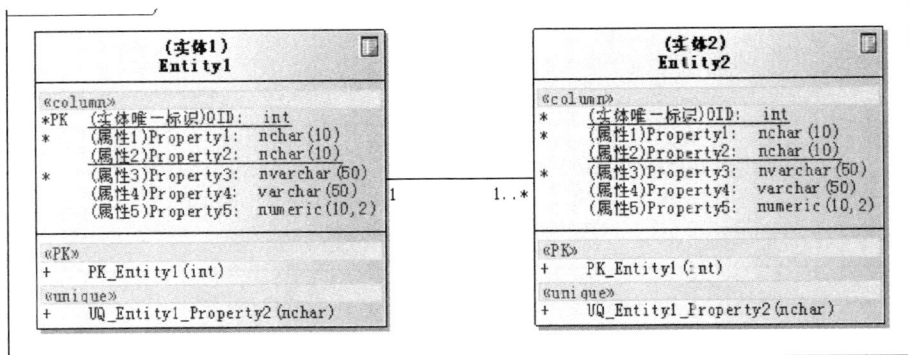

图 4-20　实体、关联、属性的 UML 图

类型间关联无冗余；合并相关实体类型，一般把一对一关联的两个实体类型合并，合并具有相同键的实体类型，消除冗余属性，消除冗余关联。但有时为提高效率，根据具体情况可存在适当冗余。

二十、林业数据库更新技术规范

《林业数据库更新技术规范》于 2013 年正式发布，标准编号为 LY/T 2174—2013，包括更新内容、更新方法、数据交换格式、更新流程、质量控制与要求、更新成果等。主要内容摘录如下。

（一）更新内容

林业数据库更新内容包括数据库中已发生变化并符合更新条件的所有数据，主要包括公共基础数据（基础地理信息、遥感影像数据等）、林业基础数据（森林、湿地、沙地和生物多样性等资源数据）、林业专题数据（森林培育、生态工程、防灾减灾、林业产业、国有林场、林木种苗、竹藤花卉、森林公园、政策法规、林业执法、科技、人事、教育、党务管理、国际交流等数据）、林业综合数据（根据综合管理、决策的需要由基础、专题数据综合分析所形成的数据）、林业信息产品（为各类应用服务生成的信息产品）等。

（二）更新方法

1. 根据不同的环境、不同的数据库类型等实际情况，结合各级林业管理工作的需要，制定可行的更新方法。

2. 按照数据属性的不同，各类数据更新方法见表4-8。

3. 各类元数据采用其原来的元数据建立时采用的方法更新。

表4-8　各类数据更新方法

分类		更新方法
空间数据	矢量数据	使用数据装载软件，批量导入更新数据，并以适当的方法将原数据作为历史数据管理
	栅格数据	使用数据装载软件，批量导入更新数据，并以适当的方法将原数据作为历史数据管理
非空间数据	属性数据	使用数据装载软件，批量导入更新数据，并以适当的方法将原数据作为历史数据管理
	其他数据	用最新数据更新原数据，并以适当的方法将原数据作为历史数据管理

（三）数据交换格式

用于更新的数据源及更新成果格式应为常见通用格式，非常见格式应转换为常用格式供交换。各类数据格式要求如下。矢量数据，主要包含＊.shp、＊.coverage、＊.e00、＊.mdb、＊.vct等；栅格数据，主要包含＊.tif、＊.img、＊.tiff、＊.grd、＊.jpg等；属性数据，主要包含＊.mdb、＊.xls/＊.xlsx、＊.dbf、＊.xml、＊.csv、＊.json等；其他数据，主要包含＊.doc/＊.docx、＊.wps、＊.avi、＊.mpeg、＊.pdf、＊.txt、＊.mp3等。

（四）更新流程

林业数据库更新应包括准备、设计、实施和成果四个阶段，更新流程如图4-21所示。更新各个阶段需遵循相关标准与规定。

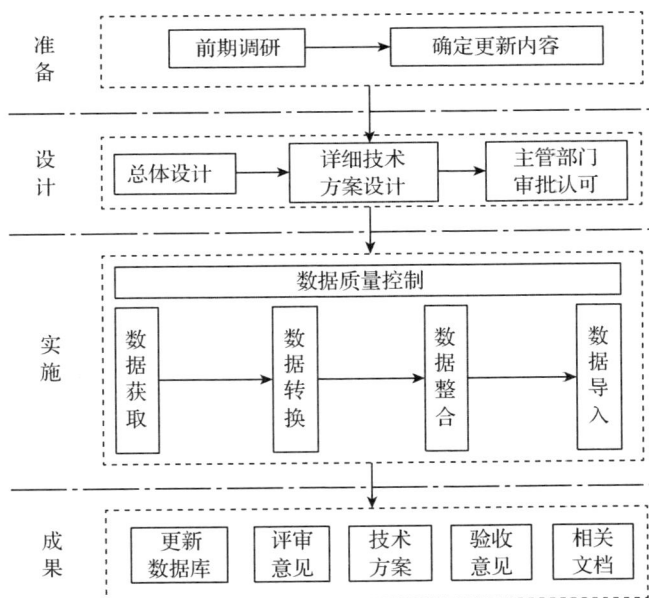

图4-21　更新流程

（五）质量控制与要求

1.质量控制。依据有关法律法规、国家标准、行业标准等，制定质量控制与保障措施，并在数据库更新的各个阶段和环节严格执行。更新设计书应依据充分、格式规范，并经主管部门审批认可。利用的资料和数据源应符合更新设计书的要求。更新过程中采用的技术方法应符合更新设计书的要求。

2. 质量要求。数据库中空间数据质量应符合 GB/T 18316 相关条款。数据库中非空间数据需遵循相关规定要求，内容完整，符合逻辑。元数据质量应符合 LY/T 2266—2014《林业信息元数据》相关条款。要求文档齐全，编制规范，内容完整。符合更新设计中规定的其他质量要求。

（六）更新成果

1. 更新数据库。包括已更新的空间数据和非空间数据及其元数据等。

2. 其他成果。包括数据库更新需提交的技术文档（如数据更新设计书、实施方案和详细技术方案等）、各类资料（采用的标准、数据分析资料等），以及验收资料等归档成果。

二十一、森林资源数据库分类和命名规范

《森林资源数据库分类和命名规范》于 2013 年正式发布，标准编号为 LY/T 2184—2013，包括核心元数据、基础类、监测类、应用类和其他类等。主要内容摘录如下。

（一）森林资源数据分类比例尺命名约定（表4-9）

表 4-9　比例尺代码

代码	比例尺
A	1：4000000
I	1：1000000
B	1：500000
C	1：250000
D	1：100000
E	1：50000
F	1：25000
G	1：10000
N	非比例尺

（二）核心元数据

按照核心元数据的类别划分对具体数据表命名时按照大类、中类分别进行命名，具体内容见表4-10。表名 YZ_ SLZY 表示森林资源核心元数据表。

表4-10 森林资源核心元数据命名规则

大类	中类
YZ（核心元数据）	SLZY（森林资源）

（三）基础类

按照基础类数据的类别划分对数据表进行命名，按照大类、图幅号或行政区划、中类、小类、行政代码、时间、比例尺的不同分别进行命名，数据表命名规则见表4-11。

表4-11 基础类数据命名规则

大类	图幅号或行政区划（6位）	中类	小类	时间	比例尺
DOM	_ XXXXXX	_ XXXX	_ XXXXX	_ XXXX	X
DRG	_ XXXXXX	_ XXXX	_ XXXXX	_ XXXX	X
DEM	_ XXXXXX	_ XXXX	_ XXXXX	_ XXXX	X
DLG	_ XXXXXX	_ XXXX	_ XXXXX	_ XXXX	X
注：时间用4位表示，落实到年份。比例尺采用表4-9比例尺代码中的代码规则。					

1. 大类采用3位表示，其中 DOM 表示遥感影像，DRG 表示数字栅格地图，DEM 表示数字高程模型，DLG 表示数字线划图。

2. 图幅号或行政区划用6位表示，行政代码包括县级单位和省管林业局，图幅号编号采用《国家基本比例尺地形图分幅和编号 GB/T 13989—2012》。

3. 中类采用4位表示，中类的名称用4位汉语拼音的简写表示（XZJX 表示行政界线，XZJM 表示行政界面，LYJX 表示林业界线，LYJM 表示林业界面，YXSJ 表示影像数据等），中类名称可以扩充。

4. 小类采用最多不超出 5 位表示，小类的名称用不超出 5 位的字母（包括数字）表示（MODIS 表示中分辨率成像光谱仪系列数据，SPOT 表示法国空间研究中心研制的地球观测卫星系统的系列数据，TM（ETM）表示美国陆地探测卫星系统的系列数据，SMDX 表示扫描数据，HILL 表示阴影数据，GRID 表示格网数据，GJJSJ 表示全国范围数据，LGJSJ 表示林管局范围数据，LCJSJ 表示林场范围数据等），小类名称可以扩充。

（四）监测类

1. 森林资源连续清查数据。森林资源连续清查数据的行政代码为 2 位，总体代码为 1 位，样地类型码为 1 位，时间用年份为单位，用 4 位表示。具体内容见表 4-12、表 4-13。

表 4-12　森林资源连续清查样地数据命名规则

大类	行政代码 + 总体代码 + 样地类型码	中类	时间
J1（森林资源连续清查）	_ XXXX	_ YD（地面样地）	_ XXXX
		_ YM（样木）	
		_ KJ（跨角样地）	
		_ YG（遥感样地）	
		_ ST（生态重大调查样方）	
注：表中样地类型码为 1 位（G 表示固定样地，L 表示临时样地）。			

表 4-13　森林资源连续清查全国统计成果数据命名规则

大类	行政代码	中类	（第 XX 次监测的 XX 表）表名
J1（森林资源连续清查）	_ XXXXXX	TJ（统计成果）	XXXX
注：表中行政代码为 6 位。表中"XXXX"栏，前两位"XX"表示监测次数，如第五次表示为"05"，后两位"XX"表示"数据表的序列号"。			

2. 森林资源规划设计调查数据。森林资源规划设计调查数据的行政代码用 6 位表示（包括县级单位和省管林业局），时间用年份为单

位，用4位表示（表4-14、表4-15）。

表4-14　森林资源规划设计调查数据命名规则

大类	中类	比例尺	行政代码	时间
J2（规划设计调查）	JB（基本图）	X	_ XXXXXX	_ XXXX
	FB（森林分布图）	X	_ XXXXXX	_ XXXX
	DA（小班数据库）	X	_ XXXXXX	_ XXXX
	DA（林相图）	X	_ XXXXXX	_ XXXX
	ZT（专题图）	X	_ XXXXXX	_ XXXX

注：比例尺采用表4-9比例尺代码中的代码规则。时间用4位表示，如2005表示2005年。专题图的专题名称可以用4位汉语拼音的简写表示。

表4-15　森林资源规划设计调查数据统计表数据命名规则

大类	中类	表名	行政代码	时间
J2（规划设计调查）	TJ	XX	_ XXXXXX	_ XXXX

注：表名一栏"XX"表示"数据表的序列号"。行政代码为6位，时间为4位。

3. 作业设计调查数据。作业设计调查数据的行政代码为12位，数据库建设单位可以具体落实到县级进行数据组织；时间用6位表示，4位表示年，2位表示月（表4-16）。

表4-16　作业设计调查数据命名规则

大类	中类	小类	比例尺	行政代码	时间（6位）
J3（作业设计调查）	_ XX	ZY（作业分布图）	_ X	_ XXXXXXXXXXXX	_ XXXXXX
		DC（调查表）			
		TJ（统计表）			

注：比例尺采用表4-9比例尺代码中的代码规则。行政代码为12位，前6位是到县级的行政代码，后6位是到村（林班）的行政代码。中类的作业类型名称可以用2位汉语拼音的简写表示（CF表示采伐，YL表示营林，FY表示抚育）。

（五）应用类

按照应用类数据的类别划分对数据表进行命名，按照大类、中类、小类、行政代码、时间的不同分别进行命名。数据表命名规则见表4-17。

1. 大类采用1位表示，Y表示应用类。

2. 中类采用2位表示，中类表示经营管理中各个环节的名称，用2位汉语拼音的简写表示（JY表示经营管理，ZY表示资源利用），中类名称可以扩充。

3. 小类采用4位表示，小类表示具体的经营措施的名称，用4位汉语拼音的简写表示（GXZL表示更新造林，SLFY表示森林抚育，LFGZ表示林分改造，HLFH表示护林防火，BCFZ表示林木病虫害防治，FQGL表示伐区管理等），小类名称可以扩充。

表4-17　森林资源应用类数据命名规则

大类	中类	小类	行政代码	时间（6位）
Y（应用类）	_ XX	_ XXXX	_ XXXXXXXXXXXX	_ XXXXXX
注：行政代码为12位，前6位是到县级的行政代码，后6位是到村（林班）的行政代码。时间用6位表示，4位表示年，2位表示月。				

（六）其他类（表4-18）

表4-18　森林资源其他类数据命名规则

大类	中类	行政代码	时间（6位）
Q（其他类）	_ ZYWD（森林资源文档）	_ XXXXXXXXXXXX	_ XXXXXX
注：行政代码为12位，前6位是到县级的行政代码，后6位是到村（林班）的行政代码。时间用6位表示，4位表示年，2位表示月。			

二十二、造林树种与造林模式数据库结构规范

《造林树种与造林模式数据库结构规范》于2014年正式发布，标准编号为LY/T 2271—2014，包括造林树种数据库结构、造林模式数据库结构等。主要内容摘录如下。

（一）造林树种数据库结构

造林树种数据库结构见表4-19。

148

表 4-19　造林树种数据库结构

序号	字段中文名	字段名	数据类型	长度	完整性约束	备注
1	树种代码	SZDM	字符型	13	主键	
2	树种名称	SZMC	字符型	40		自由文本
3	树种别名	SZBM	字符型	200		自由文本
4	树种学名	SZXM	字符型	100		自由文本
5	树种科名	SZKM	字符型	50		自由文本
6	树种类型	SZLX	字符型	20		自由文本
7	树种描述	SZMS	文本型	不限		自由文本
8	树种形态特征	SZXTTZ	文本型	不限		自由文本
9	树种分布与适生环境	SZFBYSSHJ	文本型	不限		自由文本
10	树种特性	SZTX	文本型	不限		自由文本
11	采种技术	CZJS	文本型	不限		自由文本
12	育苗技术	YMJS	文本型	不限		自由文本
13	造林技术	ZLJS	文本型	不限		自由文本
14	抚育技术	FYJS	文本型	不限		自由文本
15	利用技术	LYJS	文本型	不限		自由文本
16	病虫害防治技术	BCHFZJS	文本型	不限		自由文本
17	其他管理措施	QTGLCS	文本型	不限		自由文本
18	树种用途	SZYT	文本型	不限		自由文本
19	树种图片名称	SZTPMC	字符型	200		自由文本
20	备注	BZ	文本型	不限		自由文本
21	数据来源	SJLY	文本型	不限		自由文本

（二）造林模式数据库结构

造林模式数据库结构见表 4-20。

表 4-20　造林模式数据库结构

序号	字段中文名	字段名	数据类型	长度	完整性约束	备注
1	造林模式号	ZLMSH	字符型	10	主键	
2	造林模式名	ZLMSM	字符型	100		自由文本
3	林种	LZ	字符型	40		自由文本

（续）

序号	字段中文名	字段名	数据类型	长度	完整性约束	备注
4	培育目标	PYMB	字符型	40		自由文本
5	造林树种	ZLSZ	字符型	80		自由文本
6	适宜立地条件	SYLDTJ	文本型	不限		自由文本
7	混交类型	HJLX	字符型	20		自由文本
8	苗木规格	MMGG	文本型	不限		自由文本
9	造林密度	ZLMD	数值型		小于5000	
10	株行距配置	ZHJPZ	文本型	不限		自由文本
11	整地方法	ZDFF	文本型	不限		自由文本
12	造林方法	ZLFF	文本型	不限		自由文本
13	土肥水管理作业	TFSGLZY	文本型	不限		自由文本
14	幼林抚育作业	YLFYZY	文本型	不限		自由文本
15	其他管理措施	QTGLCS	文本型	不限		自由文本
16	模式效益	MSXY	文本型	不限		自由文本
17	造林图式	ZLTS	字符型	80		自由文本
18	其他说明	QTSM	文本型	不限		自由文本
19	适宜推广区域	SYTGQY	文本型	不限		自由文本
20	立地区域名称	LDQYMC	字符型	100		自由文本
21	造林模式文件名	ZLMSWJM	字符型	40		自由文本
22	数据来源	SJLY	文本型	不限		自由文本

二十三、野生植物资源调查数据库结构

《野生植物资源调查数据库结构》于2016年发布，标准编号为LY/T 2674—2016，包括目的物种所处植物群落概况表、实测法和典型抽样法的样方记录表、实测法和典型抽样法的目的物种记录表、未设样地的群落记录表和未设样地的目的物种记录表、影像资料信息存储表等。主要内容摘录如下。

目的物种所处植物群落概况表的表结构见表4-21。

表 4-21 目的物种所处植物群落概况表

序号	字段名称	字段标识	类型及长度	完整性约束	填写要求	备注
1	物种中文名	ChineseName	字符串（6）		必填	
2	物种地方名	OtherName	字符串（30）		选填	
3	物种拉丁名	ScienceName	字符串（30）		衍生	
4	省	Province	字符串（2）		必填	
5	市	City	字符串（4）		必填	
6	县	County	字符串（6）		必填	
7	乡	Town	字符串（9）		选填	
8	村	Village	字符串（12）		选填	
9	自然村	Settlement	字符串（20）		选填	
10	地点	Location	字符串（100）		选填	1. 相对于某一固定地点或标志的方位、距离，如龙合乡定业村南2千米；2. 若在保护区（小区、点）内，应同时注明保护区（小区、点）全称；3. 若在林场分布范围内，则需填写林班和小班号
11	林班	Department	字符串（12）		选填	
12	小班	Subdepartment	字符串（4）		选填	

（续）

序号	字段名称	字段标识	类型及长度	完整性约束	填写要求	备注
13	行政代码	CountyCode	字符串（16）		衍生	依据《全国统一省市县乡村行政代码表》，自动生成标示码：小班代码（省、市、县、乡、村或林班、小班）。注意：村与林班二者必须存其一，无村时采用林班编码；群落跨小班的，以主要分布的小班编号
14	保护地类型	ReserveType	字符串（10）		必填	6种类型：1-保护区、2-保护小区、3-森林公园、4-湿地公园、5-风景名胜区、6-其他
15	保护地名称	ReserveName	字符串（40）		必填	
16	保护区级别	ReserveClass	字符串（6）		衍生	4个级别：1-国家级、2-省级、3-市级、4-县级
17	保护地编号	ReserveNO	字符串（6）		衍生	
18	调查期次	InventoryStage	整型（3）	1～999	必填	
19	调查方法	SurveyMethod	字符串（30）		必填	5个方法：1-实测法、2-典型抽样之样方法、3-典型抽样之样带法、4-典型抽样之样线结合样方（样圆）法、5-系统抽样法

（续）

序号	字段名称	字段标识	类型及长度	完整性约束	填写要求	备注
20	是否设置样方（圆、带、线）	SurveyMethodYN	字符串（2）		必填	1－是，有样方编号，填写样方圆带线等及群落部分，并开始填样方记录表和目的物种记录表两个表中对应的内容；2－否，无样方编号，直接填写群落部分，并开始填未设样地的群落记录表和未设样地的物种记录表两个表中对应的内容
21	顺序编号	Number	字符串（2）		必填	
22	样方编号	PlotID	字符串（24）		衍生	若"保护地类型"为"保护区"，即在自然保护区里，以省（自治区、直辖市）简称、县名、保护区名及物种名称开头，再加上顺序编号，五者之间用"－"分隔；否则，以省（自治区、直辖市）简称、县名及物种名称开头，再加上顺序编号，四者之间用"－"分隔

（续）

序号	字段名称	字段标识	类型及长度	完整性约束	填写要求	备注
23	经度_度	Longitude Degree	整型（3）	73～135	必填	用 GPS 实测主样方的第一个顶角（西南角）、样圆的中心点、样带起止处中点的地理坐标
24	经度_分	Longitude Minute	整型（2）	0～60	必填	
25	经度_秒	Longitude Second	单精度（4）	2 位小数，0～60	必填	
26	纬度_度	Latitude Degree	整型（2）	3～53	必填	
27	纬度_分	Latitude Minute	整型（2）	0～60	必填	
28	纬度_秒	Latitude Second	单精度（4）	2 位小数，0～60	必填	
29	图幅比例尺	MapSheet Scale	字符串（1）		必填	比例尺：B—50 万、C—25 万、D—10 万、E—5 万、F—2.5 万、G—1 万、H—5000（一般使用 5 万和 2.5 万，少用 1 万，基本不用 1 万以下）
30	图幅号	MapSheetNO	字符串（10）		衍生	
31	主样方（样圆、样线）或物种附近特征描述	Location Desc	字符串（100）		必填	
32	主样方长	Quadrat Length	整型（2）		选填	乔木树种及大灌木：20 m；灌木树种及高大草本：5 m；草本植物：1m；藤本物种，乔木林中：20 m，灌木丛中：5m

（续）

序号	字段名称	字段标识	类型及长度	完整性约束	填写要求	备注
33	主样方宽	Quadrat Width	整型（2）		选填	乔木树种及大灌木：20m，特殊情况下不小于5m；灌木树种及高大草本：5m；草本植物：1m；藤本物种，乔木林中：20m，灌木丛中：5m
34	主样方面积	QuadratArea	整型（3）	0～999	衍生	
35	样圆半径	Radius	整型（2）	1～20	选填	乔木树种及大灌木：10～20m；灌木树种及高大草本：3～5m；草本植物：1m；藤本物种，乔木林中：10-20m，灌木丛中：3～5m
36	样圆面积	CircleArea	单精度（6）	2位小数，0～9999	衍生	
37	样带长	BeltLength	整型（3）	300～999	选填	样带长度不小于300m
38	样带宽	BeltWidth	整型（3）		选填	沿样带中轴线，每侧宽度乔木树种为20m、灌木为5m
39	样带面积	BeltArea	整型（4）	0～9999	衍生	
40	样线长度	LineLength	整型（3）	0～999	选填	
41	样方（圆）个数	Plot Quantity	整型（3）	0～999	选填	
42	群落名称	Community	字符串（10）		必填	

（续）

序号	字段名称	字段标识	类型及长度	完整性约束	填写要求	备注
43	群落面积	Community Area	单精度(13)	2位小数，0～99999999999	必填	在地形图、植被图或林相图上准确勾绘出目的物种所处群落的分布范围，经内业量算后填写。最小图斑为4mm²，图斑勾绘位移误差小于1mm，小于4mm²的用圆点表示。（不小于1:5万比例尺）
44	海拔	Elevation	单精度(6)	2位小数，0～9999	必填	
45	坡向	Aspect	整型(3)	0～360	必填	用罗盘仪实测的坡向数值，北坡方位角（338°～360°，0°～22°）、东北坡方位角（23°～67°）、东坡方位角（68°～112°）、东南坡方位角（113°～157°）、南坡方位角（158°～202°）、西南坡方位角（203°～247°）、西坡方位角（248°～292°）、西北坡方位角（293°～337°）、无坡向（坡度＜5°的地段）。填写时可以填写具体的数值，也可以按照地面朝向如"东北坡"或"东南坡"等9个坡向填写

156

（续）

序号	字段名称	字段标识	类型及长度	完整性约束	填写要求	备注
46	坡度	Slope	整型（3）	0～100	必填	平坡(0～5%)、缓坡(6%～15%)、斜坡(16%～25%)、陡坡(26%～35%)、急坡(36%～45%)、险坡(46%以上)
47	坡位	Slope Position	整型（1）		必填	6种坡位：1－脊、2－上、3－中、4－下、5－谷底、6－平地
48	郁闭度	Crown Density	单精度（2）	0～1	必填	十分法
49	盖度	Coverage	整型（3）	0～100	必填	
50	土壤类型	SoilType	字符串（20）		必填	
51	土壤 pH 值	SoilpH	单精度（3）	1位小数，0～14	必填	填写时可以填写具体的数值，也可以填写文字如"酸性"。如果填写文字，系统自动进行计算，将相应土壤性质对应的数值的平均值保存在数据库中。如填写"酸性"，系统将0～7的平均值3.5填写入库
52	人为干扰方式	Interfere Type	字符串（4）		必填	6种方式：1－采集、2－放牧、3－狩猎、4－开矿、5－开荒、6－其他

（续）

序号	字段名称	字段标识	类型及长度	完整性约束	填写要求	备注
53	人为干扰强度	Interfere Intensity	字符串（2）		必填	4 种强度：1 - 强、2 - 中、3 - 弱、4 - 无
54	乔木优势种1	Dominate Tree1	字符串（30）		选填	
55	乔木伴生种1	Subdominate Tree1	字符串（30）		选填	
56	灌木优势种1	Dominate Shrub1	字符串（30）		选填	
57	灌木伴生种1	Subdominate Shrub1	字符串（30）		选填	
58	草本优势种1	Dominate Herb1	字符串（30）		选填	
59	草本伴生种1	Subdominate Herb1	字符串（30）		选填	
60	乔木优势种2	Dominate Tree2	字符串（30）		选填	
61	乔木伴生种2	Subdominate Tree2	字符串（30）		选填	
62	灌木优势种2	Dominate Shrub2	字符串（30）		选填	
63	灌木伴生种2	Subdominate Shrub2	字符串（30）		选填	
64	草本优势种2	Dominate Herb2	字符串（30）		选填	
65	草本伴生种2	Subdominate Herb2	字符串（30）		选填	
66	乔木优势种3	Dominate Tree3	字符串（30）		选填	
67	乔木伴生种3	Subdominate Tree3	字符串（30）		选填	

158

（续）

序号	字段名称	字段标识	类型及长度	完整性约束	填写要求	备注
68	灌木优势种3	Dominate Shrub3	字符串（30）		选填	
69	灌木伴生种3	Subdominate Shrub3	字符串（30）		选填	
70	草本优势种3	Dominate Herb3	字符串（30）		选填	
71	草本伴生种3	Subdominate Herb3	字符串（30）		选填	
72	群落/生境编号	CHNO	字符串（35）		必填	群落/生境编号在"样方编号"基础上，加"群落名称"和大写字母"A"（A、B、C、…）表示。若未设置样方，若"保护地类型"为"保护区"，即在自然保护区里，以省（自治区、直辖市）简称、县名、保护区名及物种名称开头，四者之间用"-"分隔，加上00；否则，以省（自治区、直辖市）简称、县名及物种名称开头，三者之间用"-"分隔，加上00，再加上"群落名称"和大写字母"A"（A、B、C、…）表示

（续）

序号	字段名称	字段标识	类型及长度	完整性约束	填写要求	备注
73	群落或生境分布地段编号	CHSNO	字符串(36)	主键	必填	在"群落或生境编号"基础上，加小写字母"a"（a、b、c、…）表示
74	物种分布格局	Species Distribution	字符串(4)		选填	4种分布格局：1－单株、2－集群、3－随机、4－均匀
75	照片编号	PhotoNO	字符串(39)		衍生	以字母"P"开头，表示影像资料类型为"照片"，后面紧跟群落或生境分布地段编号，再加上顺序编号，即P群落或生境分布地段编号－01（02 03 04 05…）
76	视频编号	VideoNO	字符串(39)		衍生	以字母"V"开头，表示影像资料类型为"视频"，后面紧跟群落或生境分布地段编号，再加上顺序编号，即V群落或生境分布地段编号－01（02 03 04 05…）
77	知情者1	Insider1	字符串(100)		必填	
78	知情者2	Insider2	字符串(100)		必填	
79	调查日期	Investigate Time	日期(8)	格式为YYYY－MM－DD	必填	

（续）

序号	字段名称	字段标识	类型及长度	完整性约束	填写要求	备注
	调查人1	Investigator1	字符串（20）		必填	
	调查人2	Investigator2	字符串（20）		必填	
	调查人3	Investigator3	字符串（20）		必填	

二十四、林木良种数据库建设规范

《林木良种数据库建设规范》于2014年正式发布，标准编号为LY／T 2270—2014，包括林木良种数据库结构等。主要内容摘录如下（表4-22）。

表4-22　林木良种数据库结构

序号	中文名	字段名	数据类型	长度	完整性约束	备注
1	良种名	LZM	字符型	45		自由文本
2	树种名	SZM	字符型	30		自由文本
3	学名	LZLDM	字符型	60		自由文本
4	良种类别	LZLB	字符型	15		与良种编号中对应的良种类别一致
5	通过审定类别	TGSDLB	字符型	4	审定 或 认定	汉字
6	良种编号	LZBH	字符型	30	主关系键	不能为空值
7	认定年限	RDNX	字符型	1	1~9之间数字	数字型字符
8	审定机构	SDJG	字符型	40		自由文本
9	通过审定日期	TGSDRQ	日期型		YYYY－MM－DD	
10	原产地点	YCDD	字符型	110		自由文本
11	选育时间	XYSJ	字符型	9	XXXX－YYYY	
12	选育地点	XYDD	文本型	不限		自由文本
13	选育单位	XYDW	文本型	不限		自由文本
14	选育人员	XYRY	字符型	200		自由文本

（续）

序号	中文名	字段名	数据类型	长度	完整性约束	备注
15	通信地址	TXDZ	字符型	60		自由文本
16	邮政编码	YZBM	字符型	6		数字型字符
17	联系人	LXR	字符型	20		自由文本
18	联系电话	LXDH	字符型	40		自由文本
19	电子邮件	Email	字符型	50		自由文本
20	选育（引种）过程简介	XYGCJJ	文本型	不限		自由文本
21	区域、引种试验情况	QYYZSYQK	文本型	不限		自由文本
22	良种特性	LZTX	文本型	不限		自由文本
23	亲本来源及特性	QBLYJTX	文本型	不限		自由文本
24	经济技术指标	JJJSZB	文本型	不限		自由文本
25	主要用途	ZYYT	文本型	不限		自由文本
26	适宜种植范围	SYZZFW	字符型	200		自由文本
27	适宜省区市编号	SYSQSBH	字符型	210		采用我国行政区划代码，多个行政区划代码之间用英文半角的分号分隔
28	繁殖技术要点	FZJSYD	文本型	不限		自由文本
29	栽培技术要点	ZPJSYD	文本型	不限		自由文本
30	推广应用情况	TGYYQK	字符型	80		自由文本
31	良种图片	LZTP	字符型	200		存储良种的图片的文件名称

二十五、森林资源管理信息系统建设导则

《森林资源管理信息系统建设导则》于 2013 年正式发布，标准编号为 LY/T 2185—2013，包括总体框架、数据库、数据交换系统、应用系统和基础设施等。主要内容摘录如下。

（一）总体框架

1. 总体架构（图 4-22）

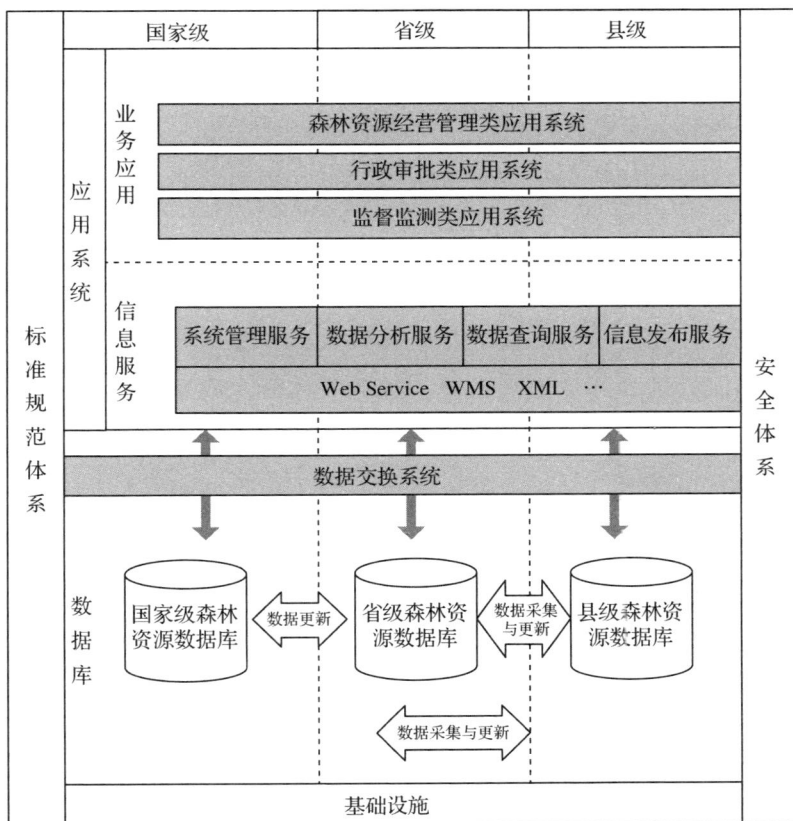

图 4-22　全国森林资源管理信息系统总体框架

2. 支撑技术

地理空间信息技术，全国森林资源管理信息系统建设应充分利用地理空间信息技术，实现森林资源空间数据采集、建库、管理、查询、分析、显示和空间信息应用服务等功能。

海量数据管理和检索技术，全国森林资源管理信息系统建设应充分利用海量数据管理和检索技术，包括海量空间数据管理、数据挖掘、分布式计算和处理、空间查询和分析、网格等技术方法实现森林资源海量空间数据的存储、动态管理、组织优化、快速检索和分析。

信息交换技术，全国森林资源管理信息系统建设应充分利用主流的信息交换技术，包括元数据、XML、REST、Web Service、SOA、ROA、云计算、物联网等技术和方法实现森林资源数据发现、数据转换、数据管理和数据使用等整个网络信息交换过程，从而实现跨部门、跨地域、多源异构的森林信息资源的共享和服务，实现多个森林资源应用系统之间实现无缝集成。

数据一体化更新技术，全国森林资源管理信息系统建设应利用成熟的数据一体化管理更新技术开展森林资源矢量和属性数据一体化采集、编辑、处理和同步更新工作，实现森林资源数据空间和属性数据的一体化管理。

数据集成技术，全国森林资源数据源由矢量数据、属性数据、统计数据、航天卫星数据、航空摄影测量数据、多媒体数据等多种类型组成，存储于多种异构关系数据库、空间数据库、数据文件中。应利用数据集成技术，包括数据仓库、GML、SOA 等方法和技术，实现森林资源多源、异质、多态数据的集成、综合处理与应用的无缝结合。

（二）数据库

1. 概述。森林资源数据库是系统建设的重要内容。应在统一的标准规范体系下，进行数据采集，对现有森林资源数据进行加工处理、整合及数据建库。通过应用系统的实际业务应用，实现森林资源数据库数据更新。

2. 数据分类。森林资源数据库的数据来源于森林资源监测、规划、管理、生产等过程中产生的各类数据。森林资源数据类型多样，根据数据性质，分为五大类：基础地理类、调查监测类、经营管理类、文档类、元数据。

3. 体系结构。全国森林资源数据库采用分布和集中相结合的管理模式。根据我国分级的森林资源管理模式，森林资源数据库纵向分为国家、省(地)、县三级层次,各级数据库相互关联、独立运行(图 4-23)。

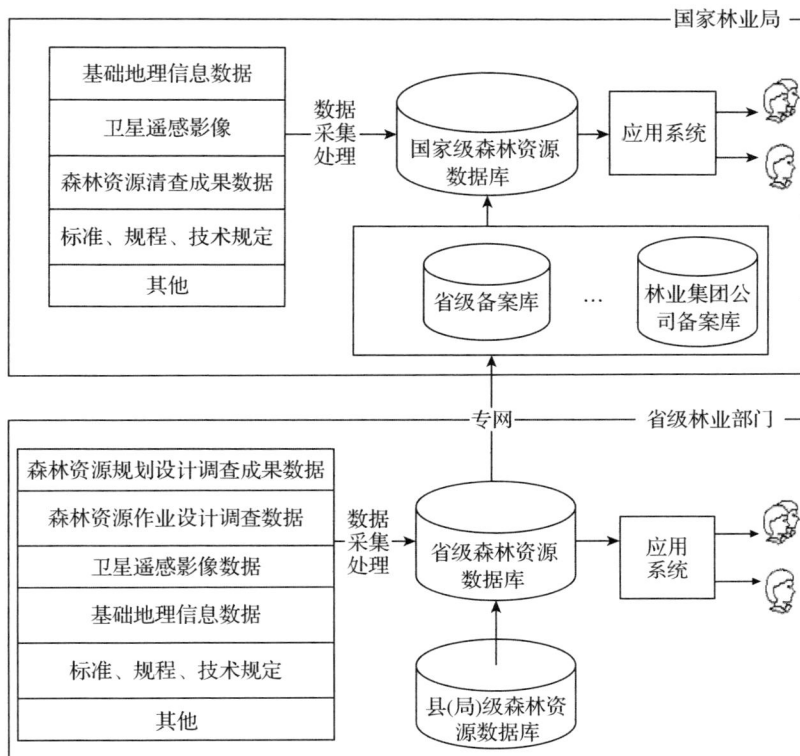

图 4-23　全国森林资源数据库分级体系结构

4. 数据管理模式。全国森林资源数据库采取集中与分布式相结合的管理模式。集中管理的内容:应包括省级数据库宜集中管理各县的森林资源规划调查小班成果数据和其他成果数据,小班作业调查数据,采伐、运输、加工数据,其他监督管理数据。国家级数据库中宜集中备案各省的森林资源规划设计调查小班成果数据和统计成果数据。除集中管理的数据外,其他数据应实行分布管理。国家通过数据交换系统访问分布在各省的森林资源数据。

5. 数据交换系统结构框架见图 4-24。

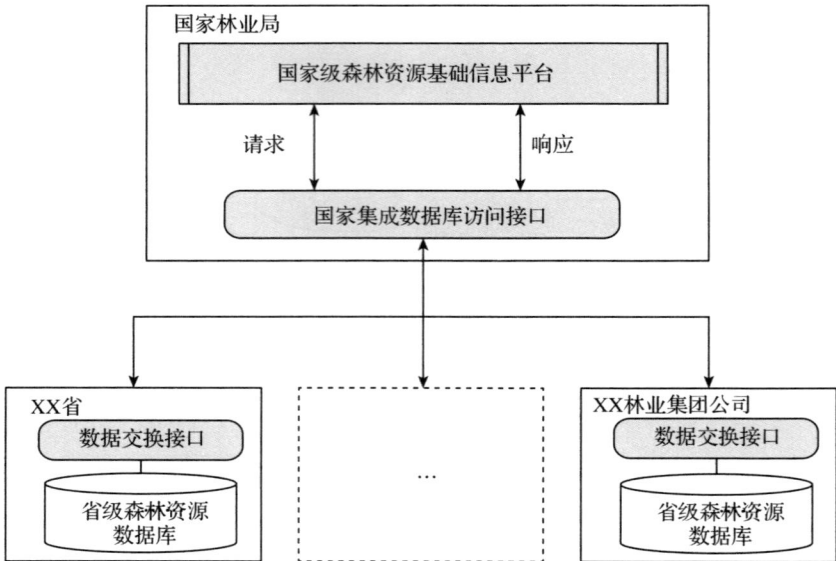

图 4-24　数据交换服务结构框架

第四节　应用标准

应用标准包括数据(交换)中心标准、描述技术标准和目录/WEB 服务标准。截至目前，已发布的数据(交换)中心标准有《林业信息资源目录体系框架》、《林业信息资源目录体系技术规范》、《林业信息资源交换体系框架》、《林业信息交换体系技术规范》等；已发布的描述技术标准有《林业物联网　第 403 部分：对象标识符解析系统通用要求》、《林业物联网　第 3 部分：信息安全通用要求》等；已发布的目录/WEB 服务标准有《林业信息服务接口规范》和《林业信息 WEB 服务应用规范》。

一、林业信息资源目录体系框架

《林业信息资源目录体系框架》于 2014 年正式发布，标准编号为

LY/T 2269—2014，包括林业信息资源目录体系概念模型、组织结构、技术模型、业务流程、支撑技术等。主要内容摘录如下。

（一）概念模型

林业信息资源目录体系的概念模型包括：支撑标准、支撑环境、数据库、信息资源目录、安全保障等五部分，如图 4-25 所示。

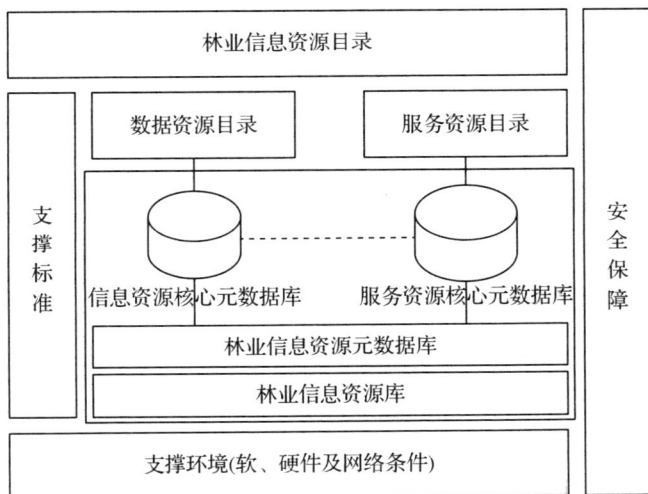

图 4-25　林业信息资源目录体系概念模型

1. 支撑标准包括林业信息资源核心元数据标准、标识符编码标准、信息资源分类标准、信息安全标准及其他相关标准，是建立信息资源目录体系的重要基础和保障。

2. 数据库包括林业信息资源库、林业信息资源元数据库和核心元数据库。

3. 林业信息资源目录是以林业信息资源核心元数据为基础，对林业信息资源进行分级分类和格式标准化，形成的林业信息资源的有序组织，包括数据资源目录和服务资源目录。

4. 安全保障包括网络安全、系统安全和信息安全保密等。

5. 支撑环境包括操作系统、数据库、服务器和网络环境等。

（二）组织结构

组织结构依据国家的管理体系，采用全国、省、地市、县四级体系方式。在现有网络的基础上建立，设置四级目录服务节点，在主节点和一级节点必须部署目录服务系统，其他分级节点可根据情况选择部署目录服务系统；在各级节点部署编目系统和目录报送系统；各级节点采取分布式多级联动方式实现统一管理。如图4-26所示。

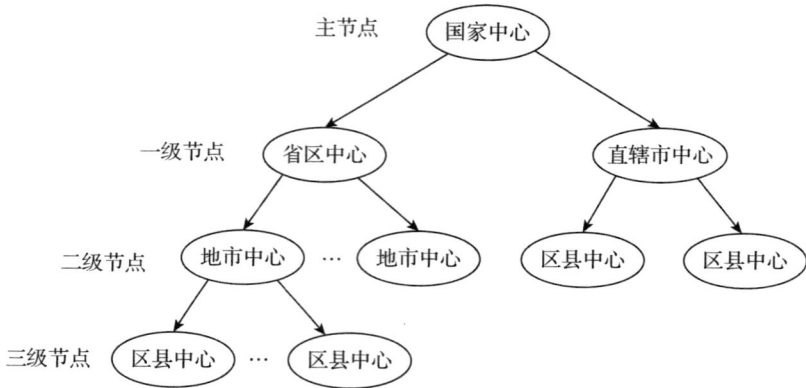

图4-26 林业信息资源目录体系组织结构

（三）技术模型

林业信息资源目录体系的技术模型包括网络层、信息资源层、核心服务层、门户层、标准规范与管理体系及信息安全体系，如图4-27所示。

1. 网络层在技术模型中处于最底层，是林业信息资源目录体系建设的重要基础设施和物理平台，包括林业行业信息专网和互联网（Internet）。

2. 信息资源层构建于网络层之上，为核心服务层提供信息资源，主要包括林业信息资源库、林业信息资源元数据库、林业信息资源核心元数据库和服务资源元数据库。

3. 核心服务层即为信息资源层提供实现各项服务的接口，又为门户层提供进行元数据和目录的编目、注册、发布、查询和维护等服务。

4. 门户层提供整个目录体系面向用户的交互界面，是用户获取服

168

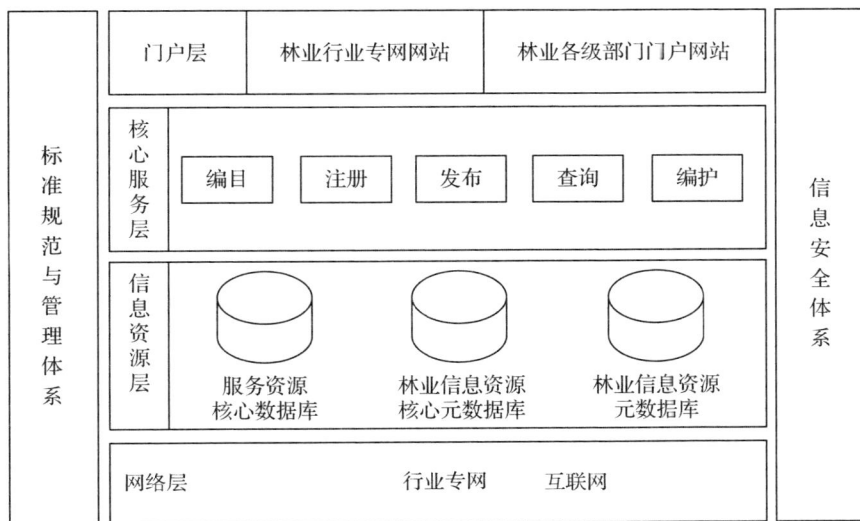

图 4-27　林业信息资源目录体系技术模型

务、进行目录管理、目录浏览及元数据浏览的入口。

5. 标准规范和管理体系包括支撑林业信息资源目录体系建设的相关标准规范与配套的管理制度。

6. 信息安全体系包括国家关于信息安全的相关标准及林业行业安全认证体系，贯穿于目录体系的各个层面。

（四）业务流程

林业信息资源目录体系的业务流程包括资源编目、目录注册、目录发布，并提供资源访问和资源维护等功能，如图 4-28 所示。

1. 资源编目。资源编目是基于核心元数据标准的目录数据生成功能。资源提供者使用编目功能从不同形态的林业信息资源中手工或自动抽取数据，并生成目录。编目功能部署于资源提供部门，不但可以向目录管理中心提供目录数据，还可作为部门内部资源管理工具使用。

2. 目录注册。目录注册将编目形成的元数据通过元数据注册系统向目录中心的管理机构注册。

3. 目录发布。经过审核的元数据进入元数据库，各级目录中心管

169

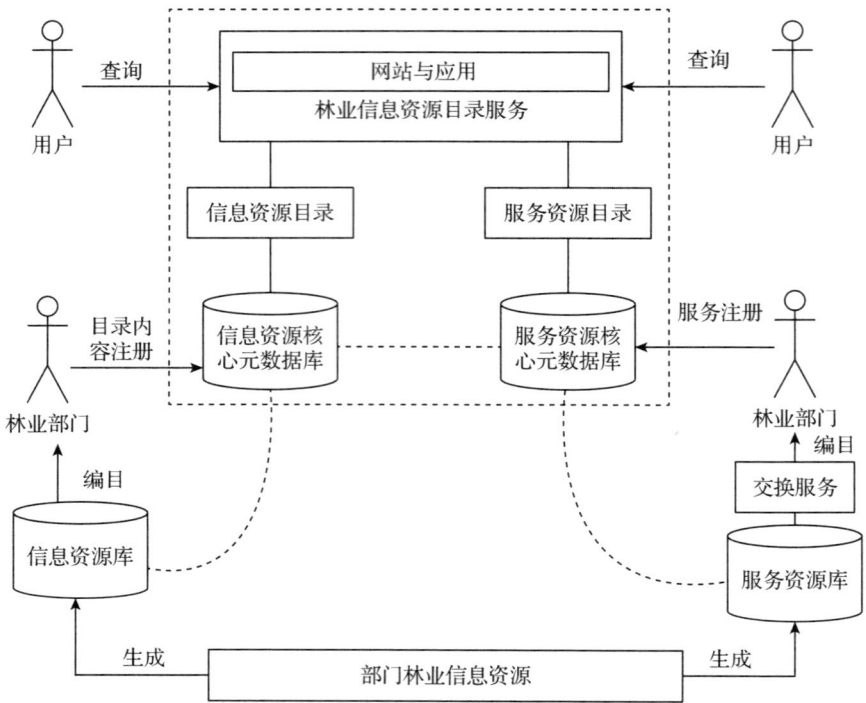

图 4-28 林业信息资源目录体系的业务流程模型

理机构按照规定的核心元数据标准，自动或手动抽取核心元数据放入本级目录中心核心元数据库中，作为目录展现的基础。

4. 资源访问。用户通过林业信息资源目录体系查询系统向目录服务器发送目录查询请求，目录服务器根据查询条件和用户权限将查询结果返回给使用者。

5. 资源维护。建立林业信息资源元数据库、核心元数据库和目录，并进行定时更新、备份与恢复，入库与出库；建立并根据日志，统计访问系统的次数，统计分析不同信息资源的查询次数等。

（五）支撑技术

1. 元数据采集技术。元数据采集技术包括元数据的自动采集技术和手工采集技术。

2. 元数据存储技术。元数据存储是目录体系的重要内容。元数据建库就是建立已经采集完毕的元数据的存储。目录服务技术是指通过网络查询林业信息资源元数据以得到相关信息的技术。

3. 目录应用技术。目录应用技术是向用户展现目录的技术,目录应用技术的核心是元数据的展现技术。

二、林业信息资源目录体系技术规范

林业信息资源目录体系框架于 2014 年正式发布,标准编号为 LY/T 2173—2013,包括林业信息资源目录体系管理结构、技术结构、基本业务功能等。主要内容摘录如下。

(一)林业信息资源目录体系管理结构

林业信息资源目录体系管理采用集中分布式管理与存储的模式,国家林业局及各省(自治区、直辖市)林业厅为目录中心节点,各市、区(县)为分目录节点。目录中心具有构成目录内容的核心元数据的注册、保存、维护、服务等管理功能。在目录管理中,各目录中心节点的名称需要具有唯一性,并且能够体现出各级节点的所属关系,因此采用了 LDAP(lightweight directory access protocol,轻量目录访问协议)格式的编码标准,以 OU 作为名称前缀,以目录中心节点的父节点名称作为 Base DN。目录节点为树状结构,如图 4-29 所示。

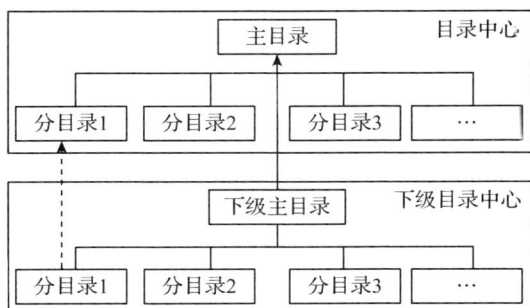

图 4-29　目录中心结构

（二）林业信息资源目录体系技术结构

1. 基础设施层。基础设施层应包括林业信息资源目录服务需要的软硬件环境及网络基础设施。应保障上级与下级目录中心的网络畅通。

2. 数据资源层。数据资源层由信息资源核心元数据数据库、服务资源核心元数据库、资源目录和服务目录构成。

图 4-30 描述了林业信息资源目录元数据的结构。每个元数据包包含一个或多个实体以及元数据元素。

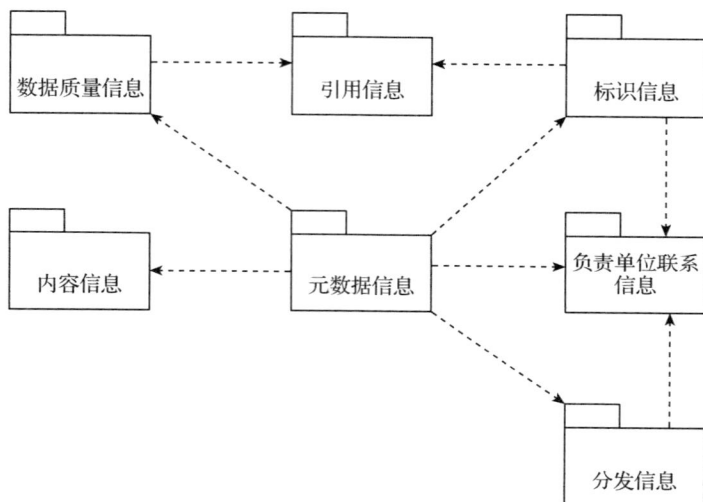

图 4-30　林业信息资源目录元数据的结构

元数据信息包含内容信息、数据质量信息、标识信息、分发记录信息。数据质量信息除了包含关于数据质量的说明信息，还包含引用信息；标识信息除了包含元数据的关键标识，还包含引用信息；分发记录信息除了包含分发内容、分发对象等信息，还包含负责单位联系信息。

3. 目录服务功能层。目录服务功能层包括编目、注册、发布、查询、目录维护、用户管理和交换接口等服务功能。

4. 目录服务表现层。目录服务表现层是面向最终用户的统一入口，包括外部网站、内部网站、单机系统等访问方式。通过内、外访问实现元数据的统一浏览、查询、编目等。

（三）林业信息资源目录体系基本业务功能

1. 元数据采集。元数据的采集有人工方式和自动方式。元数据采集应对不同元数据内容标准的元数据进行采集，同时能够对采集的元数据进行数据完整性和逻辑一致性的检查。

2. 编目。提供林业信息资源元数据的编辑功能，目录编辑人员按照元数据标准对林业信息资源进行著录、分类和标引，形成林业信息资源目录。完成的工作包括根据林业信息资源元数据标准提取信息资源相关特征信息编制目录，形成林业信息资源目录。

3. 目录注册。提交：各林业部门将编制好的林业信息资源核心元数据提交到上级目录中心。下级目录中心将核心元数据注册到上级目录中心。审核：目录中心对注册的数据进行审核。审核分为自动审核和手动审核两种，自动审核未通过的数据可以通过手动审核得到进一步的确认，也可以在手动审核阶段改正错误目录数据使其有效。入库：对审核的元数据，生成信息资源核心元数据和服务资源核心元数据，并放入相应的核心元数据库中，形成正式目录。

4. 目录发布。目录中心按照服务对象对林业各部门、其他单位、公众发布相应的林业信息资源目录。

5. 目录检索。目录中心提供目录内容的查询功能，包括基于林业信息资源目录的分类导航、条件检索和全文检索等查询。

6. 目录维护。各目录中心对需要修改的已注册的目录数据进行修改，并重新编目注册。

7. 目录报送。各林业部门的目录数据向目录中心的进行报送。报送方式为通过网络进行报送。

8. 目录关联。本级目录中心将各部分之间的业务资源进行合并出路，同时找出同名的信息资源，确定信息资源的责任方和共享方，还可以将关联后的资源进行编辑和删除处理。

9. 目录系统接口。目录系统提供的接口见表4-23。

表 4-23　目录中心接口的信息表

接口名称	接口作用
元数据查询接口	通过对元数据库中核心元数据的查询，返回核心元数据的全部信息
元数据注册接口 目录树接口	根据权限实现对元数据的注册管理功能 查询用户权限范围内的目录树的数量、名称和内容，包括目录树名称接口、目录树查询接口、目录树内容接口
元数据访问验证 接口查询	查询用户授权信息，判断该用户是否有权限访问该条元数据
角色、权限接口	根据权限唯一标识查询角色、权限信息
同步接口	实现 CA、交换、求安全模块与目录系统之间的权限同步

10. 目录安全证书管理。目录中心节点必须具备单独的 web 服务器。为支持 SSL 通信，必须为 Web 服务器配置 SSL 证书，包括生成证书申请、提交证书申请、颁发证书、在 Web 服务器上安装证书和将资源配置为要求 SSL 访问几个步骤。

11. 目录数据备份。目录管理系统中，包括接收数据库、存储数据库及发布数据库，在原始数据丢失或遭到破坏的情况下，利用备份数据恢复系统，使系统正常工作。

12. 用户管理。在整个目录体系的各目录中心中，均使用了用户权限验证。对于不同的角色，分配其对于不同模块或程序的访问权限。而用户可以属于一个或多个角色，通过用户所属角色进行权限验证。用户的角色信息存储在 session（会话）中，通过 session. getAttribute（" roleId"）获得，重要的程序模块分配其一个 functionID，在数据库中，存储每个角色拥有权限的全部 functionID。用户登录系统后，当调用某个模块时，通过 session. CheckRoleAuthorzation（）方法进行权限验证。图 4-31 显示的是用户权限关系图。

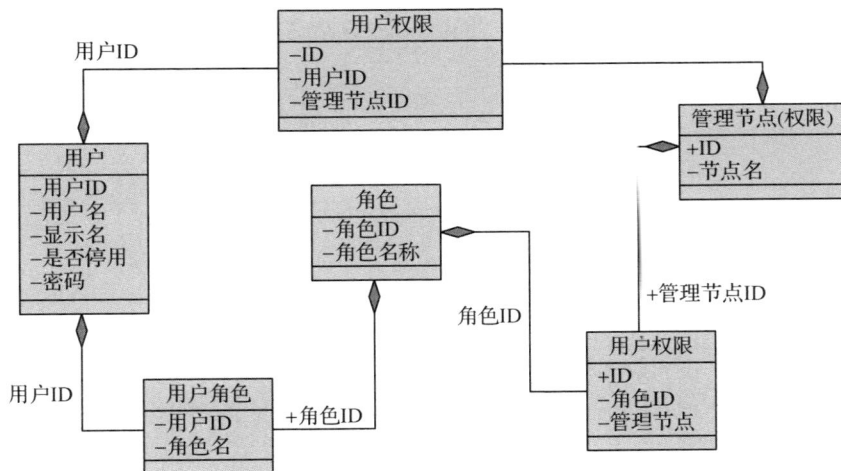

图 4-31 用户权限关系

三、林业信息资源交换体系框架

《林业信息资源交换体系框架》于 2014 年正式发布，标准编号为
LY/T 2268—2014，包括林业信息资源交换概念模型、林业信息资源交
换体系总体结构、林业信息资源交换系统技术架构等。主要内容摘录
如下。

（一）林业信息资源交换概念模型

林业信息资源交换采用逻辑集中、物理分散的交换方式。纵向实
现国家、省、市和县四级林业部门之间的信息资源共享交换和业务协
同。横向实现同级林业部门之间以及林业部门和其他政府部门之间的
信息资源共享交换和业务协同。林业信息资源交换概念模型如图 4-32
所示。

1. 交换结点。根据不同应用需要构建端交换结点和中心交换结
点，国家和省级必须构建为中心交换结点。交换结点应至少提供数据
传送和数据处理服务。数据传送实现根据选定的传送协议完成数据的
接收或发送功能，可通过 HTTP/HTTPS、FTP、SMTP、RMI、JMS 等技

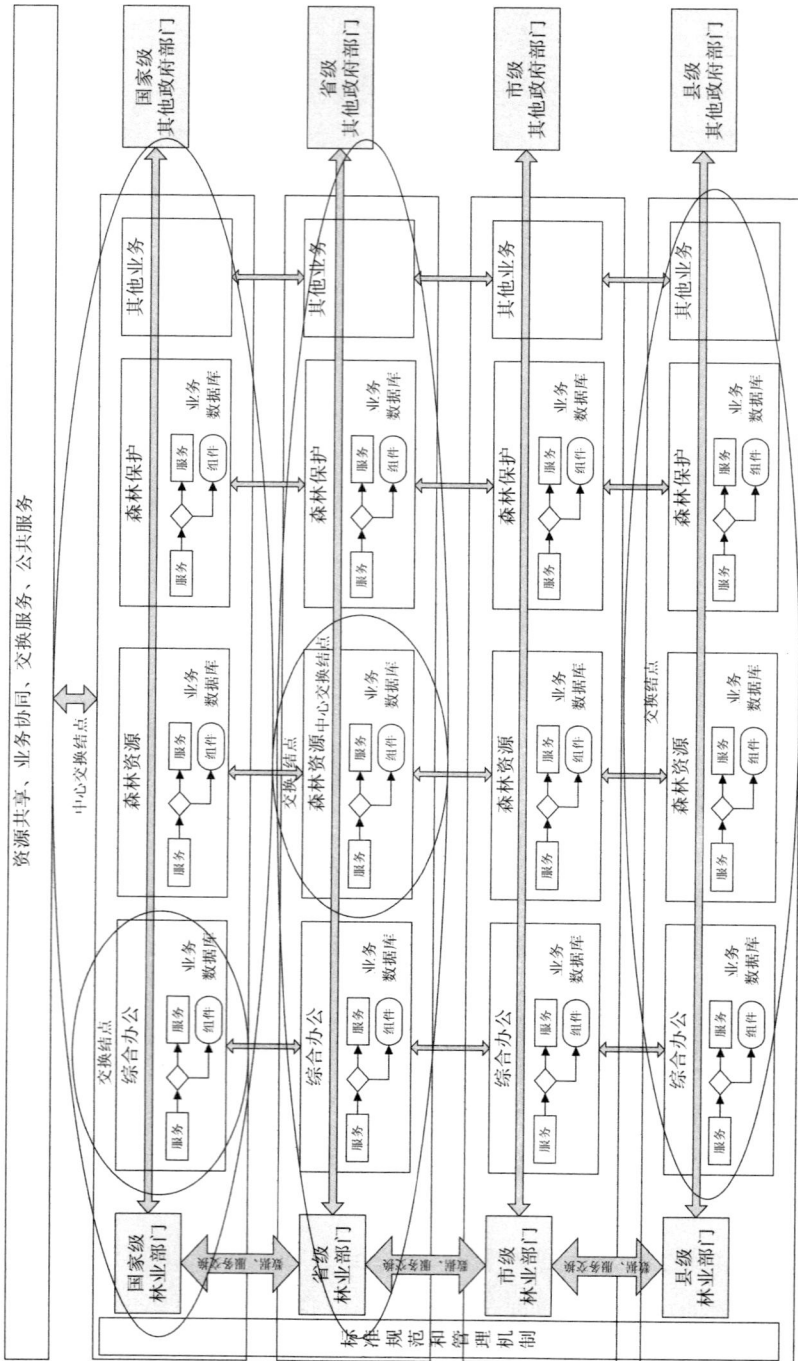

图 ▇■□ 林业信息资源交换概念模型

176

术进行数据传送。数据处理完成对消息包的封装或解析功能，并根据需要实现格式转换、信息可靠性保证、信息加密等功能。

2. 前置交换环境。端交换结点部署交换系统、交换信息库构成前置交换环境。端交换结点的内部业务环境仅与自己的前置交换环境交换信息资源，它将需要交换的信息资源存储在交换信息库。前置交换环境既可以是信息资源的提供者，也可以是使用者。各前置交换环境之间可以直接交换信息资源，实现点对点的信息交换与共享。前置交换环境访问交换中心环境的共享信息库获得共享信息资源。通过交换中心环境，前置交换环境之间可以实现可靠、可信的间接交换信息资源。在交换中心环境，建立并部署业务工作流程以实现跨部门、跨业务、跨应用的业务协同。

3. 交换中心环境。中心交换结点部署交换系统、交换信息库、共享信息库构成交换中心环境。中心交换结点将共享的信息资源存储在共享信息库，它也可以从交换信息库获得交换信息资源。

4. 交换域。交换域内部署交换中心环境，实现与交换域内各交换结点的前置交换环境互通以及跨交换域的交换中心环境之间可以互通。

5. 林业信息资源交换模式（图4-33）。林业信息资源交换采用集中与分布相结合的交换模式，即混合交换模式。采用集中式的共享信息

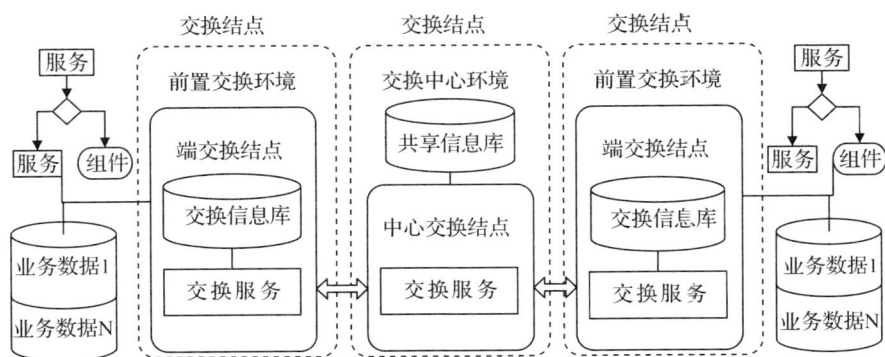

图4-33　林业信息资源交换模式示意

库存储基础地理空间数据、林业社会经济、通用服务组件等公共信息资源实现数据交换，提供者或使用者通过访问共享信息库实现交换；采用分布式的交换信息库存储各业务数据库中共享交换的信息资源，直接访问或通过中心交换结点实现数据交换，提供者和使用者通过交换结点提供的交换服务实现两者之间的数据定向传送。

（二）林业信息资源交换体系总体架构

1. 概述。林业信息资源交换体系是全国林业信息化建设总体框架的重要组成部分，是全国林业信息化建设的重要应用支撑基础之一，是按照林业信息化统一的标准和规范，以林业政务内、外网和基础设施为基础，为支持各交换结点间信息资源共享交换以及业务协同而建设的信息服务体系。围绕业务协同，以业务信息为基础，确定各级之间交换信息指标及信息交换流程，实现各级异构应用系统间松耦合的信息交换，形成各级林业信息资源物理分散、逻辑集中的信息交换模式，提供全国林业系统纵、横向按需信息交换服务，提高各级林业行政管理部门管理效率和公共服务水平，满足各类用户对林业信息资源的需要。

林业信息资源目录体系与交换体系在支撑林业应用时是一个有机整体，都是以林业信息资源为基础，依托全国统一的林业政务内、外网络，采用不同的技术架构分别实现不同的服务功能，提供目录服务和交换服务，实现各级林业部门与其他部门之间、各级林业部门之间、业务应用系统之间信息共享交换和业务协同的支撑。作为林业信息化建设的重要支撑，与业务应用相对独立。依托林业政务内网及其基础设施建立林业信息资源交换体系，依托林业政务外网及其基础设施建立林业信息资源交换体系，这两个交换体系之间的信息资源共享交换采用离线方式。

林业信息资源交换体系总体架构由服务模式、交换系统、林业信息资源、技术标准和管理机制组成，不同服务模式的业务应用通过调用交换系统提供的交换服务，实现对信息资源的访问和操作，技术标

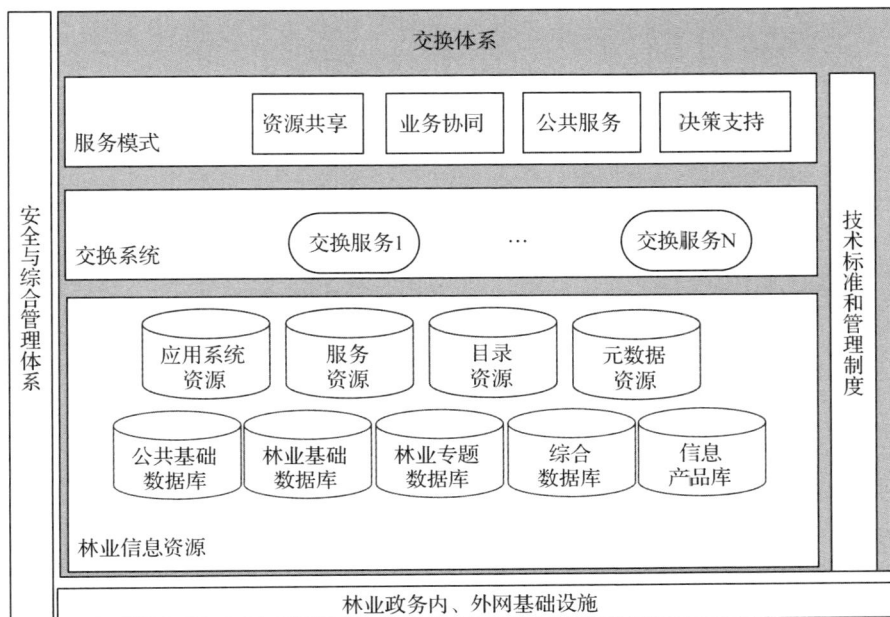

图 4-34　林业信息资源交换体系总体架构

准和管理机制为林业信息资源的交换和共享提供技术和管理的保障。如图 4-34 所示。

2. 林业信息资源。林业信息资源存储和管理业务系统中涉及的服务、数据、目录以及应用系统等，这些林业信息资源存在于林业部门以及其他组织机构内，并且能够被统一发现和描述。

3. 交换系统。交换系统提供林业信息资源交换与共享的计算机软硬件设施，部署在端交换结点和中心交换结点。交换系统提供的基本信息服务包括：数据传输、数据适配、身份认证、访问控制、流程管理、数据存取等服务，实现应用系统之间服务和数据的交换、路由、转储、发布、订阅、连接等功能。交换系统通过数据交换能力把分散在不同单位或部门的业务数据进行比对清洗，汇集到共享信息库，共享信息库对外提供统一数据应用服务，实现落地数据交换。另一种方式是交换结点之间的直接交换，交换系统只提供对交换过程的管理与监控。交换系统用来解决信息共享交换和业务协同的核心问题，由交换应用子系统、交换共享子系统、交换传输子系统、交换管理子系统等子系统组成。

4. 服务模式。林业信息资源交换体系至少提供资源共享、业务协同、辅助决策、交换服务、公共服务。使用者采取轮询方式、订阅发布方式或调用方式等获取林业信息资源，将林业信息资源存放于交换信息库、共享信息库。轮询方式是使用者定期或定时访问提供者服务；订阅发布方式是使用者向提供者一次性订阅，提供者分批向使用者发布；调用方式是使用者（业务系统）通过其前置交换环境访问提供者前置交换环境，提供者前置交换环境再访问其业务系统，获得林业信息资源。

5. 技术标准。技术标准为林业信息资源一致性和交换系统的互联、互通、互操作提供基本保证，林业信息资源交换体系技术标准主要包括信息采集、组织、分类、保存、发布与使用等信息生命周期各环节建立规范和标准。主要包括以下三类技术标准：与信息资源相关的标准。包括林业信息分类编码、林业信息元数据标准等林业信息化标准体系信息资源类标准和相关标准。与交换系统互联互通互操作有关的技术标准。包括林业信息化标准体系、基础设施和应用服务类标准以及相关标准。技术管理相关标准，涉及组织机构、角色、用户、应用系统、交换节点等的编码规则，以标识其在技术平台上的唯一合法身份。

6. 管理制度。林业信息资源交换体系的建设涉及信息资源提供方、信息资源管理方、信息资源使用方、交换系统管理运维单位、交换系统建设单位等其他相关部门及人员，管理对象包括信息资源、交换系统。制订林业信息资源交换体系方面的管理制度是林业信息资源能够长效共享交换的关键因素，包括信息资源管理维护制度、交换系统管理维护制度两类，主要包括以下要求：①信息资源管理维护：信息资源公开。鼓励公开内部可共享信息资源，规范约束信息资源提供方及时准确提供最新共享信息资源，明确信息资源提供方的信息公开职责，做到"一数一源"，公开信息资源的备案制度，奖惩考核办法等。②信息资源动态管理。明确共享交换信息资源采集、注册、存储、更新、注销管理办法，保证共享数据库中信息资源的鲜活性，对共享数据库中数据资源实现动态管理。③信息资源安全管理。明确信息资源供需双方共享交换信息的安全保密协议制度，保证信息资源在采集、存储、备份、访问授权、传输、使用等过程中的安全。信息资源共享查询。明确信息资源使用方共享查询信息资源的管理流程，获取信息资源后的备案制度等。

7. 交换系统管理维护。交换系统管理：明确信息资源提供方、信息资源使用方、交换系统管理运维单位、交换系统建设单位等其他相关部门及人员在系统运行维护、日常管理中的责权利关系，岗位职责等。交换系统对外服务指南：说明交换系统为各部门应用系统提供的支撑服务，交换系统支持的不同接入方式，每种接入方式的特点及适用范围，将应用系统接入到交换系统过程中应该填写的表单、所遵循的工作流程等。交换系统安全运营管理：从交换系统部署环境、设备安全、运行安全、信息安全、人员安全、运营管理、安全审计等各方面做出规定，全面保护交换系统安全运营。

（三）林业信息资源交换系统技术架构

林业信息资源交换系统由交换应用子系统、交换共享子系统、交换传输子系统、交换管理子系统组成，如图4-35所示。

四、林业信息交换体系技术规范

《林业信息交换体系技术规范》于2013年正式发布，标准编号为LY/T 2171—2013，包括概述、交换共享子系统、交换应用子系统、交换传输子系统、交换管理子系统等。主要内容摘录如下。

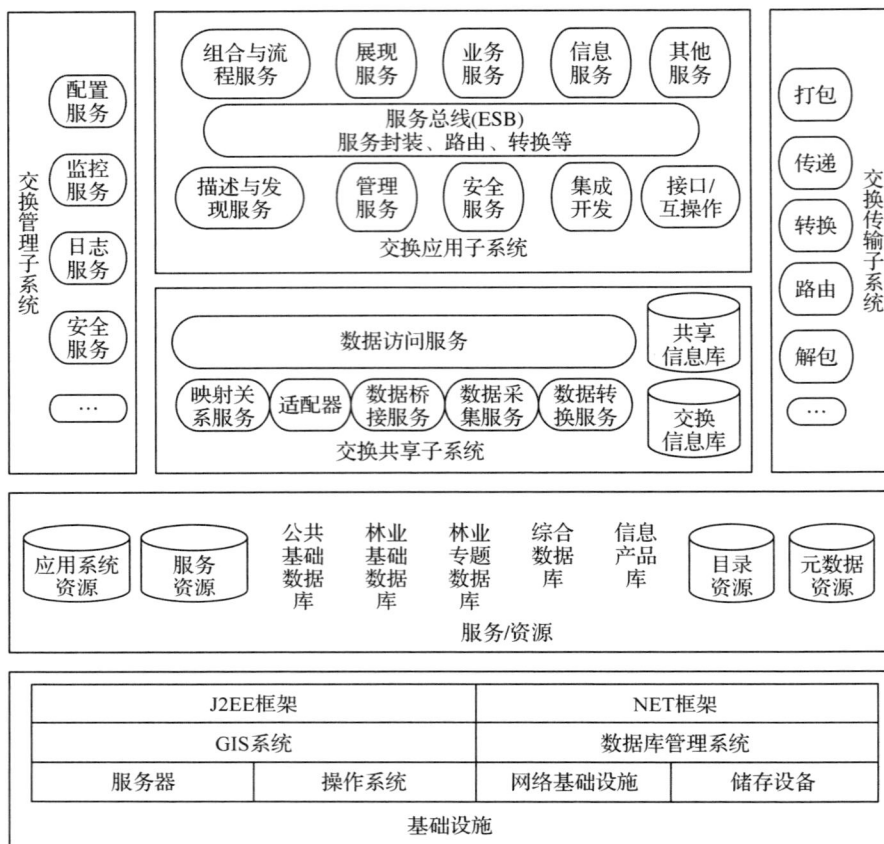

图 4-35 林业信息资源交换系统技术架构

（一）概述

林业信息交换体系技术支撑环境由网络及硬件基础设施、操作系统、应用系统、交换信息库、共享信息库、交换共享子系统、交换应用子系统、交换传输子系统、交换管理子系统组成。信息交换通过交换共享子系统或交换应用子系统将部门需要交换的信息交换到林业交换信息库，在交换管理子系统的流程控制下，通过交换传输子系统，把需要交换的信息定向传输到接收部门。

（二）交换共享子系统

1. 系统结构。交换共享子系统用来实现部门交换信息库之间数据

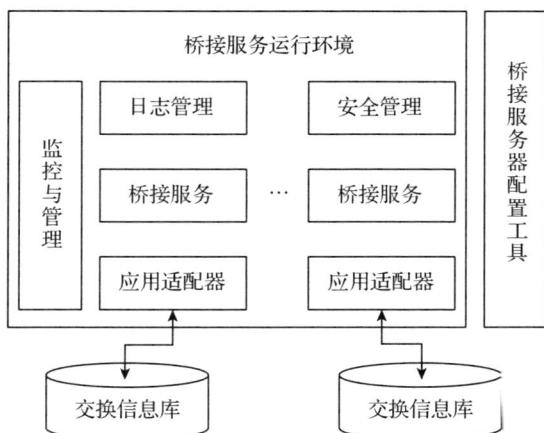

图 4-36　信息交换共享子系统基本结构示意

的双向信息同步。交换共享子系统的结构示意如图 4-36 所示。

2. 组成。交换共享子系统至少由以下三部分组成。桥接服务运行环境：桥接服务的容器，提供日志管理、安全管理、应用适配器管理等基本功能。桥接服务：利用桥接服务配置工具组装应用适配器组件以完成一个数据桥接流程的服务程序。桥接服务器配置工具：提供图形化的配置系统，通过配置业务信息库与交换信息库之间桥接内容映射规则生成桥接服务器描述信息。

3. 技术要求。交换共享子系统应满足以下技术要求：应支持部门交换信息库之间的双向信息同步；应支持各种主流操作系统；应支持国内外主流数据库；应支持结构化及非结构化文件；应采用适配器组件访问桥接对象，实现数据的获取与存储；在不修改信息库结构的情况下，系统应能够自动识别出需交换的信息，包括新增、被修改或被删除的信息；应提供图形化的信息交换共享配置及管理工具，支持桥接指标定义与桥接管理等功能；应支持多个桥接任务或服务同时运行，应支持桥接服务的远程部署。

（三）交换应用子系统

1. 概述。交换应用子系统为基于 SOA 的应用提供基础的技术和标准规范支撑，如服务的接口描述与发现，服务的组合与编排，服务的管理，服务的代理中介（典型代表为服务总线），服务的访问安全保障，服务的注册与管理及服务和 SOA 应用的相应开发工具。对于已存在的服务/资源，它还提供资源的服务化封装和接入，以满足相应的数据信息、业务功能等的重用要求。

2. 技术要求。交换应用子系统应满足以下技术要求。描述与发现：要消费或发布一个服务，需要以统一的标准服务描述接口，基于服务发现的标准机制和访问接口，与服务注册库进行交互，对服务进行注册、变更、检索和消费；服务可以发布到服务库中，而且服务消费者可以从服务库中查找符合需要的服务。服务的描述基于标准的信息模型描述，从服务的描述信息中可以得到服务的协议绑定信息，据此信息可以建立与目标服务的绑定关系，并将目标服务与其他要消费的服务按照接口匹配方式进行组装和逻辑处理；要做到服务消费的动态变更，以适应业务敏捷性的要求，需要屏蔽服务的位置及具体实现；服务管理包括注册、审核、发布、变更、注销、权限管理等生命周期。具体的管理内容，还包括服务自身、服务元数据、服务评价指标及服务质量属性等方面的管理。管理：对基础运行设施及部署的 SOA 应用进行配置、部署、启动、停止、定时调度、部署管理等；对基础运行设施及部署的 SOA 应用的运行状态，服务品质进行实时监控，对异常情况进行预警、警示和执行管理操作；对基础运行设施及部署的 SOA 应用的历史运行数据、日志、报警、报错信息等进行统计和溯源分析，为系统和流程的改进提供参考；对数据实施有效的管理，范围包括历史数据维护、元数据管理、配置信息变更、数据库中共享数据管理等。安全：组织结构管理包括组织结构中的用户、角色等分级管理和控制；资源权限管理是将服务、数据、应用等资源的访问、操作及控制权限等分配到相应的组织、角色和用户，对资源授权进行管理；访问控制基于角色、用户、应用等，为不同的服务资源访问请求进行身份验证及访问控制，避免非法用户访问有安全性要求的相应资源；传输安全提供传输过程中的安全防护措施，防止信息在传输过程中被篡改、泄密等；信息/数据安全为信息/数据等资源提供加解密、签名、数据完整性校验等服务；隐私保护。审计提供用户、应用等访问相关受限资源的操作轨迹、历史记录等，便于跟踪和发现资源访问或操作问题。

（四）交换传输子系统

引用 GB/T 21062.3—2007《政务信息资源交换体系 第 2 部分：技术要求 4.4 交换传输子系统》。

（五）交换管理子系统

引用 GB/T 21062.3—2007《政务信息资源交换体系 第 2 部分：技术要求》。

五、林业物联网 第 403 部分：对象标识符解析系统通用要求

《林业物联网 第 403 部分：对象标识符解析系统通用要求》于 2016 年发布，标准编号为 LY/T 2413.403—2016，包括系统架构、通用解析子系统、应用解析子系统等。主要内容摘录如下。

（一）系统架构

林业物联网对象标识符解析系统由通用解析子系统和应用解析子系统组成。通用解析子系统由 DNS 主解析数据库和 DNS 镜像解析数据库组成，实现对象标识符关联对象信息存储服务器地址的解析。应用解析子系统实现对象标识符关联对象信息的解析，可分为基于 HTML 和 XML 的两种类型。其中，基于 HTML 的应用解析子系统由对象标识符转换模块、对象编码结构解析模块、应用解析模块和对象信息数据库组成；基于 XML 的应用解析子系统由服务文档转换模块、应用解析模块和对象信息数据库组成。具体如图 4-37 所示。

（二）通用解析子系统

1. DNS 主解析数据库。依据 DNS(见 IETF RFC 1035) 和 DNS 资源

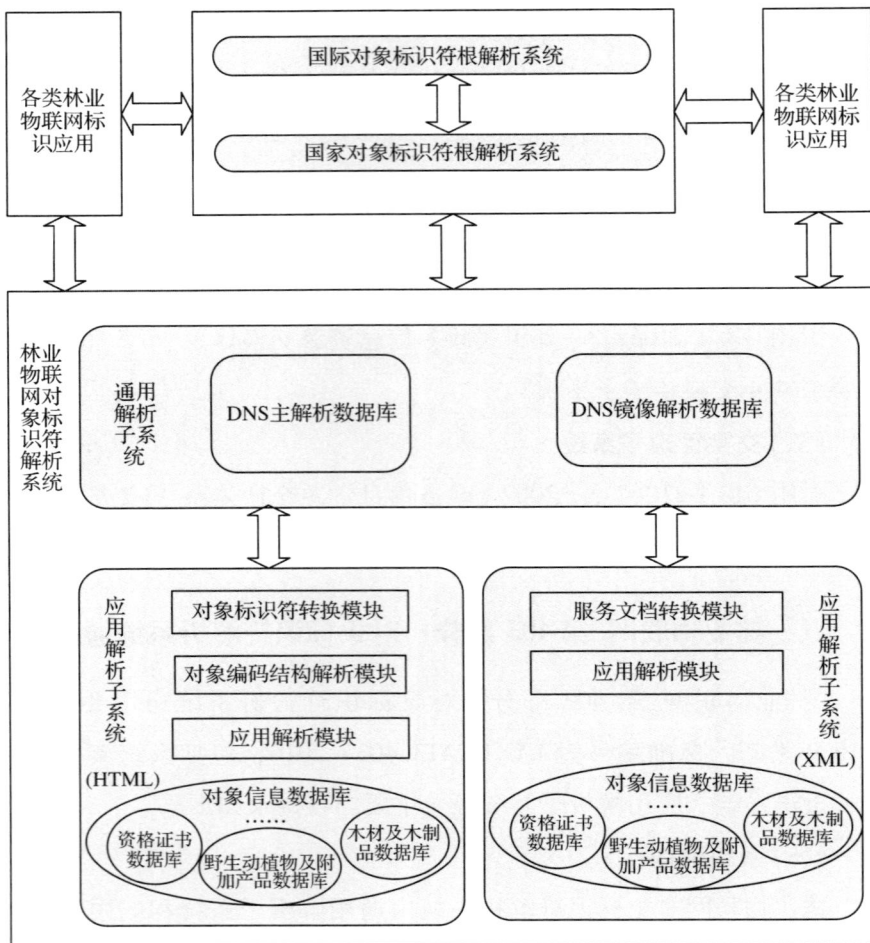

图 4-37　林业物联网对象标识符解析系统组成

记录(见 IETF RFC 3403)的规定，创建和存储子节点的 DNS 域文件到 DNS 主解析数据库中，并支持国家对象标识符根解析系统对本数据库进行寻址。针对各类应用客户端发送的解析请求命令和服务设置，DNS 主解析数据库提供文本 URL、域名或者 IP 地址等信息。

2. DNS 镜像解析数据库。DNS 镜像解析数据库提供 DNS 主解析数据库的备份功能，在主解析服务器发生故障时，用以维持解析系统的正常运行。

（三）应用解析子系统

1. 对象标识符转换模块。对象标识符通常由注册机构标识前缀和对象编码两部分组成。注册机构标识前缀是指注册机构所获得的对象标识符前缀。对象编码是注册机构为各类管辖对象分配的唯一编码，并与注册机构前缀共同组成完整的对象标识符。对象标识符转换模块的功能是将各类应用界面模块发送至应用解析子系统的对象标识符，转换为 FQDN 格式，用于后续解析模块的规范化处理。

2. 对象编码结构解析模块。对象编码结构解析模块依据与对象标识符相关联的 FQDN 规范格式，查找到符合应用解析模块编码格式要求的 HTML 文本字符串，并发送至应用解析模块进行与对象标识符相关联的 HTML 文本信息解析。对象编码结构通常有固定格式和可变格式两种类型，分别对应表 4-24 中 NAPTR 资源记录里不同的"Service"和"Regexp"处理过程。

表4-24　对象编码结构解析的 NAPTR 资源记录

Order	Preference	Flags	Service	Regexp	Replacement
0	100	U	IRP + fft/IRP + vft		.

对象编码结构解析模块应依据表 4-25 设置 Regexp，并读取与对象标识符相关联的 HTML 文本信息，返回至各类应用界面模块或者客户端。

表4-25　对象信息解析的 NAPTR 资源记录

Order	Preference	Flags	Service	Regexp	Replacement
0	100	U	C2U	! ˆ. * $! http：// XX. Y. anydomain. example. com/example1. html !	.

3. 应用解析模块。应用解析模块将对象信息数据库中存储的对象信息转换为 HTML 文本信息并存储。本模块应具备以下功能：将原有对象信息数据库中存储的对象数据转换为 HTML 文本信息，并进行存

储；宜提供访问权限控制功能，为满足访问权限要求的用户提供与对象标识符相关联的对象的 HTML 解析文档信息；宜提供解析查询日志功能。

4. 对象信息数据库。对象信息数据库按照指定的数据结构，存储与对象标识符相关联的对象的信息。本数据库应具备以下功能：按照规范化的数据结构创建和存储各类林业对象的信息；应为每一个对象创建对象标识符数据字段，用于唯一地标识对象。

六、林业物联网 第 3 部分：信息安全通用要求

《林业物联网 第 3 部分：信息安全通用要求》于 2015 年发布，标准编号为 LY/T 2413.3—2015，包括信息安全威胁、信息安全目标、信息安全策略与机制、信息安全保护级别划分等。主要内容摘录如下。

（一）信息安全威胁

1. 感知层安全假设。传感器网络结点部署合理；传感器网络设备符合产品设计以及林业特定环境的要求。

2. 感知层安全威胁。攻击者通过假冒身份、占用信道、重发信息、篡改信息等方式导致合法信息被截取、传输异常或信息破坏；不法厂商或攻击者通过设置或利用后门，导致感知对象和传感器网络设备的信息被窃取、篡改以及传感器网络设备无法正常工作；有外接传感器或外设接口的传感器网络结点，所采集的数据被未授权拷贝；由于操作过失导致传感器网络设备无法正常工作或采集的数据丢失。

3. 传输层安全假设。传输层安全假设为有线网络、移动通信网络和卫星通信网络等的信息传输是安全的。

4. 传输层安全威胁。攻击者通过实施拦截、篡改、伪造、欺骗、窃听等恶意行为，造成数据传输中断、延时、错误以及数据被窃取或丢失等；攻击者通过控制网关等网络关键设备，导致通信密钥、广播密钥、配对密钥等泄漏，从而对网络通信安全造成威胁；攻击者通过

破坏网络传输设备或利用软件漏洞等，导致网络无法正常运行；由于操作过失导致网络传输设备无法正常工作或传输的数据丢失、失真等。

5. 应用层安全假设。部分应用可以直接访问感知层和传输层；数据资源中非林业物联网采集的数据是安全的；数据中心的物理环境是安全的。

6. 应用层安全威胁。攻击者通过入侵应用系统，获得访问目标系统的权限，从而造成用户信息和相关数据被泄漏、篡改等；攻击者通过在短期内发送大规模的认证请求消息，造成应用服务器过载、瘫痪等；非法用户使用未授权的业务功能或者合法用户使用未定制的业务功能，造成应用系统紊乱、瘫痪等。

（二）信息安全目标

1. 数据完整性。通过采用国家相关标准规定的完整性机制以及自主完整性策略、强制完整性策略，检测所有数据和敏感标记，确保二者在传输和存储过程中不被有意改动和破坏，并具备夏正被改动数据的能力。

2. 数据保密性。确保具有保密性要求的数据在传输过程中不被泄露给未授权的个人、实体、进程，或不被其利用。需要时，确保数据在存储过程中不被泄露给未授权的个人、实体、进程，或不被其利用。

3. 数据新鲜性。确保各类设备采用安全机制对接收数据的新鲜性进行验证，并丢弃不满足新鲜性要求的数据，以抵抗对特定数据的重放攻击。

4. 可用性。确保已授权实体一旦需要，就可访问和使用数据及资源。

5. 可控性。在保障数据保密性、完整性、可用性的前提下，提供相应的安全控制部件，形成控制、检测和评估环节，构成完整的安全控制回路，实现林业物联网的安全可控。

6. 抗干扰性。通过采用适当机制防止对数据发送、接收和转发过程的干扰，避免对信息传输造成严重影响。

7. 可鉴别性。在进行数据或身份鉴别时，通过提供有限的主体反馈信息，确保非法主体不能通过反馈数据获得利益。

（三）信息安全策略与机制

1. 感知层的信息安全策略与机制。感知层的信息安全策略：采用数据备份、加密存储、设置访问权限、身份鉴别、局部隔离等策略，提高数据的安全防范水平。感知层的信息安全机制：安全机制包括密钥管理机制、安全数据融合机制、加密机制、路由安全机制等。

2. 传输层的信息安全策略与机制。传输层的信息安全策略：通过防范和抵御网络资源可能受到的攻击，保证网络资源不被非法使用和访问，从而保障网内流转数据的安全；通过防止数据被偶然或故意的非法泄露、更改、破坏或者被非法识别和控制，确保数据的完整、保密、可用。传输层的信息安全机制：安全机制包括加密机制、路由安全机制、密钥管理机制、访问控制机制等。

3. 应用层的信息安全策略与机制。应用层的信息安全策略：防止信息系统由于存在系统缺陷或安全漏洞，而导致系统被非法控制或使系统性能下降、拒绝服务、宕机；加强信息系统运行管理，并制定冗灾备份计划。应用层的信息安全机制：安全机制包括加密机制、认证机制、访问控制机制等。

七、林业信息服务接口规范

《林业信息服务接口规范》于 2013 年发布，标准编号为 LY/T 2177—2013。包括林业信息服务与信息服务接口、林业信息服务接口参考模型、林业信息服务创建和集成等。主要内容摘录如下。

（一）参考模型

林业信息服务利用统一的基础设施，基于各类林业数据库，按照统一标准建立，支撑各类林业应用。林业信息服务接口参考模型如图4-38。

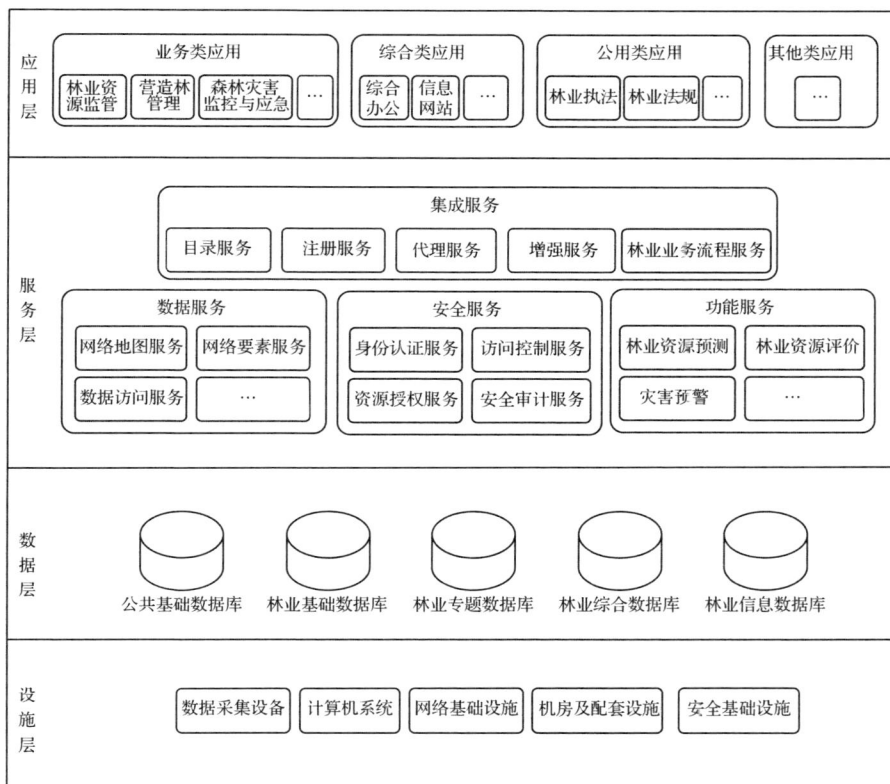

图 4-38　林业信息服务接口参考模型

林业信息服务分为应用层、服务层、数据层和设施层四个层次。应用层：包括业务类应用、综合类应用、公用类应用和其他类应用等。业务类应用是指由林业各专业业务部门开展业务的应用，包括林业资源监管、营造林管理、森林灾害监控与应急等；综合类应用是指林业各部门的普遍应用，包括综合办公、信息网站等系统；公用类应用是指由管理部门为开展本部门所主管工作建立的、供各政府部门或单位使用的系统，如科技、人事、计划、财务、林业执法、林业法规、党务管理、国际交流等。服务层：按照所提供的功能特点不同，信息服务接口分为四种类型，分别是数据服务、功能服务、安全服务和集成服务。数据层：根据林业应用和服务特点，林业数据库分为公共基础数据库、林业基础数据库、林业专题数据库、综合数据库和信息产品库；设施层：包括数据采集设备、计算机系统、网络基础设施、机房及配套设施、安全基础设施。

（二）服务类型

1. 数据服务。以林业数据库为基础，向各类应用提供各类型数据访问服务，包括但不限于以下服务。网络地图服务：应用可从服务器获取以图片格式获取地图的图示表现，使用地图所需要进行的各种操作，包括获取地图的描述信息、获取地图以及查询地图上要素信息的操作等；网络要素服务：应用可从服务器获取以 GML 形式编码的要素数据，使用操纵要素数据的各种操作，包括 GetCapabilities、DescribeFeatureType、GetFeature、Transaction、LockFeature 操作等；数据访问服务：为各类应用访问关系型数据库、层次型数据库、文件型数据库等不同方式存储的数据提供服务。

2. 功能服务。基于林业数据库和专门的计算模型，向各类应用提供数据处理、分析和挖掘服务。

3. 安全服务。基于安全基础设施，向各类应用提供身份认证、资源授权、访问控制和安全审计服务。

4. 集成服务。目录服务：提供林业信息服务元数据查询和检索的标准接口，用于发现和定位各类林业信息服务资源；注册服务：提供林业信息服务注册的标准接口，用于对各类服务进行注册和管理；代理服务：一般由第三方对原始信息服务进行重新封装后向应用提供信息服务的方式；增强服务：第三方对原始信息服务进行功能或者性能提升后，向应用提供信息服务的方式；林业业务流程服务：基于林业信息管理规则和工作流技术，对多个信息服务，包括数据服务、功能服务和安全服务，进行流程化集成后提供的信息服务。

八、林业信息 WEB 服务应用规范

《林业信息 WEB 服务应用规范》于 2013 年发布，标准编号为 LY/

T 2176—2013。包括总体框架、服务分类和命名规则、服务注册、服务描述、服务调用、服务安全、服务管理与监控等。主要内容摘录如下。

(一)总体框架概述

林业信息 WEB 服务是基于网络的、分布式的林业应用程序或组件，它是由林业部门、其他部门、企业或个人发布的在线林业信息应用服务，林业用户或应用软件能够通过Internet来访问并使用这项应用服务。

(二)总体框架技术要求

林业信息 WEB 服务基于 W3C 定义的 WEB 服务技术框架，应充分利用现有的网络技术、标准或者协议，建立在 HTTP、WSDL、SOAP 和 UDD I 等标准以及 XML 等技术之上。并要求使用标准的技术，包括服务描述、通讯协议以及数据格式等，使开发者能开发出平台独立、编程语言独立的 Web 服务，以便充分利用现有的软硬件资源和人力资源。

(三)总体框架体系架构

1. 体系框架。林业信息 WEB 服务采用面向服务的体系结构，将各种异构林业信息系统应用集成起来并组成更大的分布式应用，最后通过服务接口的形式将整个应用支撑起来。从应用的角度看，涉及三个角色和六项活动。三个角色分别是服务提供者、服务使用者和服务注册中心管理者。六项活动包括规划、管理、注册、授权、发现、访问。体系结构如图 4-39。

2. 角色。服务提供者、服务使用者和服务注册中心管理者，共同实现林业信息 WEB 服务的发布、注册、管理、查询和使用。三个角色职责分配如下：服务提供者负责本部门林业信息 WEB 服务的规划、调查、收集、整理，根据有关标准、规范，开发部署服务以实现特定功能，在服务注册中心注册、授权，并负责及时更新和升级。应鼓励

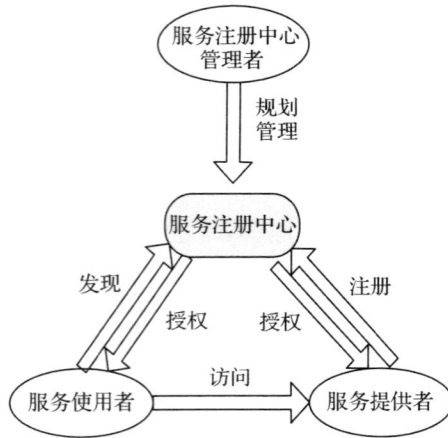

图 4-39 林业信息 WEB 服务应用体系框架

林业信息化服务的社会化，让社会组织和企业单位加入服务提供者行列；服务使用者为实现特定的应用系统功能，在服务注册中心检索服务，在授权范围内使用服务；服务注册中心管理者负责林业信息 WEB 服务的总体规划和服务注册中心的管理运行，进行服务标识符的分配、管理和使用，负责服务注册和服务分类，提供服务资源搜索和定位服务。

3. 活动。林业信息 WEB 服务注册、管理和使用过程可分为以下几个环节。①规划：服务注册中心管理者征集服务使用者的需求，制定本部门林业信息 WEB 服务的总体规划，在运行过程中根据使用者的需求进行调整。②管理：服务注册中心管理者负责服务注册中心的运行、管理和维护。服务注册中心管理者分为国家和省两级，分别管理国家级林业信息服务注册中心和省级服务注册中心。应建立相应的维护管理机制来确保服务注册中心的高可用性。③注册：服务提供者将服务元数据提交至服务注册中心，服务注册中心管理者对服务元数据进行审核校验，接受符合规范的服务进入服务注册中心，未通过审查的返回提供者修改。注册服务信息的更新维护由服务提供者负责，应确保信息的及时性。授权：服务注册中心在建立、管理和运行中，

194

应建立相应权限管理机制，以此对提供者、管理者和使用者的操作权限进行范围界定，保证服务注册中心和注册服务信息的安全性。权限管理应满足多层次多用户多种权限组合方式，灵活配置调整权限。④发现：服务注册中心提供服务信息的分类导航、查询服务，服务使用者在分布的、异构环境中也能通过服务描述信息发现所需的服务资源。⑤访问：服务使用者从服务描述信息中获得服务的定位及访问信息，如服务的网络地址、通讯协议、消息格式等。通过手工或程序化方式构造服务访问请求，并连接服务地址，发送服务请求消息，以实现服务的绑定和互操作。如图 4-40 所示。

（四）应用模式

1. 应用框架。林业信息 WEB 服务的应用框架如图 4-41 所示。

2. 应用服务分级。林业信息 WEB 服务分为两级：国家级林业信息 WEB 服务和省级林业信息 WEB 服务。两级结构如下：建立两级服

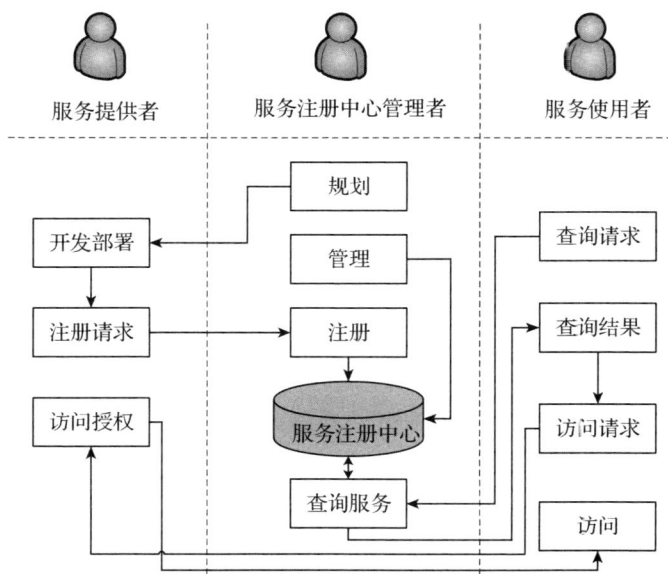

图 4-40　林业信息 WEB 服务注册管理活动

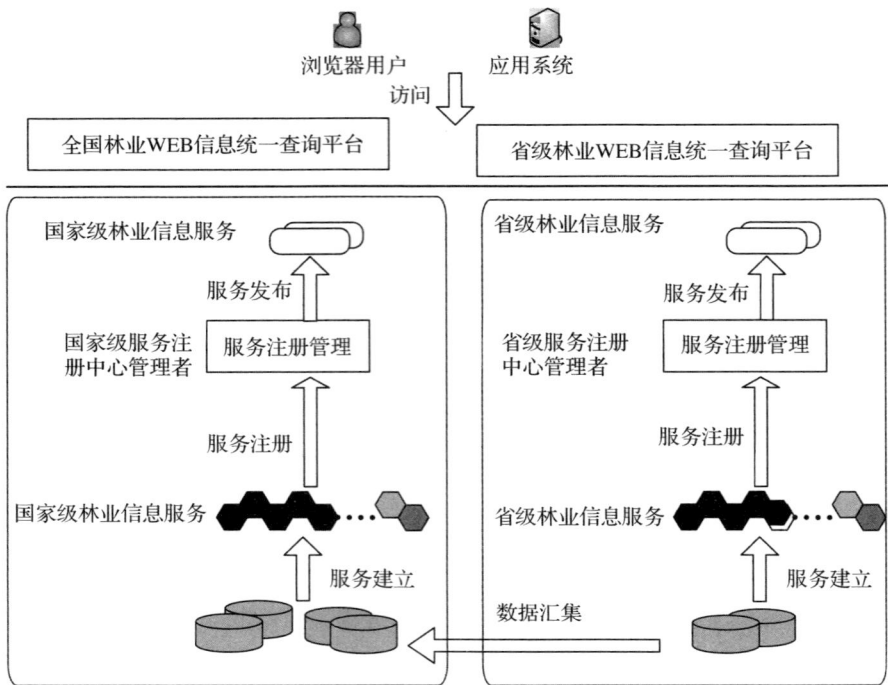

图 4-41　林业信息 WEB 服务应用框架

务注册中心。国家级林业信息 WEB 服务统一注册到国家服务注册中心，国家服务注册中心管理者可根据需要组合不同的服务，建立多种形式的应用，供用户访问。省级林业信息 WEB 服务统一注册到本省服务注册中心，省级服务注册中心管理者通过组合不同的服务，建立多种形式的应用，供用户访问。国家服务注册中心和各省级服务注册中心之间互联互通，下级注册服务中心的注册服务信息通过交换机制同步到上级服务注册中心。通过本级数据库提供服务。国家级林业信息 WEB 服务主要基于国家级林业数据库，提供多种类型的信息服务；省级林业信息 WEB 服务主要基于省级林业数据库，提供多种类型的信息服务。国家级林业数据库的部分数据可从各省级林业数据库汇集获取。同步建立一个全国统一林业 WEB 信息服务平台和各省林业WEB 信息服务平台。国家服务注册中心管理者依据本级服务注册信息以及同步交换得到的各省级服务注册信息，建立全国统一的林业 WEB 信息服务查询平台。省级服务注册中心管理者依据本级服务注册信息建立省级林业 WEB 信息服务查询平台。服务使用者通过国家查询平台，实现对国家和各省林业信息 WEB 服务的访问，通过省级查询平台，实现对该省级平台提供的林业信息 WEB 服务的访问。

第五节　基础设施标准

基础设施标准包括网络系统标准和应用安全标准。截至目前，已发布的网络系统标准有《林业信息化网络系统建设规范》；已发布的应用安全标准有《林业信息系统安全评估准则》。

一、林业信息化网络系统建设规范

《林业信息化网络系统建设规范》于 2013 年发布，标准编号为 LY/T 2172—2013，包括建设流程、整体建设、网络安全建设、机房建设、工程验收、文档要求等。主要内容摘录如下。

（一）整体建设网络拓扑结构

1. 局域网。星型拓扑结构。

2. 广域网。星型或网状拓扑结构。

区域或全国性网络组网应使用动态路由协议；不应使用设备厂商私有的路由协议。

（二）整体建设网间互联带宽

1. 互联网。根据业务需求确定带宽。带宽升级参考以下标准：当链路具有高利用率，高优先级流量路由正常，应用业务质量可以保证，Ping 测试所经延迟不显著时，不应升级带宽；当高优先级流量可用带宽接近带宽极限时，应升级带宽；当网络正常业务流量长时间达到带宽的 85%，关键业务影响明显，Ping 测试所经延迟显著并有一定丢包率时，应升级带宽。

2. 专线。同互联网。

（三）整体建设物理链路类型

长距离通信（超过 100m）应使用光纤或无线链路；终端接入：处理非涉密信息的终端可使用双绞线、光纤或无线接入，处理涉密信息的终端应使用光纤或屏蔽双绞线接入；承载涉密信息的网络链路应使用光纤或屏蔽双绞线；应对无线链路加密；RJ45 接口：百兆与千兆直通双绞线应按 EIA/TIA 568B 线序制作，千兆交叉双绞线应按 802.3ab 千兆交叉线序制作，屏蔽双绞线应使用同类屏蔽接口；线路两端应标识清晰。

（四）整体建设网络设计与承载设备

1. 设计原则。网络设计应遵循分层原则，层次划分为核心层、汇聚层和接入层。实际设计可根据网络规模和实际情况增减网络层次。

2. 核心层。核心设备：局域网应使用三层交换机；广域网应使用路由器，VPN 线路可使用防火墙或 VPN 专用设备；核心设备应具有热备份或冷备份机制，保证其可用性。

3. 汇聚层。有线汇聚：局域网应使用三层交换机；广域网应使用路由器，VPN 线路可使用防火墙或 VPN 专用设备；无线汇聚应使用无线控制器。

4. 接入层。外连：网间互联应使用路由器；VPN 连接可使用防火墙或专用 VPN 设备作为接入网关；以太网协议接入可只用防火墙作为接入网关；可直连核心层，与核心层连接应经必要的安全手段进行处理；与汇聚层连接应经必要的安全手段进行处理。内连：有线终端接入应使用二层交换机；无线终端接入应使用无线 AP；使用 802.1q 的 trunk 方式上联至汇聚层；应上连汇聚层，核心层与汇聚层合一时，应在核心层设备中划出单独区域作为接入汇聚区；服务器虚拟机可使用虚拟交换机接入组网。

（五）整体建设服务器

服务器选型应保证充分满足各类应用；性能指标应有较大冗余；应具有高可靠性、可用性、易维护性，支持虚拟化技术，保证系统高可靠、可管理、易操作。应有良好的售后服务及技术支持。所选产品应遵循国际通用标准和行业规范；操作系统安全级别 ≥ C2。

（六）整体建设存储设备

根据需求选用存储设备。应选择专用存储备份系统和专用备份服务器，制订相应存储备份方案和恢复方案。

（七）综合布线

应充分考虑信息点数量和分布，统筹规划综合布线系统。信息点分布和数量应满足未来 5~10 年的应用需求。

（八）整体建设 IP 地址规划

1. 原则。统一规划网络地址，中央、地方分级管理，支持网络互联；IP 地址分配应具有层次性、连续性，提高利用率，减少路由表项。

2. 方式。用户地址和互联共享地址构成网络地址。内部网络使用用户地址，网间互通使用互联共享地址。用户地址：内部网络设备地址和接入内网所用地址，包括个人主机地址、部门网络设备地址、应用服务器地址等，该地址为网络内部地址专用，不用于网间互联。互联共享地址：包括链路地址（网络设备间的点对点互联地址）和设备管理地址，互联共享地址分配到用户接入设备上连（网络侧）端口。

（九）整体建设域名管理

1. 统一规划林业信息网络域名，中央、地方分级管理。

2. 林业信息网络域名应具有层次性，无二意性。

（十）整体建设局域网

1. 使用以太网协议。

2. 网络骨干带宽。国家级和省级 ≥ 10Gbps，具备平滑升级至 40G/100G 的能力；地市级和县级 ≥ 10Gbps；至桌面传输速率 ≥ 100Mbps，具备平滑升级至 1G 的能力；核心设备接口速率 ≥ 1Gbps，其他网络设备接口速率 ≥ 100Mbps。

（十一）整体建设网络管理软件平台

1. 拓扑管理。应准确提供网络三层、二层连接视图，反映网络实际物理连接和网络拓扑结构；连接应精确到物理端口；应针对不同用户，定制拓扑查看权限。

2. 性能管理。监测网络性能，监控网络运行，判断运行质量、效率、流量、流向、连通率等，分析网络服务趋势和方式；性能报告应提供实时和历史数据，可实时查看每性能当前状态和服务水平，查看性能曲线，报告应包括小时、三小时、天、周、月报表。性能报表应按照配置文件的要求分发到相应 Web 站点。不同地点的报表可定点汇集，集中完整反映服务的性能状况。

3. 故障管理。网络应全面监控，集合网络全部告警/故障事件，统一分析、处理，录入文档备案；实现告警/故障事件信息实时交换，集中进行事件信息相关性分析。

4. 综合视图呈现。网络管理系统应具备综合视图呈现功能，应具备以下特点：表现直观；界面统一集成，实现不同功能间互操作；分权，定义不同的管理界面，分布式统一管理各网络设备。

（十二）整体建设典型业务

应提供服务于业务实际的相关系统和内容。

（十三）整体建设前瞻性

所用网络设备应（或通过软件版本升级）支持 IPv6 及 IPv4 双协议栈。

二、林业信息系统安全评估准则

《林业信息系统安全评估准则》于 2013 年发布，标准编号为 LY/T

2170—2013，包括林业行业信息系统安全等级保护和第一级、第二级、第三级、第四级基本要求及应对措施等。主要内容摘录如下。

（一）林业行业信息系统安全保护等级

林业行业信息系统根据其在国家安全、经济建设、社会生活中的重要程度，遭到破坏后对国家安全、社会秩序、林业市场稳定、公共利益以及投资者、法人和其他组织的合法权益的危害程度，由低到高划分为五个等级，等级划分定义见 GB/T 22240。

（二）不同等级的安全保护能力

不同等级的信息系统应具备的基本安全保护能力如下。第一级安全保护能力：应能够防护系统免受来自个人的、拥有很少资源的威胁源发起的恶意攻击、一般的自然灾难，以及其他相当危害程度的威胁所造成的关键资源损害，在系统遭到损害后，能够恢复部分功能。第二级安全保护能力：应能够防护系统免受来自外部小型组织的、拥有少量资源的威胁源发起的恶意攻击、一般的自然灾难，以及其他相当危害程度的威胁所造成的重要资源损害，能够发现重要的安全漏洞和安全事件，在系统遭到损害后，能够在一段时间内恢复部分功能。第三级安全保护能力：应能够在统一安全策略下防护系统免受来自外部有组织的团体、拥有较为丰富资源的威胁源发起的恶意攻击、较为严重的自然灾难，以及其他相当危害程度的威胁所造成的主要资源损害，能够发现安全漏洞和安全事件，在系统遭到损害后，能够较快恢复绝大部分功能。第四级安全保护能力：应能够在统一安全策略下防护系统免受来自国家级别的、敌对组织的、拥有丰富资源的威胁源发起的恶意攻击、严重的自然灾难，以及其他相当危害程度的威胁所造成的资源损害，能够发现安全漏洞和安全事件，在系统遭到损害后，能够迅速恢复所有功能。

（三）基本安全要求

林业行业信息系统安全等级保护应依据信息系统的安全保护等级

情况保证它们具有相应等级的基本安全保护能力，不同安全保护等级的林业行业信息系统要求具有不同的安全保护能力。基本安全要求是针对不同安全保护等级信息系统应该具有的基本安全保护能力提出的安全要求，根据实现方式的不同，基本安全要求分为基本技术要求和基本管理要求两大类。技术类安全要求与信息系统提供的技术安全机制有关，主要通过在信息系统中部署软硬件并正确地配置其安全功能来实现；管理类安全要求与信息系统中各种角色参与的活动有关，主要通过控制各种角色的活动，从政策、制度、规范、流程以及记录等方面做出规定来实现。基本技术要求从物理安全、网络安全、主机安全、应用安全和数据安全几个层面提出；基本管理要求从安全管理制度、安全管理机构、人员安全管理、系统建设管理和系统运维管理几个方面提出，基本技术要求和基本管理要求是确保信息系统安全不可分割的两个部分。基本安全要求从各个层面或方面提出了系统的每个组件应该满足的安全要求，信息系统具有的整体安全保护能力通过不同组件实现基本安全要求来保证。除了保证系统的每个组件满足基本安全要求外，还要考虑组件之间的相互关系，来保证信息系统的整体安全保护能力。对于涉及国家秘密的信息系统，应按照国家保密工作部门的相关规定和标准进行保护。对于涉及密码的使用和管理，应按照国家密码管理的相关规定和标准实施。

（四）基本技术要求的三种类型

根据保护侧重点的不同，技术类安全要求进一步细分为：保护数据在存储、传输、处理过程中不被泄漏、破坏和免受未授权的修改的信息安全类要求（简记为 S）；保护系统连续正常的运行，免受对系统的未授权修改、破坏而导致系统不可用的服务保证类要求（简记为 A）；通用安全保护类要求（简记为 G）。本标准中对基本安全要求使用了标记，其中的字母表示安全要求的类型，数字表示适用的安全保护等级。

第六节　管理标准

已发布的管理标准有国家林业局关于推荐使用林业信息化相关标准规范的通知、林业资源调查监测公共因子分类补充规定、全国林业省级单位机房建设管理规范。

一、国家林业局关于推荐使用林业信息化相关标准规范的通知

国家林业局关于推荐使用林业信息化相关标准规范的通知于2009年发布，包括推荐使用的林业信息化相关标准目录、参考使用的林业信息化相关标准目录、林业信息化要遵循的标准编写规则和标准化法律法规目录等。主要内容摘录如下（表4-26至表4-28）。

表4-26　推荐使用的林业信息化相关标准目录

序号	标准类型	标准名称	编号	备注
1	国家标准	电子政务数据元　第1部分:设计和管理规范	GB/T 19488.1—2004	代替 GB/T 15660—1995
2		电子政务数据元　第2部分:公共数据元目录	GB/T 19488.2—2008	
3		电子政务系统总体设计要求	GB/T 21064—2007	
4		电子政务业务流程设计方法通用规范	GB/T 19487—2004	
5		电子政务主题词表编制规则	GB/T 19486—2004	
6		国家电子政务网络技术和运行管理规范	GB/T 21061—2007	
7		XML 在电子政务中的应用指南	GB/Z 19669—2005	
8		信息技术　词汇　第1部分:基本术语	GB/T 5271.1—2000	

（续）

序号	标准类型	标准名称	编号	备注
9	国家标准	信息技术 词汇 第 3 部分：设备技术	GB/T 5271.3—2008	
10		信息技术 词汇 第 4 部分：数据的组织	GB/T 5271.4—2000	
11		信息技术 词汇 第 6 部分：数据的准备与处理	GB/T 5271.6—2000	
12		信息技术 词汇 第 7 部分：计算机编程	GB/T 5271.7—2008	
13		信息技术 词汇 第 8 部分：安全	GB/T 5271.8—2001	
14		信息技术 词汇 第 12 部分：外围设备	GB/T 5271.12—2000	
15		信息技术 词汇 第 13 部分：计算机图形	GB/T 5271.13—2008	
16		信息技术 词汇 第 14 部分：可靠性、可维护性与可用性	GB/T 5271.14—2008	
17		信息技术 词汇 第 16 部分：信息论	GB/T 5271.16—2008	
18		信息技术 词汇 第 20 部分：系统开发	GB/T 5271.20—1994	
19		信息技术 词汇 第 25 部分：局域网	GB/T 5271.25—2000	
20		信息技术 词汇 第 27 部分：办公自动化	GB/T 5271.27—2001	
21		信息技术 代码值交换的通用结构 第 1 部分：编码方案的标识	GB/T 18139.1—2000	
22		信息技术 代码值交换的通用结构 第 2 部分：编码方案的登记	GB/T 18139.2—2000	
23		信息技术 开放系统互连 公共管理信息协议 第 1 部分：规范	GB/T 16645.1—2008	
24		信息技术 开放系统互连 公共管理信息协议 第 2 部分：协议实现一致性声明形式表	GB/T 16645.2—2000	
25		信息技术 开放系统互连 基本参考模型 第 3 部分：命名与编址	GB/T 9387.3—2008	
26		信息技术 开放系统互连 开放系统安全框架 第 1 部分：概述	GB/T 18794.1—2002	

（续）

序号	标准类型	标准名称	编号	备注
27	国家标准	信息技术 开放系统互连 开放系统安全框架 第4部分:抗抵赖框架	GB/T 18794.4—2003	
28		信息技术 开放系统互连 开放系统安全框架 第5部分:机密性框架	GB/T 18794.5—2003	
29		信息技术 开放系统互连 开放系统安全框架 第6部分:完整性框架	GB/T 18794.6—2003	
30		信息技术 开放系统互连 开放系统安全框架 第7部分:安全审计和报警框架	GB/T 18794.7—2003	
31		信息技术 开放系统互连 联系控制服务元素的无连接协议 第1部分:协议规范	GB/T 17545.1—1998	
32		信息技术 开放系统互连 联系控制服务元素的无连接协议 第2部分:协议实现一致性声明形式表	GB/T 17545.2—2000	
33		信息技术 开放系统互连 目录 第1部分:概念、模型和服务的概述	GB/T 16264.1—2008	
34		信息技术 开放系统互连 目录 第2部分:模型	GB/T 16264.2—2008	
35		信息技术 开放系统互连 目录 第8部分:公钥和属性证书框架	GB/T 16264.8—2005	
36		信息技术 开放系统互连 局域网媒体访问控制(MAC)服务定义	GB/T 16646—1996	
37		信息技术 开放系统互连 命名与编址指导	GB/T 17976—2000	
38		信息技术 开放系统互连 网络层安全协议	GB/T 17963—2000	
39		信息技术 开放系统互连 一致性测试方法和框架 第1部分:基本概念	GB/T 17178.1—1997	
40		信息技术 开放系统互连 应用层结构	GB/T 17176—1997	

（续）

序号	标准类型	标准名称	编号	备注
41		信息技术 开放系统互连 远程数据库访问 第1部分:类属模型、服务与协议	GB/T 17533.1—1998	
42		信息技术 开放系统互连 远程数据库访问 第2部分:SQL专门化	GB/T 17533.2—1998	
43		信息技术 开放系统中文界面规范	GB/T 16681—2003	
44		信息技术 软件包 质量要求和测试	GB/T 17544—1998	
45		信息技术 软件测量 功能规模测量 第1部分:概念定义	GB/T 18491.1—2001	
46		信息技术 软件工程 CASE工具的采用指南	GB/Z 18914—2002	
47	国家标准	信息技术 软件工程术语	GB/T 11457—2006	
48		信息技术 软件生存周期过程	GB/T 8566—2007	
49		信息技术 软件生存周期过程 风险管理	GB/T 20918—2007	
50		信息技术 软件生存周期过程 配置管理	GB/T 20158—2006	
51		信息技术 软件生存周期过程指南	GB/Z 18493—2001	
52		信息技术 软件维护	GB/T 20157—2006	
53		信息技术 实现元数据注册系统（MDR）内容一致性的规程 第1部分:数据元	GB/T 23824.1—2009	
54		信息技术 实现元数据注册系统（MDR）内容一致性的规程 第3部分:值域	GB/T 23824.3—2009	
55		信息技术 数据库语言SQL 第1部分:框架	GB/T 12991.1—2008	
56		信息技术 数据元的规范与标准化 第1部分:数据元的规范与标准化框架	GB/T 18391.1—2001	
57		信息技术 数据元的规范与标准化 第2部分:数据元的分类	GB/T 18391.2—2003	

（续）

序号	标准类型	标准名称	编号	备注
58		信息技术 数据元的规范与标准化 第3部分:数据元的基本属性	GB/T 18391.3—2001	
59		信息技术 数据元的规范与标准化 第4部分:数据定义的编写规则与指南	GB/T 18391.4—2001	
60		信息技术 数据元的规范与标准化 第5部分:数据元的命名和标识原则	GB/T 18391.5—2001	
61		信息技术 数据元的规范与标准化 第6部分:数据元的注册	GB/T 18391.6—2001	
62	国家标准	信息技术 信息技术安全管理指南 第1部分:信息技术安全概念和模型	GB/T 19715.1—2005	
63		信息技术 信息技术安全管理指南 第2部分:管理和规划信息技术安全	GB/T 19715.2—2005	
64		信息技术 安全技术 信息安全管理实用规则	GB/T 22081—2008	
65		信息技术 安全技术 信息安全管理体系 要求	GB/T 22080—2008	
66		信息技术 安全技术 信息安全事件管理指南	GB/Z 20985—2007	
67		信息技术 安全技术 信息技术安全性评估准则 第1部分:简介和一般模型	GB/T 18336.1—2008	
68		信息技术 安全技术 信息技术安全性评估准则 第2部分:安全功能要求	GB/T 18336.2—2008	
69		信息技术 安全技术 信息技术安全性评估准则 第3部分:安全保证要求	GB/T 18336.3—2008	
70		信息安全技术 服务器安全技术要求	GB/T 21028—2007	
71		信息安全技术 数据库管理系统安全技术要求	GB/T 20273—2006	
72		信息安全技术 数据库管理系统安全评估准则	GB/T 20009—2005	

（续）

序号	标准类型	标准名称	编号	备注
73	国家标准	信息安全技术 信息系统安全等级保护定级指南	GB/T 22240—2008	
74		信息安全技术 信息系统安全等级保护基本要求	GB/T 22239—2008	
75		信息安全技术 信息系统物理安全技术要求	GB/T 21052—2007	
76		信息安全技术 包过滤防火墙评估准则	GB/T 20010—2005	
77		信息安全技术 路由器安全评估准则	GB/T 20011—2005	
78		信息化工程监理规范 第1部分:总则	GB/T 19668.1—2005	
79		信息化工程监理规范 第3部分:电子设备机房系统工程监理规范	GB/T 19668.3—2007	
80		信息化工程监理规范 第4部分:计算机网络系统工程监理规范	GB/T 19668.4—2007	
81		信息化工程监理规范 第5部分:软件工程监理规范	GB/T 19668.5—2007	
82		信息化工程监理规范 第6部分:信息化工程安全监理规范	GB/T 19668.6—2007	
83		信息技术 服务质量:框架	GB/T 18903—2002	
84		信息技术 可扩展置标语言(XML)1.0	GB/T 18793—2002	
85		信息技术 可移植操作系统界面 第1部分:系统应用程序界面(POSIX.1)	GB/T 14246.1—1993	
86		信息技术 数据管理参考模型	GB/Z 18219—2008	
87		信息技术 数据元素值格式记法	GB 18142—2000	
88		信息技术 文本与办公系统 文件归档和检索(DFR) 第2部分:协议规范	GB/T 16973.2—1997	
89		信息技术 文件描述和处理语言 超文本置标语(HTML)	GB/T 18792—2002	
90		1:25000、1:50000、1:100000 地形图航空摄影测量内业规范	GB/T 12340—2008	代替 GB 12340—1990

（续）

序号	标准类型	标准名称	编号	备注
91		1：25000、1：50000、1：100000 地形图航空摄影测量外业规范	GB/T 12341—2008	代替 GB 12341—1990
92		1：25000、1：50000、1：100000 地形图航空摄影测量数字化测图规范	GB/T 17157—1997	
93		1：500、1：1000、1：2000 地形图航空摄影测量数字化测图规范	GB/T 15967—2008	代替 GB 15967—1995
94		1：500、1：1000、1：2000 外业数字测图技术规程	GB/T 14912—2005	代替 GB 14912—1994
95	国家标准	1：500、1：1000、1：2000 地形图数字化规范	GB/T 17160—2008	
96		1：5000、1：10000 地形图航空摄影测量内业规范	GB/T 13990—1992	
97		1：5000、1：10000 地形图航空摄影测量外业规范	GB/T 13977—1992	
98		国家基本比例尺地图图式 第1部分：1：500、1：1000、1：2000 地形图图式	GB/T 20257.1—2007	代替 GB/T 7929—1995
99		国家基本比例尺地图图式 第2部分：1：5000、1：10000 地形图图式	GB/T 20257.2—2006	代替 GB/T 5791—1993
100		国家基本比例尺地图图式 第3部分：1：25000、1：50000、1：100000 地形图图式	GB/T 20257.3—2006	代替 GB 12342—1990
101		国家基本比例尺地图分幅和编号	GB/T 13989—1992	
102		全球定位系统（GPS）测量规范	GB/T 18314—2009	代替 GB/T 18314—2001
103		测绘基本术语	GB/T 14911—2008	代替 GB/T 14911—1994
104		遥感影像平面图制作规范	GB/T 15968—2008	代替 GB 15968—1995
105		专题地图信息分类与代码	GB/T 18317—2009	代替 GB/T 18317—2001

（续）

序号	标准类型	标准名称	编号	备注
106	国家标准	地理点位置的纬度、经度和高程的标准表示法	GB/T 16831—1997	
107		地理格网	GB 12409—1990	
108		地理空间数据交换格式	GB/T 17798—2007	代替 GB/T 17798—1999
109		地理信息 核心空间模式	GB/T 23706—2009	
110		地理信息 空间模式	GB/T 23707—2009	
111		地理信息 时间模式	GB/T 22022—2008	
112		地理信息 一致性与测试	GB/T 19333.5—2003	
113		地理信息 元数据	GB/T 19710—2005	
114		地理信息 术语	GB/T 17694—2009	
115		地图学术语	GB/T 16820—1997	
116		基础地理信息标准数据基本规定	GB 21139—2007	
117		基础地理信息城市数据库建设规范	GB/T 21740—2008	
118		基础地理信息要素分类与代码	GB/T 13923—2006	代替 GB/T 15660—1995
119		基础地理信息要素数据字典 第1部分:1:500、1:1000、1:2000 基础地理信息要素数据字典	GB/T 20258.1—2007	
120		基础地理信息要素数据字典 第2部分:1:5000、1:10000 基础地理信息要素数据字典	GB/T 20258.2—2006	
121		基础地理信息要素数据字典 第3部分:1:25000、1:50000、1:100000 基础地理信息要素数据字典	GB/T 20258.3—2006	
122		基础地理信息要素数据字典 第4部分:1:250000、1:500000、1:1 000000 基础地理信息要素数据字典	GB/T 20258.4—2007	
123		城市地理信息系统设计规范	GB/T 18578—2001	

（续）

序号	标准类型	标准名称	编号	备注
124	国家标准	城市地理要素——城市道路、道路交叉口、街坊、市政工程管线编码结构规则	GB/T 14395—1993	
125		地形数据库与地名数据库接口技术规程	GB/T 17797—1999	
126		中国植物分类与代码	GB/T 14467—1993	
127		县级以下行政区划代码编制规则	GB/T 10114—2003	
128		中华人民共和国行政区划代码	GB/T 2260—2007	代替 GB/T 2260—2002
129		世界各国和地区名称代码	GB/T 2659—1994	
130		中国土壤分类与代码	GB/T 17296—2009	代替 GB/T 17296—2000
131		企业标准体系 技术标准体系	GB/T 15497—2003	
132		出版物上数字用法的规定	GB/T 15835—1995	
133		标点符号用法	GB/T 15834—1995	
134	行业标准	1:5000、1:10000 地形图航空摄影测量数字化测图规范	CH/T 1006—2000	
135		测绘产品检查验收规定	CH 1002—1995	
136		测绘产品质量评定标准	CH 1003—1995	
137		测绘作业人员安全规范	CH 1016—2008	
138		地图符号库建立的基本规定	CH/T 4015—2001	
139		基础地理信息数据档案管理与保护规范	CH/T 1014—2006	
140		基础地理信息数字产品 数据文件命名规则	CH/T 1005—2000	
141		基础地理信息数字产品 数字影像地形图	CH/T 1013—2005	
142		基础地理信息数字产品 土地覆盖图	CH/T 1012—2005	
143		基础地理信息数字产品 1:10000、1:50000 生产技术规程 第 1 部分:数字线划图(DLG)	CH/T 1015.1—2007	

（续）

序号	标准类型	标准名称	编号	备注
144	行业标准	基础地理信息数字产品 1:10000、1:50000 生产技术规程 第2部分:数字高程模型(DEM)	CH/T 1015.2—2007	
145		基础地理信息数字产品 1:10000、1:50000 生产技术规程 第3部分:数字正射影像图(DOM)	CH/T 1015.3—2007	
146		基础地理信息数字产品 1:10000、1:50000 生产技术规程 第4部分:数字栅格底图(DRG)	CH/T 1015.4—2007	
147		基础地理信息数字产品 1:10000、1:50000 数字线划图	CH/T 1011—2005	
148		基础地理信息数字产品 1:10000、1:50000 数字高程模型	CH/T 1008—2001	
149		基础地理信息数字产品 1:10000、1:50000 数字栅格地图	CH/T 1010—2001	
150		基础地理信息数字产品 1:10000、1:50000 数字正射影像图	CH/T 1009—2001	
151		基础地理信息数字产品元数据	CH/T 1007—2001	
152		坐标格网尺	CH 8003—1991	

表 4-27　参考使用的林业信息化相关标准目录

序号	标准类型	标准名称	编号	备注
1	国际标准	信息技术 词汇 第1部分:基本术语	ISO/IEC 2382-1—1993	
2		信息技术 词汇 第4部分:数据的组织	ISO/IEC 2382-4—1999	
3		信息技术 词汇 第5部分:数据的表示法	ISO/IEC 2382-5—1999	
4		信息技术 词汇 第7部分:计算机程序	ISO/IEC 2382-7—1989	
5		信息技术 词汇 第8部分:安全性	ISO/IEC 2382-8—1998	
6		信息技术 词汇 第9部分:数据通信	ISO/IEC 2382-9—1995	

（续）

序号	标准类型	标准名称	编号	备注
7	国际标准	信息技术 词汇 第14部分:可靠性、可维护性和可使用性	ISO/IEC 2382-14—1997	
8		信息技术 词汇 第15部分:程序设计语言	ISO/IEC 2382-15—1999	
9		信息技术 词汇 第17部分:数据库	ISO/IEC 2382-17—1999	
10		信息技术 词汇 第20部分:系统开发	ISO/IEC 2382-20—1990	
11		信息技术 词汇 第23部分:文本处理	ISO/IEC 2382-23—1994	
12		信息技术 词汇 第24部分:计算机集成制造	ISO/IEC 2382-24—1995	
13		信息技术 词汇 第25部分:局域网	ISO/IEC 2382-25—1992	
14		信息技术 词汇 第26部分:开放系统互连	ISO/IEC 2382-25—1993	
15		信息技术 词汇 第27部分:办公室自动化	ISO/IEC 2382-27—1994	
16		信息技术 词汇 第31部分:人工智能.机器学习	ISO/IEC 2382-31—1997	
17		信息技术 词汇 第32部分:电子邮件	ISO/IEC 2382-32—1999	
18		信息技术 词汇 第34部分:人工智能.神经网络	ISO/IEC 2382-34—1999	
19		信息技术 数据元记录器 第1部分:框架	ISO/IEC 11179-1—2004	
20		信息技术 数据元记录 第4部分:数据定义表述	ISO/IEC 11179-4—2004	
21		信息技术 数据元记录器 第6部分:注册	ISO/IEC 11179-6—2005	
22		信息技术 实现元数据注册(MDR)内容一致性的规程 第1部分:数据元素	ISO/IEC TR 20943-1—2003	
23		信息技术 实现元数据注册(MDR)内容一致性的规程 第3部分:值域	ISO/IEC TR 20943-3—2004	

（续）

序号	标准类型	标准名称	编号	备注
24	国际标准	信息技术 数据元的规范和标准化 第1部分:数据元规范和标准化的框架	ISO/IEC 11179-1—2004	
25		信息技术 数据元的规范和标准化 第2部分:数据元的分类法	ISO/IEC 11179-2—2005	
26		信息技术 数据元的规范和标准化 第3部分:数据元的基本属性	ISO/IEC 11179-3—2003	
27		信息技术 数据元的规范和标准化 第5部分:数据元的命名和识别原理	ISO/IEC 11179-5—2005	
28		信息技术 文本和办公系统 文件归档和检索 第1部分:抽象服务定义和规程	ISO/IEC 10166-1—1991	
29		信息技术 文本和办公系统 文件归档和检索 第2部分:协议规范	ISO/IEC 10166-2—1991	
30		信息技术 文本和办公系统 文献打印应用(DPA) 第3部分:管理抽象服务定义和程序	ISO/IEC 10175-3—2000	
31		信息技术 安全技术 信息安全管理实用规则	ISO/IEC 27002—2005	
32		信息技术 安全技术 信息安全管理体系要求	ISO/IEC 27001—2005	
33		信息技术 数据管理参考模型	ISO/IEC TR 10032—2003	
34		信息技术 数据交换用数据元的组织和表示导则 编码方法和原则	ISO/IEC TR 9789—1994	
35		信息技术 数据元素值格式记法	ISO/IEC 14957—1996	
36		地理信息 数据质量测量	ISO/TS 19138—2006	
37		地理信息 专用标准	ISO 19106—2004	
38		地理信息 坐标空间基准	ISO 19111—2007	
39	国家标准	政务信息资源交换体系 第1部分:总体框架	GB/T 21062.1—2007	
40		政务信息资源交换体系 第2部分:技术要求	GB/T 21062.2—2007	

（续）

序号	标准类型	标准名称	编号	备注
41	国家标准	政务信息资源交换体系 第3部分：数据接口规范	GB/T 21062.3—2007	
42		政务信息资源交换体系 第4部分：技术管理要求	GB/T 21062.4—2007	
43		政务信息资源目录体系 第1部分：总体框架	GB/T 21063.1—2007	
44		政务信息资源目录体系 第2部分：技术要求	GB/T 21063.2—2007	
45		政务信息资源目录体系 第3部分：核心元数据	GB/T 21063.3—2007	
46		政务信息资源目录体系 第4部分：政务信息资源分类	GB/T 21063.4—2007	
47		政务信息资源目录体系 第6部分：技术管理要求	GB/T 21063.6—2007	
48		基于文件的电子信息的长期保存	GB/Z 23283—2009	
49		自然保护区总体规划技术规程	GB/T 20399—2006	
50		企业标准体系表编制指南	GB/T 13017—2008	
51	行业标准	古树名木代码与条码	LY/T 1664—2005	
52		林地分类	LY/T 1812—2009	
53		森林采伐作业规程	LY/T 1646—2005	
54		森林火灾成因和森林资源损失调查方法	LY/T 1846—2009	
55		森林生态系统定位观测指标体系	LY/T 1606—2003	
56		森林生态系统定位研究站建设技术要求	LY/T 1626—2005	
57		数字林业标准与规范 第1部分：森林资源非空间数据标准	LY/T 1662.1—2008	
58		数字林业标准与规范 第2部分：林业数字矢量基础地理数据标准	LY/T 1662.2—2008	

（续）

序号	标准类型	标准名称	编号	备注
59	行业标准	数字林业标准与规范 第3部分:卫星遥感影像数据标准	LY/T 1662.3—2008	
60		数字林业标准与规范 第4部分:林业社会经济数据标准	LY/T 1662.4—2008	
61		数字林业标准与规范 第5部分:林业政策法规数据标准	LY/T 1662.5—2008	
62		数字林业标准与规范 第6部分:林业文献资料数据标准	LY/T 1662.6—2008	
63		数字林业标准与规范 第7部分:数据库建库标准	LY/T 1662.7—2008	
64		数字林业标准与规范 第8部分:数据库软件规范	LY/T 1662.8—2008	
65		数字林业标准与规范 第9部分:数据库管理规范	LY/T 1662.9—2008	
66		数字林业标准与规范 第10部分:元数据标准	LY/T 1662.10—2008	
67		数字林业标准与规范 第11部分:退耕还林工程数据标准	LY/T 1662.11—2008	
68		退耕还林工程信息管理规程	LY/T 1762—2008	
69		中国森林火灾编码	LY/T 1627—2005	
70		用于森林资源调查的SPOT-5卫星影像处理与应用技术规程	LY/T 1835—2009	
71		卫星遥感图像产品质量控制规范	DZ/T 0143—1994	
72		浅覆盖区区域地质调查细则（1:50000）	DZ/T 0158—1995	
73		地学数字地理底图数据交换格式	DZ/T 0188—1997	
74		互联网公共上网服务场所 信息安全管理系统 数据交换格式	GA 659.1~659.9—2006	

（续）

序号	标准类型	标准名称	编号	备注
75	行业标准	城市警用地理信息数据采集与更新规范	GA/T 627—2006	
76		公安信息化标准管理信息分类与代码	GA/T 760.1～760.12—2008	
77		信息安全技术 应用软件系统安全等级保护通用测试指南	GA/T 712—2007	
78		信息安全技术 防火墙安全技术要求	GA/T 683—2007	
79		信息安全技术 交换机安全技术要求	GA/T 684—2007	
80		信息安全技术 网关安全技术要求	GA/T 681—2007	
81		信息安全技术 虚拟专用网安全技术要求	GA/T 686—2007	
82		公路数据库编目编码规则	JT/T 132—2000	
83		交通统计信息交换格式	JT/T 486—2002	
84		气象数据集核心元数据	QX/T 39—2005	
85		水利工程基础信息代码编制规定	SL213—1998	
86		国土资源信息核心元数据标准	TD/T 1016—2003	
87	地方标准	数字林业 森林资源数据代码	DB35/T 683—2006	福建省林业厅
88		数字林业 森林经营区划代码与用户命名规则	DB35/T 686—2006	
89		数字林业 森林资源矢量数据采集技术规范	DB35/T 685—2006	
90		数字林业 森林资源数据库基本规则	DB35/T 682—2006	
91		数字林业 森林资源基本图图式	DB35/T 684—2006	
92		数字林业 森林资源分类编码 森林资源调查信息分类	DB21/T 1579—2008	辽宁省林业厅
93		数字林业 森林资源分类编码 空间数据代码	DB21/T 1580—2008	
94		数字林业 森林资源分类编码 属性代码	DB21/T 1581—2008	
95		数字林业 森林区划标准	DB21/T 1576—2008	

（续）

序号	标准类型	标准名称	编号	备注
96		数字林业 制图 森林资源制图专用线型和符号	DB21/T 1585—2008	
97		数字林业 森林资源规划设计调查数据采集	DB21/T 1592—2008	
98		数字林业 数据库 分类技术规范	DB21/T 1586—2008	
99		数字林业 数据库 省级系统图层	DB21/T 1587—2008	
100	地方标准	数字林业 数据库 省级图像库建设技术规范	DB21/T 1588—2008	
101		数字林业 数据库 省级矢量图库建设技术规范	DB21/T 1589—2008	
102		数字林业 数据库 森林资源调查数据库结构	DB21/T 1590—2008	
103		数字林业 数据库 森林资源调查数据表结构	DB21/T 1591—2008	
104		数字林业 元数据标准	DB21/T 1593—2008	
105		数字林业 视频监控技术规范	DB21/T 1594—2008	
106		数字林业 制图 分布图	DB21/T 1582—2008	
107		数字林业 制图 分类图	DB21/T 1583—2008	
108		数字林业 制图 基本图	DB21/T 1584—2008	
109		数字林业 建设与管理标准	DB21/T 1574—2008	
110		数字林业 应用系统开发集成规范	DB21/T 1575—2008	
111		数字林业 数据共享与交换	DB21/T 1577—2008	
112		数字林业 信息安全与单点登陆标准	DB21/T 1578—2008	
113		县级森林资源管理信息系统建设规范	DB33/T 641—2007	浙江省林业厅

表4-28　林业信息化要遵循的标准编写规则和标准化法律法规目录

序号	标准类型	标准名称	编号	备注
1	标准编写规则	标准编写规则 第1部分:术语	GB/T 20001.1—2001	
2		标准编写规则 第2部分:符号	GB/T 20001.2—2001	

（续）

序号	标准类型	标准名称	编号	备注
3	标准编写规则	标准编写规则 第3部分:信息分类编码	GB/T 20001.3—2001	代替 GB/T 7026—1986
4		标准化工作导则 第1部分:标准的结构和编写	GB/T 1.1—2009	代替 GB/T 1.1—2000、GB/T 1.2—2002
5		标准化工作指南 第1部分:标准化和相关活动的通用词汇	GB/T 20000.1—2001	
6		标准化工作指南 第2部分:采用国际标准	GB/T 20000.2—2009	代替 GB/T 20000.2—2001
7		标准化工作指南 第3部分:引用文件	GB/T 20000.3—2003	
8		标准化工作指南 第4部分:标准中涉及安全的内容	GB/T 20000.4—2003	
9		标准体系表编制原则和要求	GB/T 13016—2009	代替 GB/T 13016—1991
10		分类与编码通用术语	GB/T 10113—2003	
11		信息分类和编码的基本原则与方法	GB/T 7027—2002	代替 GB/T 7027—1986
12		国家标准制定程序的阶段划分及代码	GB/T 16733—1997	
13		术语学基本词汇	GB/T 15237—1994	
14		文件格式分类与代码编制方法	GB/T 13959—1992	
15		校对符号及其用法	GB/T 14706—1993	
16	标准化法律法规及规章	中华人民共和国标准化法	中华人民共和国主席令第十一号	
17		中华人民共和国标准化法实施条例	中华人民共和国国务院令第53号	
18		国家标准管理办法	国家技术监督局令第10号	
19		行业标准管理办法	国家技术监督局令第11号	

（续）

序号	标准类型	标准名称	编号	备注
20	标准化法律法规及规章	地方标准管理办法	国家技术监督局令第15号	
21		林业标准化管理办法	国家林业局令 第9号	
22		全国专业标准化技术委员会章程	国家技术监督局令第7号	
23		标准档案管理办法	国家技术监督局令第25号	
24		采用国际标准管理办法	国家质量监督检验检疫总局令第10号	
25		标准出版发行管理办法	国家技术监督局令第26号	
26		国家标准化指导性技术文件管理规定	质技监局标发〔1998〕181号	
27		国家标准英文版翻译出版工作管理暂行办法	质技监局标发〔1998〕18号	
28		关于加强强制性标准管理的若干规定	国标委计划〔2002〕15号	
29		关于推进采用国际标准的若干意见	国质检标联〔2002〕209号	
30		关于国家标准制修订计划项目管理的实施意见	国标委计划〔2004〕28号	
31		采用快速程序制修订应急国家标准的规定	国标委计划联〔2004〕35号	
32		关于进一步加强标准版权保护规范标准出版发行工作的意见	国质检标联〔2004〕361号	

二、林业资源调查监测公共因子分类补充规定

林业资源调查监测公共因子分类补充规定于2009年发布，包括林地、湿地类型的划分、地形因子中地貌类型的划分、流域划分、土壤划分等。主要内容摘录如下。

（一）林地、湿地类型的划分

林地、湿地类型的划分执行国家林业局最新公布的《国家森林资源连续清查技术规定》和《全国湿地资源调查技术规程》。

（二）地形因子中地貌类型的划分

地貌类型的划分见表4-29。

表4-29　地貌类型划分表

地貌类型	
极高山	海拔≥5000m的山地
高山	海拔≥3500m且<5000m的山地
中山	海拔≥1000m且<3500m的山地
低山	海拔≥500m且<1000m的山地
丘陵	海拔<500m，相对高差<100m
平原	海拔<500m，相对高差<50m

（三）流域划分

流域类型的划分采用最新的《水利工程基础信息代码编制规定》（SL 213—1998）中有关一级和二级流域（水系）的分类，详见表4-30。

表4-30　流域划分表

一级流域	二级流域
内流区	呼伦贝尔内流区
	乌裕尔河内流区
	准噶尔内流区
	内蒙古内流区
	白城内流区
	霍林河内流区
	扶余内流区
	塔里木内流区
	河西走廊—阿拉善河内流区
	鄂尔多斯内流区
	柴达木内流区
	西藏内流区

（续）

一级流域	二级流域
广西、云南、西藏、新疆诸国际河流	额尔齐斯河水系
	伊犁河、额敏河水系
	澜沧江—湄公河水系
	狮泉河—印度河水系
	怒江—伊洛瓦底江水系
	雅鲁藏布江—布拉马普特拉河水系
	元江—红河水系
黑龙江流域	黑龙江水系
	额尔古纳河水系
	松花江水系
	乌苏里江水系
	绥芬河水系
	图们江水系
辽河流域	辽河干流水系
	大凌河及辽东沿海诸河水系
	鸭绿江水系
	辽东半岛诸河水系
淮河流域	沂沭泗水系
	淮河干流水系
	里下河水系
黄河流域	黄河干流水系
	汾河水系
	山东半岛及沿海诸河水系
	渭河水系
浙、闽、台诸河	浙东、闽东及台湾沿海诸河水系
	瓯江水系
	闽江水系
	钱塘江水系
珠江流域	西江水系
	韩江水系
	北江水系
	东江水系
	珠江三角洲水系
	粤、桂、琼沿海诸河水系

（续）

一级流域	二级流域
长江流域	雅砻江水系
	嘉陵江水系
	汉江水系
	岷江水系
	长江干流水系
	太湖水系
	洞庭湖水系
	乌江水系
	鄱阳湖水系
海河流域	滦河水系
	子牙河水系
	黑龙港及运东地区诸河水系
	徒骇、马颊河水系
	漳卫南运河水系
	潮白、北运、蓟运河水系
	永定河水系
	大清河水系

（四）土壤分类

土壤类型划分采用《中国土壤分类与代码》（GB/T 17296—2009），详见表4-31。

表4-31　土壤类型表

土纲	土类
铁铝土	砖红壤
	赤红壤
	红　壤
	黄　壤
淋溶土	黄棕壤
	黄褐土
	棕　壤
	暗棕壤
	白浆土
	棕色针叶林土
	灰化土

（续）

土纲	土类
半淋溶土	燥红土
	褐　土
	灰褐土
	黑　土
	灰色森林土
半水成土	草甸土
	潮　土
	砂姜黑土
	林灌草甸土
	山地草甸土
高山土	草毡土
	黑毡土
	寒钙土
	冷钙土
	冷棕钙土
	寒漠土
	冷漠土
	寒冻土
干旱土	棕钙土
	灰钙土
钙层土	黑钙土
	栗钙土
	栗褐土
	黑垆土
漠土	灰漠土
	灰棕漠土
	棕漠土
初育土	黄绵土
	红黏土
	新积土
	龟裂土
	风沙土
	石灰（岩）土
	火山灰土
	紫色土

（续）

土纲	土类
初育土	磷质石灰土
	粗骨土
	石质土
盐碱土	草甸盐土
	滨海盐土
	酸性硫酸盐土
	漠境盐土
	寒原盐土
	碱　土
水成土	沼泽土
	泥炭土
人为土	水稻土
	灌淤土
	灌漠土

三、全国林业省级单位机房建设管理规范

《全国林业省级单位机房建设管理规范》于 2011 年发布，包括总则、机房建设、配套系统、机房管理、附则等。主要内容摘录如下。

（一）总则

1. 为提高全国林业系统信息网络的运行效率，确保网络及应用系统安全、稳定运行，按照国家有关信息化规范和林业信息化建设"统一规划、统一标准、统一制式、统一平台、统一管理"的原则，制定本规范。

2. 本规范所称机房是指信息网络数据中心机房及其相关配套系统。

3. 国家林业局信息办（信息中心）负责各省、自治区、直辖市林业厅（局），内蒙古、吉林、龙江、大兴安岭森工（林业）集团公司，新疆生产建设兵团林业局，各计划单列市林业局（以下简称各省级单位）机房建设和管理的指导、检查、督查工作。

4. 各省级单位机房建设和管理工作由该省级信息办或信息中心负责。

5. 各省级单位需建设一个统一完整的省级机房。设有多个机房的省级单位应当加紧整合改造，搭建林业信息化统一基础设施平台。

6. 机房建设应当遵循可扩展性、可管理性、灵活性、安全性、环保节能性的原则。

7. 机房划分为内网区（与互联网物理隔离网络）、外网区（与互联网逻辑隔离网络）和辅助区等。各区域应当相互隔离，内、外网区应当设置独立门禁控制系统。

8. 各省级单位应当根据实际情况考虑建设省级灾难备份中心，或者与国家林业中心机房互为灾备，确保重要数据的安全性及主要业务的连续性。

9. 机房需指定专职机房管理员。管理员应当具备相应的专业技能和管理能力。各区域应当设置独立权限管理。

10. 本规范不包含涉密机房。机房规划时应当预留涉密机房空间，并参照现行国家标准适时建设。

（二）机房建设

1. 机房选址。选址应当遵循以下原则：大型设备的运输线路和电缆等管线敷设线路应当尽量短。远离建筑物外墙结构柱子，以减少雷击造成的电磁感应侵害。机房应当避免设在建筑物高层或者地下室，以及用水设备的下层或者隔壁，新建机房或者老楼改造均需对机房所在楼层承荷进行加固设计，地板负载标准值应当在 $800 \sim 900 \mathrm{kg/m^2}$；选址应当考虑机房专用空调室外机的安装位置。

2. 机房组成。机房由内网区、外网区和辅助区等组成。内、外网区：放置服务器、网络设备、网络配线架（机柜）等。辅助区一般包括 UPS 电源间、消防设施控制间、监控室、模拟演示大厅、机房管理员办公室和值班室。辅助房间可根据实际情况适当合并。机房管理员办公室必须与内、外网区分离。

3. 建筑要求。应当根据当地中长期信息化发展需求计算机房面积，且机房内、外网区总面积应当符合有关标准，即 A 级机房为 80 m² 以上、AA 级机房为 150 m² 以上、AAA 级机房为 300 m² 以上，净高不宜小于 2.6m。辅助区总面积为内、外网区总面积的 0.5 ~ 1 倍。机房主体结构应当具有耐久、抗震、防火、防止不均匀沉陷等性能。

4. 机房布置。机房中设备布置、间距等应当考虑人员安全、设备运输、检修、通风散热等，并根据具体情况进行设计。

5. 机房装修。机房内部装修应当注意以下几点：

（1）机房耐火等级不低于二级。顶棚、壁板、隔断（包括壁板和隔断的夹芯材料）应当采用不燃烧体。如采用大面积玻璃隔段、门等，应当采用防火玻璃并设置标识。

（2）高分子绝缘材料未经表面改性处理时，不得用于机房的表面装饰工程。

（3）机房应当铺设活动地板，高度宜为 200 ~ 350mm。活动地板下的地面和四壁装饰应当选用不起尘、不易积灰、易于清洁的饰面材料，如安装下气流空调，则活动地板架空 400mm。

（4）机房内安装用水设备时，应当采取有效地防止给排水漫溢和渗漏的措施，并配置漏水报警装置。

（三）配套系统

1. 供电系统。机房主要设备供电要求如下：

（1）机房应当由不间断电源系统供电并留有余量，其他电力负荷不得由计算机主机电源和不间断电源系统供电。

（2）机房低压配电系统应采用频率 50Hz、电压 220/380V TN – S 或者 TN – C – S 系统。

（3）机房电源应当采用地下电缆进线，当不得不采用架空进线时，在低压架空电源进线处或者专用电力变压器低压配电母线处，应当装

设低压避雷器。

（4）当城市电网电源质量不能满足计算机供电要求时，应当根据具体情况采用相应的电源改善措施和隔离防护措施。

2. 接地与防雷系统。机房接地、防雷应当至少满足下列要求：

（1）等电位联结是静电防护的必要措施，是接地构造的重要环节，对于机房环境的静电净化和人员设备的防护至关重要，在机房内不应当存在对地绝缘的孤立导体。

（2）机房外部防雷主要由建筑物自身防雷系统承担，室外直接接入机房金属线缆必须做防浪涌处理，弱电线缆不裸露在外部环境。

（3）弱电桥架使用扁铜软线带跨接，进行可靠接地，电源系统至少采取二极防浪涌处理，重要负载末端采取防浪涌处理。

3. 空调系统。内、外网区需设置独立、专用机房空调，并满足机房温、湿度为：夏季温度23 ℃ ±2 ℃、冬季温度20 ℃ ±2℃、全年相对湿度45% ~65%，且温度变化率＜5℃/h并不得结露。满足上述要求时空调负荷应当留有15% ~20%余量。

4. 照明系统。机房照明宜分区设置开关。技术夹层内（吊顶内和活动地板下）应当设照明，采用单独支路或者专用配电箱（盘）供电。机房应当配置备用照明、通道疏散照明及疏散指示标志灯。

5. 消防报警系统。机房应当严格按照下列要求安装报警系统：

（1）设备房间应当采用感烟和感温探测器组合，感烟探测器应当使用吸气式烟雾探测火灾报警系统。

（2）消防措施应当同时保证人员和设备的安全，避免灭火系统误动作造成损失。

（3）对于含有可燃物的技术夹层，也应当同时设置两种火灾探测器。

（4）机房设备房间应当设置气体灭火系统，火灾报警系统应当与灭火系统联动。凡设置气体灭火系统的机房区域，必须配置专用空气

228

呼吸器或者氧气呼吸器。

6. 安防系统。机房安保由实时监视摄像系统和其他安全设施组成，全方位监控机房总体运行状况。机房门禁系统应当能接受相关系统的联动控制自动释放电子锁。

7. 综合布线系统。信息业务的传输介质应当采用光缆或者五类及以上等级的对绞电缆。当机柜或者机架成行排列或者按功能区域划分时，宜在主配线架和机柜或者机架之间设置配线列头柜。

8. 噪声、电磁干扰及静电系统。内、外网区的噪声在系统停机状态下，噪声不应大于68dB（A）。机房电磁场干扰环境场强不应当大于800A/M。机房内的导体必须与大地做可靠的连接，不得有对地绝缘的孤立导体。

（四）机房管理

1. 人员出入。外单位人员进入机房，应当向单位信息化主管部门提出申请。整个过程应当有信息化主管部门工作人员全程陪同，外单位人员不得进行与申请内容无关的事情。严禁携带易燃易爆等危险品进入机房。机房内严禁吸烟，严禁带入各类液体和使用带强磁场、微波辐射等设备及与机房工作无关的电器。

2. 设备出入。各类设备出入机房必须填写书面申请，经主管领导同意，在相关人员监督下进行并做好登记，由专人归档、保存，同时必须保证相应设备的安全和运行正常。

3. 监控管理。机房监控系统为24小时实时监控，严禁擅自关闭监控系统和录像功能。严禁在未经允许的情况下，改动监控位置和系统设置。如发生异常情况应当立即上报相关部门。

4. 事故管理。发生火灾、失窃及其他事故时，机房工作人员须立即报告有关领导及有关部门并迅速采取妥善措施，注意保护现场。

5. 保密管理。服务器、网络设备、用户资料、系统资料、相关操作程序和密码实行专人管理，同时承担保密责任。

6. 管理员职责。机房管理人员有权对任何危害机房及其设备安全的行为进行制止和处理。机房管理员或者技术值班人员应当定期对机房内设备及线路进行检查和维护。保持中心机房（包括供电房）及其设备的正常运行和清洁卫生。应当熟练掌握防停电、防火、防盗、防静电、防雷击等基本应急程序。

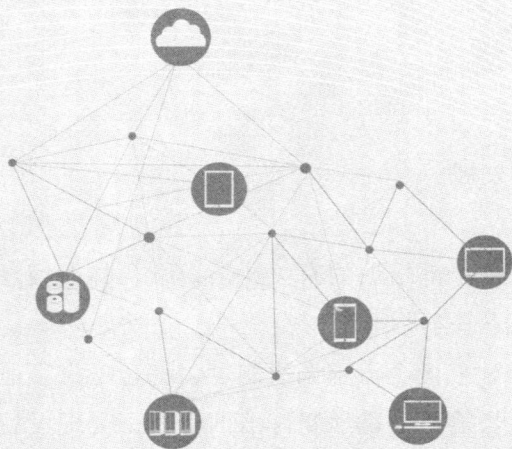

第五章
技术培训

第一节 培训规划

为进一步加强全国林业信息化培训工作，不断提高林业系统广大干部职工的信息化工作水平和能力，根据《国家中长期人才发展规划纲要（2010—2020 年）》、《2013—2017 年全国干部教育培训规划》、《中共中央国务院关于进一步加强人才工作的决定》和《国家林业局干部培训管理办法》等的有关要求，结合林业信息化工作实际，国家林业局于 2015 年 9 月 10 日，制定印发了《"十三五"林业信息化培训方案》。

一、基本思路

（一）指导思想

认真贯彻落实党的十八大精神，积极实施"科教兴林和人才强林"战略，加强林业行业各级各类人员信息化培训，充分发挥信息化的支撑保障作用，为推进林业治理体系和治理能力现代化、加快生态文明和美丽中国建设，培养一支层次合理、结构科学、素质优良的干部队伍，促进人与林业事业的共同发展。

（二）基本原则

按照中央和国家林业局关于干部培训的有关要求，结合林业信息化工作实际，培训工作遵循以下基本原则：

1. 需求主导、强化重点。建立健全需求调研制度，综合考虑事业发展、干部履职尽责和自身成长需要，科学制订培训计划，合理设置培训课程，有针对性地开展培训，激发各级各类人员参加学习培训的内在动力，增强培训的实际效果。

2. 分级负责、分类培训。国家林业局和省级林业主管部门分别负责开展全国性和地方性林业信息化培训，按照岗位职责，划分培训对象类别，确定培训重点、方向和方法，实施全覆盖、多形式、高质量的培训，从不同角度、不同层面提高林业行业工作人员的信息化素质、水平和能力。

3. 注重质量、突出实效。以提高林业行业工作人员的业务素质和工作能力为重点，注重理论联系实际，坚持学用结合，以需求为导向，采取理论培训、案例教学、交流研讨等形式开展培训，全面提升工作人员运用所学理论和知识指导实践、解决问题、推动工作的能力。

（三）预期目标

推进信息化培训改革创新，提高培训工作质量，健全培训管理机制，建立分层次、分类别、重实效的培训格局。"十三五"期间，国家级林业信息化培训拟培训各类工作人员 8000 多人次，省级林业信息化培训拟培训各类工作人员 100000 多人次。通过培训，使林业系统干部职工了解和掌握信息化知识，提升工作能力和水平，为建立一支规模适当、结构合理、素质较高的林业人才队伍，推动林业改革发展提供支撑。

二、培训对象

林业信息化培训面向林业系统广大干部职工，按照分级分类的原则，由国家林业局和省级林业主管部门负责，整体推进林业系统各级领导干部、机关工作人员、业务负责人和专业技术人员等的培训，提高林业系统广大干部职工适应社会发展和工作需要的能力，全面提升林业系统信息化水平。

（一）国家级培训

司局级领导干部。领导干部对信息化工作的认知程度，决定着林业信息化工作的重视程度。按照中组部大规模开展领导干部培训的要求，重点加强对国家和省级林业主管部门司局级领导干部，特别是"一把手"和分管信息化工作的领导的信息化培训。着力开阔领导干部的视野和思路，切实提高开拓创新、驾驭科学发展、深化林业改革等方面的能力。

机关工作人员。开展机关工作人员信息化培训，使之学习并熟练掌握信息技能，科学利用信息化工具，理顺管理关系、优化管理模式、规范管理行为、提高工作效率，进一步密切与群众之间的关系、保障职能到位、推动办事公开，促进部门工作方式实现从管理型到服务型的转变。

业务负责人。林业主管部门信息化业务处室负责人是林业信息化建设的具体执行者、操作者和实施者，是林业信息化建设中的关键一环。高度重视处级领导干部信息化知识培训，加强对国家和省级林业主管部门业务负责人的专项培训，全面提高其管理能力和业务水平。

专业技术人员。国家林业局每年根据工作需要和业务需求，针对各级林业信息化专业技术人员开展网站建设、网络安全、试点示范、标准规范、OA系统应用等培训，全面提升林业信息化从业人员素质，推动林业信息化建设。

新入职人员。国家林业局每年举办新入职人员培训班及不定期信息化知识应用培训，切实提高国家林业局新入职人员的综合素质和岗位工作能力。

"十三五"期间国家级拟培训人员及规模见表5-1。

表 5-1　国家级培训人员及规模

人 员	规模(人次/年)	"十三五"期间(人次)
合　计		8240
司局级领导干部	120	240
机关工作人员	240	1200
业务负责人	240	1200
专业技术人员	1000	5000
新入职人员	120	600

注：司局级领导干部在"十三五"期间培训 2 次。

(二)省级培训

领导干部。通过开展市、县级林业主管部门领导干部信息化培训，提高领导干部的思想认识和电子政务应用管理水平，进一步提升领导干部的执政能力，推进部门信息化与电子政务建设进程。

机关工作人员。通过对本省各级林业主管部门机关工作人员的信息化培训，使广大干部了解电子政务的内涵、特点和主要应用形式，明确实施电子政务的目标和任务，进一步帮助大家掌握必要的计算机及互联网基础知识，增强运用信息技术处理和解决实际问题的能力，努力培养和造就一支高素质干部队伍。

业务负责人。地方各级林业主管部门信息化业务处室负责人是信息化事业健康发展的中坚力量，担负着规划、组织和指挥本地林业系统信息化建设的重要责任。通过及时有效的培训，不断更新观念，学习新的管理方式和管理方法，提高其工作能力，跟上时代发展的步伐。

专业技术人员。省级林业主管部门根据工作需要和业务需求，以推进智慧林业建设为重点，对市县级林业信息化专业技术人员开展智慧林业、网站建设、网络安全、项目建设、技术标准、OA 系统应用等培训，全面提升林业信息化从业人员素质。

"十三五"期间省级拟培训人员及规模见表 5-2。

表 5-2　省级培训人员及规模

人　员	规模（人次/年）	"十三五"期间（人次）
合　计		105600
领导干部	3200	9600
机关工作人员	6400	32000
业务负责人	3200	16000
专业技术人员	9600	48000

注：领导干部在"十三五"期间培训 3 次。

三、师资队伍

加强培训师资队伍建设，从国内知名信息化专家团队、全国林业信息化专家咨询委员会、林业信息化主管部门、全国各地具有一定影响力的林业科研机构和知名院校、IT 企业等遴选一批信息化理论和实践经验丰富的专家学者建立信息化培训师资库，满足各级各类培训需要。同时，推动有经验的先进典型单位、优秀领导干部等走上讲台。师资队伍中院士和知名专家占 10%，高级职称占 60%，中级职称占 30%。具体人员比例及研究领域见表 5-3。

表 5-3　信息化培训师资队伍建设

职称	百分比（%）	领　域
院士和知名专家	10	智慧林业
		互联网＋林业
		云计算
		物联网
		大数据
		移动互联网
		宏观政策解读

（续）

职称	百分比（%）	领　域
高级	60	网站、微博、微信、微视建设
		信息写作
		项目建设与管理
		网络安全及管理
		信息化趋势及前沿技术
		示范案例
		标准编制及解读
中级	30	网站维护等
		信息加载
		网络故障排查
		计算机及互联网基础知识
		OA 应用

四、培训内容

根据林业信息化建设发展情况，制定林业信息化分类培训大纲，以智慧林业概论、网站建设、网络安全、项目建设、技术标准、基础知识为重点，按照实际需求编制培训教材。加强精品课程和优秀教材推荐评选活动，及时向参训人员推荐学习书目，实现培训的长期化、常态化。具体见表5-4。

表5-4　林业信息化培训内容及对象

培训课程	主要内容	培训对象
智慧林业概论	1. 智慧林业顶层设计 2. 互联网＋林业 3. 云计算 4. 物联网 5. 移动互联网 6. 大数据 7. 智慧城市 8. 政策解读 9. 典型案例 ……	各级各类人员

（续）

培训课程	主要内容	培训对象
网站建设	1. 政府网站发展趋势 2. 网站建设有关政策 3. 建站技术 4. 信息写作 4. 网站内容维护 5. 微博、微信、微视建设 6. 移动门户建设 …	有关业务负责人、专业技术人员
网络安全	1. 网络安全态势 2. 国家信息安全政策 3. 网络安全技术 4. 网络安全管理 5. 网络故障排查 …	领导干部、有关业务负责人和专业技术人员
项目建设	1. 主要政策 2. 项目管理 3. 项目建设 4. 试点示范 5. 典型案例 6. 项目评估 …	领导干部、有关业务负责人和专业技术人员
技术标准	1. 信息技术 2. 林业信息技术 3. 前沿趋势 4. 标准编写规则 5. 标准解读 6. 国际合作 …	有关业务负责人、专业技术人员
基础知识	1. 计算机基础知识 2. 互联网基础知识 3. 现代办公软件 4. 办公自动化 …	各级机关工作人员和新入职人员

五、培训基地

培训基地是实施培训工作的重要基础，"十三五"林业信息化培训将形成以国家林业局管理干部学院（林业信息化培训教育基地）为主，国家林业局人才开发交流中心、国内重点大学、林业和信息工程类院校、林业科研院所和信息化领先城市共同参与的培训基地体系。国家级各类培训以国家林业局管理干部学院、国家林业局人才开发交流中心、国内重点大学、信息化领先城市和林业院校、科研院所为主。省级各类培训以本省的重点大学、信息化示范城市为主，也可以借助国家林业局管理干部学院、国家林业局人才开发交流中心的资源开展培训。

六、保障措施

各级林业主管部门要高度重视林业信息化培训工作，建立健全培训机制，加强各类培训、参训人员管理和考核，保证培训经费需要，把林业信息化培训工作落到实处。

1. 提高认识，加强领导。深入学习、领会中央和国家有关部门关于开展干部培训的背景和意义，深刻认识林业发展面临的严峻形势和经济社会可持续发展对信息化的迫切要求，明确培训工作所肩负的重要使命，增强做好培训的紧迫感和责任感。树立科学的培训观念，把信息化培训作为推进林业发展、促进科技创新的重要举措，列入林业教育培训工作的重点。

2. 完善体制，规范培训。坚持和完善分级负责、分类培训的管理体制，认真组织好各级各类信息化培训工作。严格培训管理制度，做到办班有申报，培训有计划，工作有总结。围绕形势发展和工作需要，不断创新培训内容，改进培训方式，推进培训的理论创新、制度创新和管理创新，促进培训工作的科学化、规范化。

3. 加强管理，提高质量。加强林业信息化培训管理，认真做好培训学习的考勤工作，严格实行登记管理。各级林业主管部门要把林业信息化人才培训作为工作成效的重要内容，建立干部教育培训考核和激励机制，把干部教育培训情况列入机关绩效考核范围。对培训进行跟踪评估，及时发现和整改问题，不断提高培训的质量和水平。

4. 做好预算，加大投入。各级林业主管部门要把信息化人才培训经费列入同级财政年度预算，切实增加对广大干部职工培训的投入，并积极争取按时足额到位，加强软硬件设施建设，确保培训保质保量进行。

第二节　培训实施

加强信息化培训，提高务林人的信息化意识和应用能力，对提升林业信息化建设和应用水平，促进现代林业科学发展至关重要。近年来，全国林业信息化培训工作蓬勃开展，取得了良好的培训实效，为林业信息化全面加快发展夯实了人才基础。

一、智慧林业培训

智慧林业培训班以各省级林业主管部门和国家林业局各司局、各直属单位业务处室主要负责人为培训对象，围绕智慧林业、云计算、物联网、移动互联网和大数据等新一代信息技术，从执行层的角度进行了讲解与分享（图5-1）。通过培训，学员们不但开阔了视野，而且拓宽了思路，推动林业工作者把林业工作放到信息时代的大背景中去思考、去谋划、去实施。目前，智慧林业培训班已经举办三届。

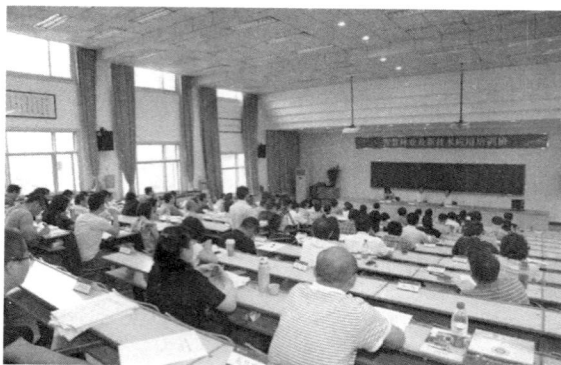

图 5-1 智慧林业及新技术应用培训班

二、林业 CIO 培训

林业 CIO 高级研修班以各省级林业主管部门和国家林业局各司局、各直属单位分管信息化工作的司局级领导同志和信息化处室主要负责人为培训对象，邀请了国家发展和改革委员会（以下简称"国家发改委"）、国家信息中心、清华大学、人民网等多个领域的资深专家，围绕国内外信息化发展宏观政策、智慧林业、云计算、物联网、移动互联网和大数据等新一代信息技术进行了深入讲解（图 5-2）。

培训班介绍了很多新理念、新方法和新内容，达到了转变观念、

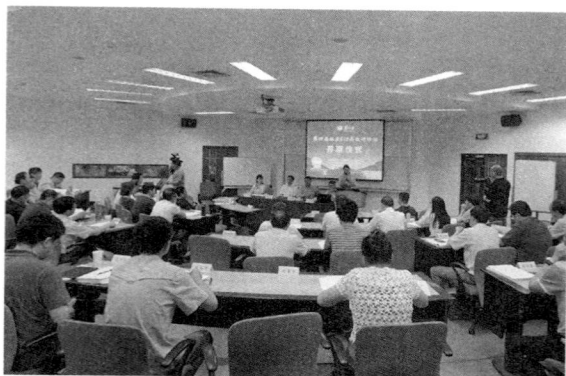

图 5-2 第四届林业 CIO 高级研修班

更新知识、提高素质的目的，为提升林业治理能力奠定了基础。目前，林业 CIO 高级研修班已分别在清华大学、北京大学、复旦大学、武汉大学举办了五届。

三、网站建设培训

网站建设培训班以各省、自治区、直辖市林业厅（局），内蒙古、吉林、龙江、大兴安岭森工（林业）集团公司，新疆生产建设兵团林业局信息化主管部门的负责人和全国自然保护区、森林公园、国有林场、种苗基地等网站维护人员为培训对象，根据网站群建设的业务需求和信息发布的特点，确立了"重动手、强应用"的培训思路，在培训过程中，加强实践操作，指导各地学员做好本单位网站的实际建站工作，包括建站模式和方法、栏目设置、网站模板风格管理、后台管理维护、内容发布、审核等情况，及时了解网站群建设运行中的问题，找解决方案。通过培训，使学员提高了对网站群建设意义的认识，明确了下一步的工作重点，掌握了网站群建设、管理和维护的各项技能，为网站正常安全稳定运行打下了基础（图5-3、图5-4）。

图 5-3　全国自然保护区、森林公园、国有林场、种苗基地网站群建设培训班

图5-4　全国市、县级网站群建设培训班

四、信息员能力提升培训

中国林业网信息员能力提升培训班以国家林业、省级林业站群各子站，示范市、县和示范基地子站，中国林业网世界林业、主要树种、珍稀动物、重点花卉站群及美丽中国网、中国植树网、中国信息林网等信息采编和发布人员为培训对象，系统培训网站建设管理相关内容：一是政府网站发展形势及网站内容建设要求；二是互联网思维与创新应用；三是中国林业网站群信息报送和信息加载工作介绍和答疑。通过培训，提升了中国林业网信息员综合能力，加强了中国林业网信息内容建设，提升了网站权威性和影响力（图5-5）。

图 5-5　中国林业网信息员能力提升培训班

五、OA 系统应用培训

林业信息化基础知识暨 OA 系统培训班以国家林业局各司局、京内各直属单位负责文秘、收发文工作及新入职人员为培训对象，专题培训 OA 系统应用与上机操作、电子公文写作与办理流程、公文传输安全防护与现场教学、计算机基础知识、互联网基础知识等多门课程。培训班以"普及林业信息化基础知识，推广使用国家林业局 OA 系统"为目标，促进"互联网＋"的深度应用(图 5-6)。

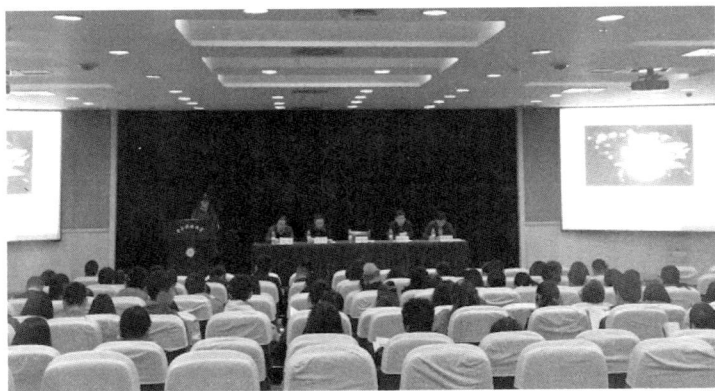

图 5-6　2016 年林业信息化基础知识暨 OA 系统培训班

六、网络安全培训

全国林业网络安全培训班以各省级林业主管部门信息化处室主要负责人为培训对象，以"加强林业网络安全建设"为主题，以当前网络安全形势、安全攻防技术以及信息安全等级保护等为主要培训内容，系统培训了国家网络安全态势、网络安全政策、网络安全管理、网络安全攻防技术、信息系统安全等级保护及综合运维管理等方面的知识，进一步增强了网络安全意识，提高了业务技能，提升了网络安全及综合运维管理能力（图5-7）。

图 5-7 2016 年全国林业网络安全培训班

七、标准编制及宣贯培训

林业信息化标准编制及宣贯培训班以各省级林业主管部门和国家林业局有关司局、直属单位信息化处室业务骨干为培训对象（图5-8），从标准化的作用和发展趋势、林业标准化基本情况、林业标准编制过程中遇到的问题及解决办法等多个方面对林业行业标准化管理工作进行全面的介绍，对发布的林业信息基础数据、林业物联网、林业数据库建设等相关标准进行深入解读。目的是让标准使用者了解标准的编

图 5-8 第二届林业信息化标准编制及宣贯培训班

制背景、编制过程、技术要点及适用范围，并引导大家在林业信息化建设中使用，进一步提升林业信息化建设和管理水平，推动林业信息化技术向更高层次迈进。

八、地方培训

随着全国林业信息化建设不断发展，各省级林业主管部门越来越重视林业信息化人才的培养和林业从业人员信息化素质的提升。北京、河北、内蒙古、辽宁、吉林、上海、江苏、浙江、湖南、甘肃等省、自治区、直辖市通过开展市、县级林业主管部门领导干部信息化培训（图 5-9、图 5-10），各级林业主管部门机关工作人员的信息化培训，地方各级林业主管部门信息化业务处室负责人和专业技术人员等培训，不断提高领导干部的思想认识和电子政务应用管理水平，进一步提升领导干部的执政能力，推进了部门信息化与电子政务建设进程，全面提升林业信息化从业人员素质。

图 5-9　甘肃省林业信息化综合能力建设培训班

图 5-10　辽宁省"智慧林业"培训班

第三节　主要做法

一、适应形势，积极创造培训条件

信息技术是推动经济社会发展的关键技术，是发展最快、渗透力最强的高新技术。特别是随着云计算、物联网、移动互联网、大数据等新一代信息技术的出现及广泛应用，信息技术正快速而深刻地改变着我们的生活、工作和学习方式。信息技术应用需要高素质、跨学科的复合型人才，良好的培训条件有利于培养和建立一支高素质的管理及技术队伍，有利于优化和完善各级信息技术人才结构。国家林业局信息办公室认真贯彻落实党的十八大精神，积极实施"科教兴林和人才强林"战略，加强林业信息化培训，积极为局机关和各省级林业主管部门有关人员创造培训条件。培训前期认真做好需求调查，综合考虑事业发展、干部履职尽责和自身成长需要，科学制订培训计划，尽可能地满足大家对知识、讲师等方面的需求。培训过程中邀请信息化多方面的权威专家，以深入浅出的形式，对当前信息化发展及前沿技术进行剖析与解读，课程设计、培训组织及培训效果等各方面都得到了学员的一致好评。同时，为省级林业主管部门提出可选择和借鉴的信息化培训课程、地点、讲师，有针对性地做好指导工作。

二、量身定制，认真做好课程设计

为高效开展培训工作，在组织筹备不同培训班时，根据司局级领导干部、机关工作人员、业务负责人、专业技术人员等不同培训对象，量身制定课程内容，并通过多种渠道广泛听取各地方、各单位相关建议和培训需求，有针对性地开展培训，激发各级各类人员参加学习培训的内在动力，增强培训的实际效果。在培训过程中和结束后，及时听取和收集学员们的意见，优化完善后续的培训内容。同时，在日常工作中，注意听取和借鉴其他单位的培训经验，积累各领域的专家资源，做好林业信息化相关培训。通过分类培训和不同的课程设置，无论是管理人员还是技术人员都获得了工作所需的技能知识。

三、创新形式，提升培训学习效果

在培训形式上，改变过去单纯的填鸭式课堂授课形式，以提高林业行业工作人员的业务素质和工作能力为重点，注重理论联系实际，坚持学用结合，以需求为导向，采取课堂授课、参观教学、案例教学和交流讨论等相结合的形式，丰富课堂内容，调动学员的积极性和参与性，不断提升课堂学习效果和学员分析、解决问题的能力。同时，通过交流探讨和现场教学，也使学员了解到本地区与先进地区信息化建设的差距，增强加快发展的压力和紧迫感，又学到改革和发展的好经验、好做法，全面提升工作人员运用所学理论和知识指导实践、解决问题、推动工作的能力，培养一支层次合理、结构科学、素质优良的干部队伍，对科学推进林业现代化建设起到了很好的支撑和促进作用。

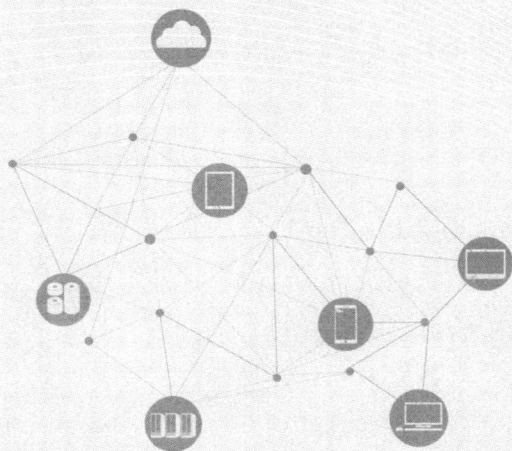

第六章
合作交流

当今世界，信息技术日新月异，建设理念层出不穷，信息化发展不进则退。加强合作交流，充分借鉴先进国家、先进行业、先进单位的成功经验与做法，是推动林业信息化又好又快发展的重要举措。

第一节　国内合作

作为全国林业信息化的主管部门，国家林业局信息化管理办公室（以下简称国家林业局信息办）高度重视合作交流工作。在局党组的亲切关怀和大力支持下，国家林业局信息办积极与各部委、科研院校等单位开展合作交流，并采取多种举措，充分发挥有关专家和业务骨干的作用，促进信息化科研成果尽快转化为现实生产力。

一、战略合作

（一）合作背景

为借助外部力量，推动林业信息化建设又好又快发展，分别与中国电信、国家发改委、吉林省政府、北京林业大学和国家林业局管理干部学院等开展了技术应用、科学研究、教育培训等一系列战略合作。

（二）合作内容

1. 国家林业局与中国电信战略合作（图 6-1）。围绕林业资源监管系统建设行动计划、营造林管理系统建设行动计划、林业灾害监控与应急系统建设行动计划、林业综合办公系统建设行动计划、林业信息化基础平台建设行动计划、林业产业发展与林业经济运行系统建设行动计划、生态文化与教育培训系统建设行动计划、林业信息技术自主创新行动计划等林业信息化八大行动计划的需求，开展战略合作。国家林业局在同等条件下，择优选用中国电信集团公司的固定电话、移动通信、卫星通信、应急通信、互联网接入及应用等资源。中国电信集团公司将针对上述事项，为国家林业局提供全面、高质量的服务和相应的优惠政策。中国电信集团公司发挥自身优势，在林业资源监管系统、营造林管理系统、森林防火等林业灾害监控与应急系统、林业信息化基础设施建设、林业信息安全体系建设、林业信息资源整合共享与开发利用、林业信息化人才队伍建设、林业信息化研究和示范应用以及增强林业社会服务能力等方面，为全国各级林业部门提供长期有力的技术支持和高质量的服务。

图 6-1 国家林业局与中国电信签署战略合作框架协议

2. 国家林业局与国家发改委战略合作（图 6-2）。包括三项内容：一是共同建设国家生态大数据应用平台。基于国家发改委互联网大数据分析中心及国家林业局信息办各自的资源和力量，共同建设国家生态大数据应用管理平台，以建立生态大数据标准规范体系和安全保障体系为基础，以提升生态信息服务、业务协同和数据共享能力为目标，对接中国林业数据开放共享平台，联合开展实现数据交换共享和分析应用，提高生态信息资源效益，助力生态一体化建设。二是共同建设服务于智慧林业的大数据监测分析应用。通过建设生态大数据应用平台、智慧林业决策平台等智慧林业大数据应用核心工程，完善生态安全监测评价体系、生态红线动态保护体系、"三个系统一个多样性"动态决策体系等服务体系，形成生态资源感知化、信息传输互联化、系统管控智能化、体系运转一体化、管理服务协同化、综合效益最优化，实现透彻感知、互联互通、充分共享及深度计算，促进智慧林业发展。

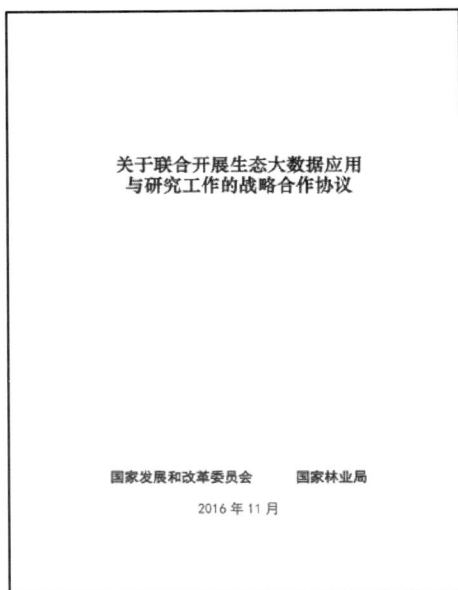

图 6-2　国家林业局与国家发改委签署战略合作协议

三是共同建设服务于国家宏观经济运行的大数据分析应用。以国家林业局"京津冀、长江经济带、一带一路林业数据资源协同共享项目"为支撑，开展三大战略覆盖试点区域生态专题分析应用，通过融合比对包括森林资源、湿地资源、荒漠化资源、生物多样性、林业产业等相关大数据，运用大数据分析挖掘和可视化展现技术开展专项分析，服务于国家宏观经济运行。

3. 国家林业局与吉林省政府战略合作（图6-3）。一是打造局省共建优质示范项目。根据实际建设需求，在国家林业局及东北重点国有林区开展示范项目建设，由国家林业局、吉林省人民政府和吉视传媒公司等共同投资，吉林省林业厅参与申报。项目分阶段实施：第一阶段在国家林业局、吉林省林业厅及吉林省28个基层单位开展建设，建设期3年，总投资估算86405万元；第二阶段在东北地区相关省份进行推广，建设期为2年。以"两网两中心"为核心开展建设，构建"互联网+"林业发展新引擎。利用吉林省已有资源构建横向延展的广域资源监管"林业空天互联网"和纵向拓深的立体资源感知"林业物联网"，实现国有林资源基础数据和动态变化数据的多维度感知。依托国家生态大数据中心、利用吉林省已有数据中心建立东北林业大数据云中心，基于"位置网"数据系统，建立省级林业综合管理调度指挥中

图6-3 国家林业局与吉林省政府签署战略合作协议

心，打造"林业数字地球"，实现全业务综合可视化集中管理运营。建设林业信息化数据支撑体系，推进实现国家和地方"一套表"，构建林业"一张图"和资源监测评估预警平台，实现林业生态全面感知、风险预警可控、林地动态监管、物种实时保护，打造林业生态资源管理的新业态。二是加快吉林省国有林管理现代化建设。利用"互联网＋"等新技术，开创新模式下的国有林管理保障和评价体系，加强国有林场林区布局调整和基础设施建设管理，引导国有林场林区加速转型发展。健全森林资源监管体制，组建精简高效的国有林管理机构；引入吉视传媒、长光卫星等社会资本，依托吉林森工集团、长白山森工集团等企业，充分发挥企业市场主体作用，搭建林业职工就业平台，妥善安置富余职工转岗就业；依托长白山林区发展森林旅游、林产品深加工及电子商务等生产性服务业和接续产业。三是强化吉林省生态资源和生物多样性保护。大力应用新一代信息技术，加强森林资源管护，强化森林经营；构建森林灾害综合调度指挥管理平台，建立林业灾害应急管理体系，实现灾害的监测预警和应急防控全流程的智能化管理；建立珍稀濒危野生动植物资源监测评价体系，对重点分布区的现状、土地利用格局及未来动态变化情况实时监测，实施综合治理与管制。四是推动林业金融创新。与发展改革、财政、金融等部门开展密切合作，推动林业金融体制创新。在吉林省开展政府和社会资本合作（PPP）模式试点，多渠道解决林业公益性发展资金问题。

4. 国家林业局信息办与北京林业大学战略合作（图6-4）。充分发挥各自优势，加强林业信息化教育合作，经常就林业信息化人才培养、学术交流、科技创新、成果推广等事宜保持协商与沟道，共同致力于提高林业信息化教学质量、科研水平和人才队伍建设能力。国家林业局将进一步加强对北京林业大学林业信息化方面的政策支持，促进教学科研工作与生产管理实践的有机结合，支持其利用自身资源和专业优势，为全国林业信息化建设提供技术咨询、人才培养、科研攻关、

图 6-4　国家林业局信息办与北京林业大学签署教育合作框架协议

学术交流等服务。同时，支持其普及林业信息化专业知识，加强林业信息化本科和研究生教育，积极为学生实验、实习和就业创业等牵线搭桥，努力将北京林业大学打造为富有特色、具有较大国际影响的林业信息化教育基地。北京林业大学将加强信息学科建设，优化丰富教学内容，加快复合型和高新技术人才培养，优先支持林业信息化教育科研项目，着力解决制约全国林业信息化科学发展的重大问题。同时，充分发挥自身在教学、科研等方面的优势，扮演好智囊团和人才教育基地的角色，为国家林业局及时提供高水平的咨询建议，并大力支持其林业信息化教育培训、合作交流、科技创新、成果推广等工作。

　　5. 国家林业局信息办与国家林业局管理干部学院战略合作（图 6-5）。支持国家林业局管理干部学院发挥自身优势，开展林业信息化培训调研、技术咨询、培训内容建设等工作，经常就林业信息化培训有关事项保持协商与沟通，共同落实好干部培训的有关部署和要求。国家林业局将统筹考虑改善网络培训条件、扩大培训合作交流、提高师资业务水平等实际需求。国家林业局管理干部学院将充分发挥其在林

图6-5 国家林业局信息办与国家林业局管理干部学院签署培训合作框架协议

业干部培训主渠道、主阵地方面的优势，进一步加大对全国林业信息化工作的支持力度，在场地、师资、后勤保障等方面给予最大支持。

（三）合作展望

通过与中国电信、国家发改委和吉林省政府合作开展智慧林业、生态大数据应用与研究、国有林管理现代化局省共建示范项目，将进一步推动新一代信息技术与林业业务的充分融合，全面提升林业现代化管理水平。通过与北京林业大学和国家林业局管理干部学院合作开展林业信息化教育和培训基地建设，将在林业信息化人才队伍建设、林业信息化研究和示范应用以及增强林业社会服务能力等方面，为全国各级林业部门提供长期有力的技术支持和高质量的服务。

二、部委间合作

（一）合作背景

近年来，伴随信息技术的快速发展，各部门对信息化工作进行了不断探索，积累了很多可借鉴的经验和做法。为进一步加强部门单位间合作，做好林业信息化工作，更好地服务于国家信息化和电子政务建设，国家林业局与有关部委单位在信息技术、网站建设、网络安全管理、自动化办公等方面开展了广泛的交流。

（二）合作内容

国家林业局信息办李世东主任带领调研组到国家质检总局信息中心调研，就政府门户网站建设、应急管理、办公自动化建设、系统运维管理、有关标准与制度建设等内容，进行了较为广泛深入地交流与沟通。

国家林业局信息办李世东主任带领调研组到国土资源部信息中心调研，就信息化建设管理进行了调研学习，内容涵盖门户网站建设、信息化组织机构建设、系统运行维护、信息化项目立项、信息资源整合共享等多个方面。

国家体育总局信息中心一行到国家林业局信息办调研，就机构及队伍建设、职责权限划分、信息系统运行维护、数据管理及应用、信息共建共享等具体问题进行了深入交流。

中国科学院办公厅信息化工作处一行到国家林业局信息办调研，就信息化机构设置及各处室主要职能、内外网门户建设与运行维护、OA系统建设与运行、资产管理等情况进行了深入的交流与沟通。

中编办电子政务中心副巡视员宋庆一行到国家林业局信息办调研，就政府网站建设管理、网站信息服务、办公自动化系统运行管理等内容交流讨论。

国家林业局信息办李世东主任带领调研组前往农业部信息中心进行调研（图6-6）。双方就如何加强网络建设，如何更好地服务于"三农"等问题进行了座谈交流。

科技部信息中心一行到国家林业局信息办调研，就政府网站建设、网络电视建设管理等议题进行了座谈交流（图6-7）。

图 6-6　国家林业局信息办赴农业部信息中心调研

图 6-7　科技部信息中心到国家林业局信息办调研

　　文化部信息中心有关负责同志到国家林业局信息办调研，就政府网站建设管理、网站信息服务、办公自动化系统运行管理等内容进行座谈交流。

　　教育部教育管理信息中心曾德华副主任、办公厅有关负责同志一

257

行到国家林业局信息办，就林业电子政务建设与应用、办公自动化系统运行管理等内容进行调研交流。

国家测绘地理信息局办公室副主任任振宇一行到国家林业局信息办调研，就国家林业局电子政务建设应用等内容进行了座谈讨论。

农业部信息中心副主任杜维成一行到国家林业局信息办调研政务信息化工作，重点就国家林业局电子政务及信息系统建设等有关问题进行了交流研讨。

中央国家机关工委信息中心副主任赵猛一行到国家林业局信息办调研，就林业信息化建设和 OA 系统建设使用情况进行了深入交流。

水利部水土保持检测中心有关同志到国家林业局信息办调研，就林业信息化建设情况进行了座谈交流。

国家林业局"绿色大讲堂——大数据时代"专题讲座在京举行，国家林业局信息办邀请工业和信息化部副部长杨学山作专题报告。国家林业局领导及各司局、各直属单位有关人员出席专题讲座。

国务院办公厅电子政务处一行到国家林业局信息办调研政务信息化工作，重点就国家林业局电子政务及 OA 建设情况等有关问题进行了交流研讨。

同时，在国内有关会议上，国家林业局信息办与工信部、公安部、交通部、环保部、国标委等部委就政府网站建设、组织机构建设、物联网应用、信息化标准建设等进行了广泛交流。

（三）合作成效

1. 促进了交流与学习。通过部委间的广泛交流，在信息化发展战略、电子政务、网站建设、项目建设、网络保障等方面，能够学习和借鉴先进的管理理念和管理经验，为林业信息化和电子政务建设又好又快发展起到了积极的推动作用。同时，通过学习交流，共同成长，共谋发展，为今后在更宽更广的领域开展交流与合作以及共同推进全国信息化和电子政务建设打下了坚实的基础。

2. 统一了思想和认识。信息化建设是一场技术革命，更是一场思想革命。通过部委合作，让更多的人清楚地看到信息化发展的紧迫形势，认识到信息化建设如同顶风逆水搏激流，不仅不进则退，慢进也会退。让同一系统的人、不同系统的人都意识到，信息化建设不能各自为政，不仅是全系统的共同行动，更是国家现代化建设的重中之重，是各系统的共同行动。

3. 加强了共享与协作。当前，面向公众服务的跨部门重大应用和创新管理的信息化建设任务越来越重，需要解决的业务协同、系统整合等方面的问题越来越多。通过合作，促进各部门资源的开放利用，有利于积极吸纳其他部委和社会多种资源与力量，更好地为信息化建设服务。

第二节 国外合作

国家林业局一直秉持林业信息化建设对内搞活、对外开放的方针，先后组织人员赴英国、澳大利亚、美国等信息化技术发达的国家学习先进经验，在与国外林业信息化相关单位交流合作的道路上不断前行，为科学推进全国林业信息化建设提供了有力支撑。

一、英国电子政务管理与应用培训

为借鉴国外电子政务建设的先进经验，经国家外国专家局批准，2010 年 7 月 7～27 日，国家林业局办公室、信息办组织有关省区林业厅局信息化和电子政务负责同志及技术骨干共 20 人，赴英国进行电子政务管理与应用培训（图 6-8）。通过培训考察，学到了经验，拓宽了视野，取得了预期成果。

图6-8　英国电子政务管理与应用培训团

（一）培训内容

按照培训计划，对英国政府电子政务建设进展、主要经验，林业信息化管理及应用等进行了系统学习和调研。具体活动包括：一是全面了解政府机构电子政务建设情况。听取了英国议会科学技术办公室主任戴维·科普（David Cope）教授，关于英国电子政务建设进展及作用的报告，全面了解英国政府电子政务建设的经验教训。拜访了英国林业最高行政管理机构——林业委员会，其国际部负责人迈克·德利（Mike Delly）和信息化主管官员托尼·法恩登（Tony Farndon）、史蒂夫·安堤金斯（Steve Atkins）分别介绍了英国林业委员会的职能、GIS在林业经营管理中的应用、林业电子商务平台等，并就我国林业信息化建设所关心的问题，开展了热烈讨论。二是认真学习著名高校及科研院所电子政务建设的新理念。我们先后到剑桥大学、西敏寺大学、英国林科院进行了考察学习，分别就英国电子政务发展战略、电子政务规划及发展历程、森林可持续发展、林业管理体制、人类活动对生态的影响、信息化与电子政务建设政策和法律保障进行了广泛而深入地交流。三是实地考察信息化及电子政务建设取得的新成效。深入到英国国有林区、基层森林站和国家自然保护区，分别就林区自然保护、森林采伐、经营管理等方面采用的信息手段进行了实地考察学习。

（二）英国电子政务主要特点和经验

1. 将电子政务作为"执政为民"的突破口予以高度重视。20 世纪 90 年代英国工党布莱尔政府上台执政以来，英国政府把信息化作为技术创新和提升政府服务能力的突破口，以信息化手段提高政府工作效率和改进服务方式，强调建立"以公众为中心"的政府。在行政管理的各个领域推广应用信息技术，推行电子政务，努力建设高效、灵敏、透明的政府，从"电子政府"到"网络政府"再到"转型政府"，电子政务扮演着十分重要的角色。"电子政府"着重利用计算机技术，实现政府工作的计算机处理，加强政务管理，提高工作效率。"网络政府"利用互联网技术，加强部门协作，开展协同办公，资源共享。近年来，"转型政府"概念的提出和实施，再次凸显了电子政务在其中的核心地位，通过积极跟踪运用先进的网络技术、数据交互技术，不断实现政府管理体制、机制的优化。

2. 大力加强电子政务机构建设和经费投入。为在全国范围内统一领导和推进电子政务发展，1999 年英国政府在内阁成立了电子专员办公室，任命了政府电子专员（e-Envoy）和电子大臣（e-Minister），负责全国的信息化工作，协调政府各部门，直接向首相汇报有关信息化的事务。2004 年 5 月，成立了电子政务小组，政府首席信息官担任行政首长。2006 年至今，电子政务小组改为转型政府组，继续负责电子政务方面的事务。各级地方政府也有专门的电子政务建设小组。英国电子政务建设已经形成了一套比较完善的组织机构和首席信息官（CIO）制度，各级政府、各大部门均设立了权威的首席信息官，统筹协调本地区、本部门的信息化建设。同时，政府对信息化建设提供充足的资金支持。例如以建立电子病历为主要目标的国民健康系统（NHS），预算投资 50 亿英镑，后来追加 70 亿英镑，投资 120 亿英镑。

3. 统一政策和规划，系统推进电子政务建设。英国政府相继颁布一系列促进电子政务发展的法律法规和政策，包括《数据保护法》、《信息自由法》、《电信法》、《电子签名条例》、《通信法》和《公共部门信息再利用条例》等。同时，在电子政务建设各个阶段都制定了明确的战略规划和实施计划。1999 年 3 月，英国出台了《政府现代化》白皮书，提出"到 2008 年，政府所有服务项目实现在线提供、所有公共服务实现全天候 24 小时在线提供和实现全民使用互联网"的总目标。该目标 2005 年提前实现后，2005 年 11 月，英国政府又公布了《以技术推动政府变革》战略，2006 年 4 月，颁布了《〈以技术推动政府变革〉实施计划》，把信息化建设作为一项系统工程进行持续推进，并在网络的互联互通、数据集成、信息访问以及内容管理上，实行跨部门协同。

4. 电子政务建设与政府业务重组紧密结合。实现政府业务流程网上再造是英国电子政务建设的一大亮点。通过不断升级的信息化机构——"电子政务小组"、"信息总管委员会"、"转型政府组"，推动政府各部门加强协调，打破界限，组织建立全新的合作模式，促进电子政务建设的全面合作。在电子政务建设过程中，从总体上优化政府业务流程，推动部门之间互联互通，合作共享，实现了《政府现代化》白皮书按照"生活事件"来组织政府服务的目标，首批开通的学车、出行、生育、搬家、死亡、犯罪六个主题，可以解决公众关心的重点问题。林业信息化建设也充分与业务重组相结合，通过林业 GIS 应用系统，整合优化了采伐、运输、野生动植物、休闲旅游及木材销售等业务流程，实现了网上在线办理。

5. 以提升公众对政府网上办事的满意度为目的。通过网络提升公众服务，是英国电子政务建设的又一个亮点。英国政府始终把向用户提供便捷、高质量的服务，使公众与政府方便沟通作为电子政务建设目标，并不断探索满足用户需求的方法与途径。英国政府提出"一站式"服务模式，门户网站按照公众需求进行设计和改版，努力减少用户获取信息的点击次数，使用户在 3 次点击之内就能获得最新的政府信息和服务。

（三）启示与建议

1. 深入推进林业信息化机构队伍建设。强有力的组织机构是推进电子政务的关键，英国通过 CIO 制度全面管理电子政务建设，取得了良好成效。我国林业信息化机构建设取得了明显进展，但仍不适应现代林业快速发展的需要。国家林业局迫切需要尽快充实信息化机构工作人员，增强林业信息化机构的协调能力，确保林业信息资源的有效整合，消除和预防重复投资、重复建设造成新的信息孤岛和资源浪费。地方林业部门没有成立信息化管理机构的，应抓紧成立；已经成立的，应进一步充实机构和人员，完善林业信息化管理机制，赋予对业务应用信息化的协调权力，从侧重技术支撑服务向行政管理创新转变。

2. 深入推进林业信息化规划和战略部署。借鉴英国电子政务建设经验，结合我国林业实际，应在《全国林业信息化建设纲要》的基础上，完善出台国家、各省区"十二五"林业信息化建设规划，全面贯彻落实"以林业信息化带动林业现代化"的总体思路。吸纳英国电子政务长远发展的战略思想，进一步学习借鉴信息化发达国家的建设经验，在前一阶段工作的基础上，深入研究我国林业信息化发展战略，顺应并驾驭信息化，改变传统的林业管理模式和生产方式，发挥后发优势，充分发挥信息化建设在发展现代林业、建设生态文明、促进科学发展中的重要作用。

3. 深入推进林业信息资源整合。各种业务的需求梳理、流程整合与再造、信息资源的共享是信息化建设的一个重点和难点。英国中央政府仅保留电子政务和电子商务两个网站，每个部委也只有一个网站。我们一定要树立开放合作、共享共赢的理念，打破部门间、条块间的界限和封锁，进一步梳理好国家林业局内部及其与省、地、县林业主管部门的业务层次，以业务应用为导向，以全国林业业务应用信息化建设为主线，将各类林业数据库、应用系统、网站分别整合到国家林业局办公网（内网）和中国林业网（外网）两大平台上，实现网络互通、信息共享，提高政府服务质量和服务水平。

4. 深入推进林业信息化资金保障机制建立。林业信息化建设是一项长期的系统工程，但目前仍没有稳定的资金来源渠道。借鉴英国的经验，迫切需要研究制定林业信息化建设经费投入和使用机制。一是积极争取在国家发改委设立林业信息化建设专项，开辟信息化建设长期稳定的渠道；二是在国家现有林业建设项目总投资中，用于信息化建设的经费统一管理使用；三是与国家发改委、财政部协商，争取从现有的林业建设项目中，提取 1% 的经费，集中投入信息化建设；四是国家林业局本级计财部门，进一步协调资金，每年启动 3~5 个信息化重点项目，加快林业信息化建设。五是在市场效益明显的领域，积极吸收社会投资。争取形成长效机制，为信息化建设及其成果的长期稳定运行提供资金保障。

5. 深入推进林业信息化标准建设和科技支撑。英国政府先后出台了一系列技术标准，规范所有跨部门的电子政务互操作，在全世界第一个实现了所有政府部门内部、部门与部门之间在同一个交互系统上进行协同工作、知识共享，改变了政府传统的事务流程，提高了管理效率，推进了政府职能转变。当前，林业信息化建设迫切需要在信息公开与交换、基础设施、应用系统、数据库、数据接口等方面，加快标准建设步伐，把统一标准作为林业信息化项目立项、建设和验收的重要依据。林业信息化涉及应用梳理、流程整合、再造优化等知识创新，需要强有力的科技支撑，科研机构应面向林业需要开展技术研究，不仅要解决当前林业信息化建设中的问题，还要为将来林业信息化储备技术。

二、澳大利亚林业信息化建设管理技术培训

经国家外国专家局批准，国家林业局信息办组织"林业信息化建

设管理技术培训团",于 2011 年 3 月 2~22 日,赴澳大利亚进行了为期 21 天的培训、考察(图 6-9)。

图 6-9　澳大利亚林业信息化建设管理技术培训座谈

(一)培训内容

学习借鉴澳大利亚林业信息化建设管理的先进理念和成功经验,考察了解信息与通信技术(ICT)在澳大利亚林业建设管理中的典型应用,以此推动我国林业信息化又好又快发展,为现代林业建设提供强大支撑和保障。培训团先后在悉尼科技大学(UTS)、联邦科学与工业研究组织(CSIRO)、墨尔本大学(UM)等单位接受了专题培训,拜访了澳大利亚农渔林业部(DAFF)、昆士兰州第一产业部(DPI)、澳大利亚森林认证委员会(FSC)、维多利亚州环境与可持续发展部(DSE)、维多利亚州林业产业协会(VAFI)、维多利亚州森林经营公司(VicForest)等单位,考察了皇家植物园、蓝山国家公园、联邦科工组织、霍克思森林试验基地、玻璃屋山国家公园等地,比较全面地了解了澳大利亚林业信息化建设管理及应用情况。

（二）澳大利亚信息化主要特点和做法

1. 以政府为主导，重视协调配合。澳大利亚信息化建设始终是在政府主导下进行的。澳大利亚全国没有专门的电子政务法，与电子政务有关的法律、法规主要是电子交易法、信息自由法、档案管理法以及关于政府机构设置的法律。澳大利亚电子政务或者说公共服务信息化发展之所以走在世界前列，是与政府的强力推动密不可分的。澳大利亚政府认为，电子政务建设成功的关键，是政府的主导和政府各部门之间的协调配合，没有政府的主导，可能只有信息化而没有公共服务；没有部门之间的协调配合，恐怕只能建立一些"信息孤岛"。为此，联邦政府下大力建立健全了信息化建设的战略管理机构、组织协调机构和办事机构，这些机构包括：宽带、通信和数字经济部（DBCDE）、在线服务委员会（OC）、信息管理战略委员会（IMSC）、首席信息官委员会（CIOC）、信息管理办公室（AGIMO）、公共服务委员会（APSC）等。

2. 以公众为中心，强调服务至上。澳大利亚政府将公众视为政府的"客户"，除提供及时、权威的信息外，主要是通过建立一系列以用户为导向的门户网站，使公众更易获取集成的服务。在信息化建设初期，澳大利亚政府部门的网站主要是按照政府的组织结构和业务流程来设计，现实中存在着政府网站过多、内容过于庞杂等问题，用户从网上获取信息和服务费时费力。2002年，"更优的服务，更好的政府"电子政务战略明确指出，在新的公共服务信息化时代，必须以公众为中心，政府在线服务不能只是增加一种服务提供渠道，而应以客户需求为导向，调整、优化在线服务，扩大服务领域，重构服务提供过程，使公众更加便捷地获取政府服务和信息。按照这一思路，公众不需要了解政府各机构的设置，也不需要知道特定业务由哪些政府部门负责，他们只要在提供单一登录功能的系统之中，便可方便地获得各种服务。尤其值得一提的是，澳大利亚政府强调要考虑残疾人的需求，保证其能够比较方便地获得政府服务。目前，澳大利亚政府已建成不少有影响的门户网站，这些网站的功能都很强大，如联邦政府门户网站（aus-tralia. gov. au）、政府内网（fedlink. gov. au）、政府招标网（tenders. gov. au）、企业入口网站（business. gov. au）等。

3. 以公共服务集成化为主线，优化管理与服务。为了让家庭、企业和组织更方便、快捷地获取政府服务，澳大利亚倡导利用虚拟网络技术，对政府业务流程进行梳理和重组，向用户提俵集成化的公共服务。公共服务的集成化主要体现在两个方面：一个是提供"一站式"服务，即根据用户需求，突破部门界限，将某项特定服务所涉及的各种内容放在一个网站或网页上，用户通过一个窗口就能获得所需要的服务。如塔斯马尼亚钓鱼在线网站，它是由联邦气象局、塔斯马尼亚内陆渔业服务局、塔斯马尼亚海运与安全局和塔斯马尼亚初级产业、水与环境部合作建设，用户通过这一个窗口就能获得所有与休闲钓鱼有关的各种政府服务信息，包括天气预报、警报，内陆及海上鱼的品种，钓鱼规定及规章，划船与水上安全，钓鱼和划船许可，船只和停泊处登记，国家公园信息，钓鱼热点等内容。另一个是发展门户网站和门类性网站。澳大利亚政府门户网站是综合性门户网站的代表，该网站链接了700多个澳大利亚政府机构网站，可链接到100多万个网页，信息和服务涉及教育、就业、医疗保健、新闻、法律、文化、经济、旅游、投资、移民等生活的方方面面。澳大利亚各级政府建成了不少专业门户网站，这些网站主要分为用户群体和行业两类。用户群体类网站涉及文化与休闲、家庭、移民、社区等领域，主要有企业网、老年人网、妇女网、青少年网、土著居民网、家庭网等。行业类网站主要有农业网、文化网、教育网、就业网、环境网等。

4. 以标准化建设为抓手，促进信息共享和业务协同。公共服务的集成化，需要各级政府及其部门在网上协同办公来实现。在政府信息网络建设的初期，由于各部门或机构各自开发、建设自己的系统，在技术标准、规范方面不统一，导致三级政府之间、政府部门之间的各种系统不兼容，信息资源共享难，给协同办公造成技术障碍。澳大利亚政府认识到，标准化是公共服务信息化建设的技术基础，是电子政府系统实现互联互通、信息共享、业务协同、安全可靠的前提。为此，澳大利亚下大力气推进信息系统的标准化，逐步扭转了各自为政、"烟囱"林立、难以共享协同的局面。

5. 重视基础设施和服务建设，缩小"数字鸿沟"。澳大利亚偏远地区面积广大，自然地理条件阻碍了这些地区的人们顺利获得信息化服务。澳大利亚政府提出要使全体澳大利亚公民都能享受到信息技术带来的好处，政府服务不应只限于富有的精英阶层或少数科技爱好者，而应通过信息化的帮助，把澳大利亚建成一个更加繁荣和公正的社会。为此，澳大利亚政府开展了反"数字鸿沟"行动。一是重视基础设施建设，提高互联网普及率，尤其是偏远地区的网络覆盖率。联邦政府制定了产业投资计划和改善偏远地区通信条件的行动框架，以及有关数字传播的推行计划。目前，澳大利亚人均因特网连接，世界排名第九，亚太地区排名第二。二是引入市场竞争机制，降低用户上网成本。1997 年，澳大利亚全面放开电信业，取消对许可经营的数量限制，实现完全开放竞争。通过采用市场机制，实行项目招投标，提高了信息化建设的速度和质量，有效改善了信息资源配置状况，企业和公民的网络通讯费用得以显著降低。三是面向特殊群体提供专门信息服务。澳大利亚政府专门建立了农村、偏远地区及老年人信息服务中心，并为残疾人等弱势群体提供特殊信息服务，如建立专门网站、开发盲人视读系统等。

(三) 启示和建议

1. 以电子政务建设为重点，带动林业信息化全面加快发展。电子政务、电子商务、电子社区是信息化建设的三大领域，对林业信息化来说，也是如此。林业电子政务主要解决林业公共管理、公共服务信息化问题，具有全局性、强制性、标杆性的作用，是林业电子商务、电子社区发展的基础，因此必须始终作为林业信息化建设的重点，以此来引导、带动林业电子商务、电子社区的发展。另一方面，林业电子商务、电子社区的发展可以提高全社会的信息化意识和素质，吸引社会公众参与林业信息化建设，帮助林业主管部门提高宏观调控能力和公共服务水平，因而成为推动林业电子政务发展的一大动力。

2. 以数据库和业务应用系统建设为抓手，夯实林业信息化发展基础。林业信息的数字化是林业信息化发展的基础。由于思想认识、资金投入、技术力量、体制机制等多种因素的制约，我国林业信息的数字化管理水平还很低，亟待予以改善。一是大力提高信息采集的规范化、数字化、智能化和科学化水平，确保数据及时、准确、翔实、权威。二是切实抓好数据库建设，包括公共基础数据库、林业基础数据库、林业专题数据库、林业综合数据库、林业信息产品库等，优先进行公共基础、林业基础和林业专题数据库建设。三是大力加强业务应用系统开发和推广应用，优先推进林业资源监管、营造林管理、林业灾害监控与应急响应、林业经济运行分析、林业综合执法、林业行政审批以及林业综合办公系统等的开发应用。通过抓数据、管数据、用数据，夯实林业信息化的发展基础，增强发展活力和后劲。

3. 以信息资源整合共享为主线，提升林业信息化的整体效能。信息资源分散、共享和协同水平低是当前我国林业信息化存在的突出问题，严重制约了林业信息化整体效能的提高。为此，原贾治邦局长在第二届全国林业信息化工作会议上特别强调要坚持"五个统一"（统一规划、统一标准、统一制式、统一平台、统一管理），大力提升林业信息化水平。这为我们深化林业信息资源整合共享工作指明了方向。一是切实做好顶层设计，这是整合共享的基本依据。二是深入推进林业网站整合，将各级林业主管部门的网站逐步都整合到"中国林业网"上，同时对网上服务进行优化集成，形成单点登录、一站式服务。三是进一步梳理林业业务，以业务应用为导向，对业务流程进行整合再造，将各类数据库和应用系统都整合到统一平台上。四是加强标准建设和标准化改造，促进信息资源共享和业务协同。

4. 以改革创新为动力，不断提升林业信息化建设应用水平。林业信息化建设涉及面广、专业性强、综合要求高，是一项十分复杂的系统工程。只有坚持锐意改革、大胆创新，才能跟上信息技术日新月异的步伐，才能使信息化工作持续保持蓬勃的活力，才能真正实现林业信息化的后发优势。一是管理创新。要尽快健全林业信息化的管理体系，使各级林业主管部门都有专门的信息化管理机构，人员全部纳入公务员管理。在试点的基础上，逐步在全国推行政府首席信息官（CIO）制度，提高信息化管理机构在林业发展决策中的参政议政水平。完善信息中心等信息化支撑体系建设，建立起决策、执行、监督分离又相互制约的运行机制。创新人才培养方式，形成梯级人才队伍和专家支撑团队，并造就一批具有国际视野的高级林业信息化人员。大胆引入市场机制，充分发挥市场在资源配置中的基础性作用，提高工作效率，降低运行成本，并积极吸收社会力量参与林业信息化建设。二是技术创新。要紧密结合林业行业需求，特别是业务应用实际，开展信息技术创新。结合"金林工程"、林业物联网应用示范、林业云计算应用示范等项目的实施，优先研究和制定一批具有自主知识产权的林业信息化标准规范，同时攻克林区通信、供电、智能采集、辅助决策、信息资源共享交换等技术难关。要在全国逐步培养出若干个技术研发创新基地，满足行业发展需要。三是应用创新。要紧跟世界信息技术发展和应用前沿，搞好引进、消化、吸收和再创新工作，特别是在"3S"、物联网、云计算、下一代移动通信、IPv6、智能控制、虚拟技术等的集成应用方面，不断取得新的进展。

5. 建立持续有效的林业信息化发展资金保障机制。林业信息化工作如同开弓之箭，只能向前，不能后退。为此，要抓紧研究建立林业信息化发展的长效经费保障机制。一是各级政府和林业主管部门要科学制定发展规划，使林业信息化在国民经济和社会发展中占有应有的一席之地。二是在各级政府财政预算中，要尽快设立林业信息化建设专项，确保年度投入稳中有升。三是在育林基金、生态效益补偿金、重大生态建设工程等长期性林业建设投资中，设立林业信息化建设专项，提取一定比例的资金专门用于信息化建设和推广应用。四是加强林业建设项目立项审查、预算管理和绩效评估，确保信息化建设内容和资金投入应有尽有。五是坚持项目带动，以重大林业信息化建设项目，带动各级林业部门加大对信息化的资金投入。六是加强林业信息化建设资金的统一管理、统筹协调和审计监督，切实提高投资效益。七是充分发挥市场在资源配置中的基础性作用，在经济效益明显的领域，积极吸收社会投资参与林业信息化建设。

三、林业资源多层次信息服务技术交流

2016 年 11 月 8～12 日，以国家林业局信息办主任李世东为团长的"林业资源多层次信息服务技术交流团"，赴美国斯坦福国际研究院进行了为期 5 天的信息技术交流(图 6-10)。

图 6-10　林业资源多层次信息服务技术交流座谈

（一）主要内容

依据林业公益性行业科研专项《林业资源多层次信息服务技术研究》的研究目标与任务，针对课题研究涉及的大数据存储、提取、快速计算问题，云平台的搭建问题，异构数据融合问题等进行技术交流，学习和借鉴斯坦福国际研究院的先进技术与经验，解决课题研究中出现的问题，提高课题的技术水平与能力，并就未来合作进行探讨，为彼此间进一步合作奠定基础。

（二）美国斯坦福国际研究院信息化主要特点和做法

1. 技术路线紧密联系实际。在信息技术交流环节，Phillip F. Whalen Jr. 先生首先介绍了 SRI 的历史与文化。SRI 非常注重实践，在开展一项研究计划时，SRI 会首先想到如何成果转化，如何产学研相结合。SRI 的理念认为，"不能产生经济效益的研究就是社会资源的浪费"。SRI 就是连接在科学研究和公司成果之间的桥梁，促进基础研究、应用研究和产品发明之间的转化。通常来说，公司主要以产品研发为主，大学的研究多关注技术层面，所以大学的研究成果成功推向市场的仅 3% 左右，而 SRI 由于关注科学研究和公司产品的衔接，其成果引向市场的成功率能达到27%。

2. 研究领域瞄准高端前沿。Csaba Szabo 先生则就 SRI 在信息技术领域的成果进行了介绍。经过 70 多年的积累，SRI 已形成了自己的技术平台。在人工智能和计算科学方面，机器学习、虚拟助手、结构化分析、知识表达、工作流自动化、数据分析、行为识别等方面技术雄厚；在语言和虚拟现实技术方面，语言识别、翻译、语义分析、虚拟化研究、目标识别有大量的技术积累；在机器人和自动化方面，自动化控制、即时定位与地图构建、微型机器人处于领先地位；此外，在遥感和设备方面的虹膜识别、雷达、激光、射频识别，能源与材料领域的低成本硅、生物能源等也是其擅长的领域。

3. 研究方法发挥多方优势。在合作对象方面，除大学与科研院所，SRI 也非常重视与企业的合作，Google（谷歌）、Yahoo（雅虎）、Volvo、Siemens、NEC、OMRON、Microsoft、Siri、Samsung 等著名的 IT 企业都与 SRI 进行过合作，攻克了大量的技术难题，提高了企业竞争力。

4. 研究成果迅速推动进步。在案例研究部分，斯坦福国际研究院重点介绍了大数据技术、云平台搭建、雷达技术、语义识别技术等。如利用社交媒体数据，结合大数据分析技术实现列车运行时间的精准化；纽约基于雷达扫描的城市天际线定位技术；Summly 的学术论文摘要自动提取技术等。

5. 合作研究具有广泛空间。为加强合作交流，我方就中国林业信息化发展现状与趋势、林业资源多层次信息服务技术研究现状与存在问题进行了介绍，得到 SRI 的高度赞赏。双方对林业大数据存储和大数据并行计算方面进行了深入探讨，对林业大数据如何合理存储提出了相关建议，对林业大数据云计算方面提供了相应解决问题的路径与技术，实现了技术交流的初衷。最后，双方均表达了合作的意愿，为下一步的可能合作奠定了基础。

（三）启示和建议

1. 解决了课题研究的许多难点问题。斯坦福国际研究院在信息技术领域实力雄厚。SRI 起源于斯坦福大学，并与国际知名院校和科研机构有合作基础，技术支撑多，产品成果覆盖多领域。通过本次交流，对解决课题研究难点具有重要意义。

2. 创新是科学研究的灵魂与源泉。斯坦福国际研究院对"创新"高度重视，斯坦福国际研究院是硅谷的灵魂，早在硅片诞生之前就已经存在。它聚焦多学科的发展，是硅谷创新精神的诞生地。"正是"创新"精神的引导，SRI 才能不断发展，硅谷才能青春常驻。

3. "互联网＋"是解决问题的重要基础。在"互联网＋"发展的大背景下，跨界融合已成为趋势，斯坦福国际研究院虽然缺少林业研究基础，但通过其在其他领域的实践与经验，为我们提出了解决问题的不同思路。

四、其他引智类培训

2016 年，国家林业局信息办派有关人员参加了国家林业局组织的区域生态服务功能监测与评价、森林健康经营和跨境野生动物疫源疫病防控技术培训团，参训人员拓宽了思路，开阔了视野，学到了很多专业知识和宝贵经验。

（一）芬兰区域生态服务功能监测与评价培训

2016 年 10 月 16 ~ 28 日，由国家林业局三北防护林建设局组织的"区域生态服务功能监测与评价培训团"赴芬兰进行了为期 13 天的培训（图 6-11）。培训团分别在芬兰约恩苏、赫尔辛基进行了业务学习和培训。培训以课堂教学和现场实习相结合，主要内容为芬兰林业培育技术、PEFC 森林认证体系、林业监测和统计、生物多样性保护、森林与健康、私有林经营、国家公园和自然保护中心的管理与服务等。培训团访问了芬兰农林部、欧洲森林研究所、芬兰环境研究中心等单位，考察了芬兰私人林地、经济林区、Tuomiaho 苗圃、Koli 国家公园、Arbonaut 公司、赫尔辛基中央公园、Haltia 自然中心和 Nuuksio 国家公园等。芬兰是林业发达国家，在林业信息化建设方面也高度重视，将电子技术、信息技术、生物工程技术等广泛应用于林业，如应用 GIS 和 GPS 卫星定位技术，提高规划精度；将卫星遥感技术和数字地图用于森林资源普查中，详细了解大范围森林内树种的结构、规模和密度，准确地掌握全国林业资源的存量；通过红外航拍技术，及时发现受病害侵蚀树木的种类和区域等。

（二）美国森林健康经营培训

2016 年 10 月 23 至 11 月 5 日，由国家林业局造林司组织的"森林健康经营培训团"赴美国进行了为期 14 天的培训（图 6-12）。培训团分

图 6-11　芬兰区域生态服务功能监测与评价培训交流

别在华盛顿市和兰辛市进行了业务学习和培训。在华盛顿市，考察了美国大瀑布国家公园、Abend Hafen 林场，访问了费城市政府森林和生态系统管理部、马里兰州政府自然资源部林业服务局、美国林务局；在兰辛市的密歇根州立大学进行了短期课程集中培训，现场参观了密歇根 Grayling 地区锯材厂、森林采伐现场、采伐迹地更新、火烧迹地人工更新及天然更新等，访问了密歇根州国有林及州自然资源办公室、自然资源署，并进行了座谈。美国森林资源丰富，在森林健康方面拥有一整套完善的经营理念，值得学习和借鉴。美国也是信息化水平领先的国家，信息技术在电子政务、林业资源管理、生态监测评估等方面应用成效显著，如美国在政府管理中全面实施信息化技术，林业电子政务平台的实施，已经进入集约化的阶段，林业部门的日常政务、各类法规的具体实施、科技研发与产业管理、与公众的信息交流等，均通过同一平台加以实现，同时美国政府将绩效评估纳入到了电子政务平台当中，将项目实际进度、费用以及成效的平均偏差控制在 10%以内等。

图 6-12　美国森林健康经营培训交流

（三）俄罗斯跨境野生动物疫源疫病监测防控技术培训

2016 年 12 月 4 ～ 17 日，由国家林业局森林病虫害防治总站组织的"跨境野生动物疫源疫病监测防控技术培训团"赴俄罗斯进行了为期 14 天的培训（图 6-13）。培训团先后前往俄罗斯国立函授农业大学、俄罗斯莫斯科国家自然保护区、圣彼得堡国立林业技术大学、南极和北极研究所地质信息中心地理技术信息实验室等机构，开展了俄罗斯野生动物保护体系建设、俄罗斯野生动物疫源疫病监测防控、候鸟等野生动物迁徙研究、俄罗斯野生动物狩猎的规范管理、相关配套法律保障、俄罗斯濒危珍稀野生动物保护措施、俄罗斯野生动物自然保护区建设、非洲猪瘟等跨境野生动物疫病流行病学调查和疫病风险预警等专题知识的学习培训。俄罗斯是林业大国，在林业信息化建设方面也成效显著，如在野生动物疫源疫病监测防控方面，俄罗斯北极和南极研究院地质信息中心专门研究开发了俄罗斯自然保护区信息分析软件、狩猎信息软件、迁徙记录软件等针对野生动物保护和疫病监测防控的信息系统。信息分析软件可将所有自然保护区的概况以及相应保护物种信

图 6-13　俄罗斯跨境野生动物疫源疫病监测防控技术培训交流

息进行整合，以地面地图的形式，将温度、湿度、气压等地理信息与自然保护区信息以物种地图的形式输出，为自然资源与生态部提供信息报告。狩猎信息软件是针对狩猎者以及狩猎组织的一款软件，监测人员可以通过该系统记录辖区内野生动物的种类和数量，还可以通过系统了解某个州或者区的狩猎信息，从而推测和掌握相应的疫病防控情况。迁徙记录软件则主要是在冬季有积雪的地方，记录野生动物的迁徙路线。由于俄罗斯冬季时间较长，气候寒冷，因此冬季野生动物监测巡查难度较大，利用该系统可以自动记录野生动物迁徙路线，并计算出迁徙区域内的生物总量。

第三节　区域合作

国家林业局在加强部委合作、国外合作的同时，日益重视区域合作。先后与京津冀、长江经济带、"一带一路"不同区域合作，因地制宜，分别提出有利于区域现代化发展的林业数据资源协同共享战略，促进林业大数据应用，实现业务协同，数据共享。

一、京津冀林业数据资源协同共享建设

（一）合作背景

为深入贯彻落实国务院《京津冀协同发展规划纲要》，以及国家林业局与北京、天津、河北三省、直辖市政府共同签订的《共同推进京津冀协同发展生态率先突破的框架协议》等重要决策部署，进一步加强京津冀林业数据资源协同共享，促进林业大数据应用，构筑京津冀生态共同体，国家林业局信息办与北京、天津、河北三省、直辖市合作推进京津冀林业数据资源协同共享，构筑京津冀生态共同体（图6-14）。

（二）合作内容

京津冀林业数据资源协同共享项目将深入贯彻落实党中央、国务院关于京津冀、生态保护、信息化发展的系列决策部署，以《"互联网＋"林业行动计划》和《关于加快中国林业大数据发展的指导意见》为指导，树立互联网思维，坚持"五个统一"，积极运用互联网＋，以全面整合京津冀林业数据资源为重点，协同协作，形成合力，共同推动京津冀生态保护，为林业现代化做出新贡献。建立京津冀林业数据资源协同共享平台，整合梳理京津冀三省、直辖市林业数据资源，利用大数据技术，建立京津冀林业资源数据库、数据资源建设与更新标准、

京津冀信息共享发布系统。建立京津冀林业信息资源目录，形成统一的数据服务体系，按照统一的数据资源建设更新标准规范，进行数据规范化和统计分析。建立京津冀林业信息共享系统，实现京津冀林业数据资源的开放共享。实现京津冀林业数据资源互联互通，为京津冀生态建设提供数据支撑。

图6-14 京津冀林业数据资源协同共享推进会

(三)合作展望

建立国家生态大数据中心京津冀分中心。一是实现京津冀林业数据资源汇聚。汇聚有关京津冀林业互联网数据、林业业务数据、遥感数据等，为开展京津冀生态大数据分析提供数据基础。二是报告服务。以京津冀林业数据资源为基础，开展森林、湿地、荒漠、生物多样性、林业产业发展等方面的大数据分析，完成区域生态保护大数据专题报告。三是提供决策支持。实现数据融合和分析挖掘，在优化京津冀生态空间、推进大规模国土绿化、精准提升森林质量、重要湿地保护与恢复、环首都国家公园体系建设、支持国家储备林建设、林业精准扶贫等方面提供数据支撑和决策支持。

二、长江经济带林业数据资源协同共享建设

（一）合作背景

为全面推动长江经济带林业数据资源协同发展，加快推进长江经济带林业数据资源共享平台建设，促进长江经济带林业数据资源共建共享，国家林业局信息办和上海、江苏、浙江、安徽、江西、湖北、湖南、重庆、四川、贵州、云南11个省、直辖市林业信息化管理部门就深化协同创新、科学规划布局、共建共享平台等方面开展了深入合作（图6-15）。

图6-15　长江经济带林业数据资源协同共享推进会

（二）合作内容

长江经济带林业数据资源共建共享项目将深入贯彻落实党中央、国务院关于长江经济带、信息化发展的系列决策部署，以"创新、协调、绿色、开放、共享"为理念，以《国家林业局关于加快中国林业大数据发展的指导意见》为指导，在遵循统一规划、统一标准、统一制式、统一平台、统一管理"五个统一"的基础上，坚持开放共享、融合

创新、提升转型、引领跨越、安全有序的基本原则，以全面整合长江经济带林业数据资源为重点，协同协作，形成合力，共同推动长江经济带生态大保护，为建设林业现代化做出新贡献。按照"分期推进、试点先行"的建设模式，建立长江经济带林业数据资源协同共享平台，整合长江经济带森林、湿地、荒漠化和生物多样性等多层次、多内容、多维度的林业基础数据资源，利用大数据技术，开展长江经济带公共基础数据库、遥感影像数据库、林业基础数据库等建设，建立国家林业局与长江经济带省市林业主管部门的数据交换和共享机制，为长江经济带生态安全提供大数据技术支持。

（三）合作展望

按照林业大数据发展现状及趋势，科学谋划长江经济带林业数据资源协同共享：一是梳理长江经济带各省市林业数据资源，建设资源目录体系。二是统一数据标准，以数据应用为导向，促进长江经济带林业主管部门之间数据协同，建立数据资源共享共用机制。三是制定数据共享计划，规定共享数据内容和进度，优先开放基础数资源，逐步扩大共享数据资源范围，全面支撑林业现代化发展。并依托国家生态大数据研究院和国家生态大数据中心，适时成立跨区域的非法人长江经济带林业大数据研究院和长江经济带林业大数据中心。逐步开展生态大数据监测体系建设、生态安全监测评价体系建设、生态红线动态保护体系建设、"三个系统一个多样性"动态决策体系建设等重点任务。全面加强长江经济带林业信息化一体化建设，通过信息资源增值服务形成信息资源共享利益补偿机制，全力打造长江经济带林业信息收集和数据管理平台。建立长江经济带生态大数据分析报告工作机制，定时定期报送国家发改委、国家林业局和有关省市领导，为领导决策提供支撑。

三、"一带一路"林业数据资源协同共享建设

(一)合作背景

为适应国家"一带一路"发展战略需要，贯彻落实党中央、国务院关于大数据发展等系列决策部署和全国林业厅局长会议、第四届全国林业信息化工作会议精神，进一步加强"一带一路"林业数据资源协同共享平台项目建设管理，促进"一带一路"区域林业数据资源整合和林业大数据建设应用，提升林业信息化水平，国家林业局信息办与甘肃省林业厅、青海省林业厅、宁夏回族自治区林业厅等合作开展"一带一路"林业数据资源协同共享平台项目建设（图6-16）。

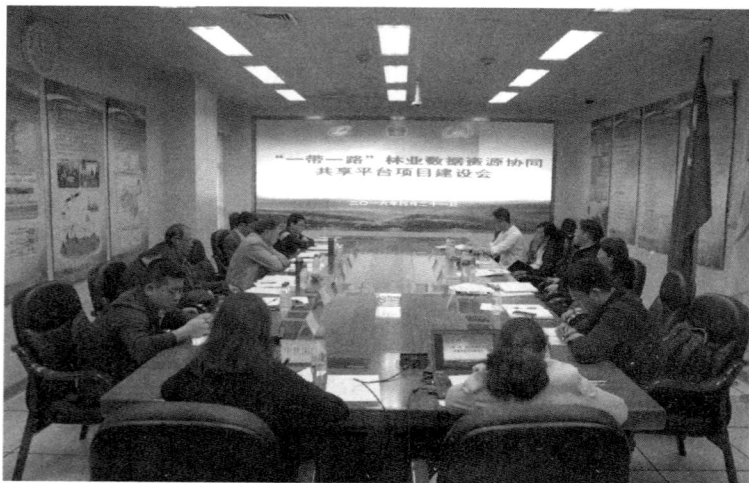

图6-16 "一带一路"林业数据资源协同共享推进会

(二)合作内容

项目以《推动共建丝绸之路经济带和21世纪海上丝绸之路愿景与行动》为纲领，以《全国林业信息化发展"十三五"规划》为指导，依据"一带一路"林业数据资源协同共享需求，按照统筹设计、分步实施、试点先行的建设模式，以甘肃、青海、宁夏为试点，开展项目方案制定、数据资源整合和平台开发工作，协调推进项目建设，共同推动

"一带一路"林业信息化协同发展。

（三）合作展望

建立"一带一路"林业数据资源协同共享平台，收集整合"一带一路"沿线重点地区森林、湿地、荒漠化和生物多样性的基础数据，利用大数据技术，为"一带一路"生态安全提供大数据技术支持，为领导决策、业务处理、社会公众、国际合作等提供数据支持和服务。同时，根据荒漠化治理重点区域和丝绸之路经济带的实际情况，开展以甘肃、青海、宁夏为试点的林业大数据项目建设，完成森林资源数据和荒漠化沙化土地数据整合，实现业务协同数据共享，探索生态大数据建设模式。

参考文献

崔凤岐．标准化管理教程［M］．天津．天津大学出版社，2006.

国家林业局．"互联网＋"林业行动计划——全国林业信息化"十三五"发展规划［EB/OL］．
  中国林业网 www. forestry. gov. cn，2016 年 3 月 23 日．

国务院．关于积极推进"互联网＋"行动的指导意见［EB/OL］．中央政府门户网站
  www. gov. cn，2015.

邝兵．标准化战略的理论与实践研究［M］．武汉：武汉大学出版社，2011.

李春田．标准化概论［M］.5 版．北京：中国人民大学出版社，2010.

李世东，樊宝敏，林震，等．现代林业与生态文明［M］．北京：科学出版社，2011.

李世东，林震，杨冰之．信息革命与生态文明［M］．北京：科学出版社，2013.

李世东．把握互联网时代　拓展互联网思维［EB/OL］．中国林业网 www. forestry.
  gov. cn，2015 年 1 月 20 日．

李世东．从"数字林业"到"智慧林业"［J］．中国信息化，2013(20)：64 – 67.

李世东．加快信息进程，服务生态民生，建设生态文明［EB/OL］．中国林业网
  www. forestry. gov. cn，2013 年 1 月 17 日．

李世东．中国林业信息化标准规范［M］．北京：中国林业出版社，2014.

李世东．中国林业信息化顶层设计［M］．北京：中国林业出版社，2012.

李世东．中国林业信息化发展战略［M］．北京：中国林业出版社，2012.

李世东．中国林业信息化绩效评估［M］．北京：中国林业出版社，2014.

李世东．中国林业信息化建设成果［M］．北京：中国林业出版社，2012.

李世东．中国林业信息化决策部署［M］．北京：中国林业出版社，2012.

李世东．中国林业信息化示范案例［M］．北京：中国林业出版社，2012.

李世东．中国林业信息化示范建设［M］．北京：中国林业出版社，2014.

李世东．中国林业信息化政策解读［M］．北京：中国林业出版社，2014.

李世东．中国林业信息化政策研究［M］．北京：中国林业出版社，2014.

李世东．中国林业信息化政策制度［M］．北京：中国林业出版社，2012.

李世东. 中国智慧林业：顶层设计与地方实践[M]. 北京：中国林业出版社，2015.

李学京. 标准与标准化教程[M]. 北京：中国标准出版社，2010.

林欣平. 没有林业信息化　就没有林业现代化[EB/OL]. 中国林业网 www. forest-
　　ry. gov. cn，2014 年 9 月 12 日.

孙扎根. 全面提升林业信息化水平，为发展生态林业民生林业做出新贡献[EB/OL].
　　中国林业网 www. forestry. gov. cn，2013 年 9 月 10 日.

王忠敏. 标准化基础知识实用教程[M]. 北京：中国标准出版社，2010.

张延华. 国际标准化教程[M]. 北京：中国标准出版社，2004.

《中国林业信息化发展报告》编纂委员会. 2010 中国林业信息化发展报告[M]. 北京：
　　中国林业出版社，2010.

《中国林业信息化发展报告》编纂委员会. 2011 中国林业信息化发展报告[M]. 北京：
　　中国林业出版社，2011.

《中国林业信息化发展报告》编纂委员会. 2012 中国林业信息化发展报告[M]. 北京：
　　中国林业出版社，2012.

《中国林业信息化发展报告》编纂委员会. 2013 中国林业信息化发展报告[M]. 北京：
　　中国林业出版社，2013.

《中国林业信息化发展报告》编纂委员会. 2014 中国林业信息化发展报告[M]. 北京：
　　中国林业出版社，2014.

《中国林业信息化发展报告》编纂委员会. 2015 中国林业信息化发展报告[M]. 北京：
　　中国林业出版社，2015.

《中国林业信息化发展报告》编纂委员会. 2016 中国林业信息化发展报告[M]. 北京：
　　中国林业出版社，2016.